선율을 타듯 …… 특별한 1등급 커리타기

특급
특별한 1등급 커리타기

듣기 잘 틀리는 유형

특별한 1등급 커리타기
특급 듣기 잘 틀리는 유형

지은이 능률영어교육연구소

선임 연구원 김지현

연구원 김미희, 허인혜

영문교열 Lewis Hugh Hosie, MyAn Thi Le

표지, 내지 디자인 디자인샐러드

맥편집 이수영

영업 김정원, 윤태철, 서정익, 이민재

마케팅 오하야, 노명진

제작 김민중, 황인경, 한웅희

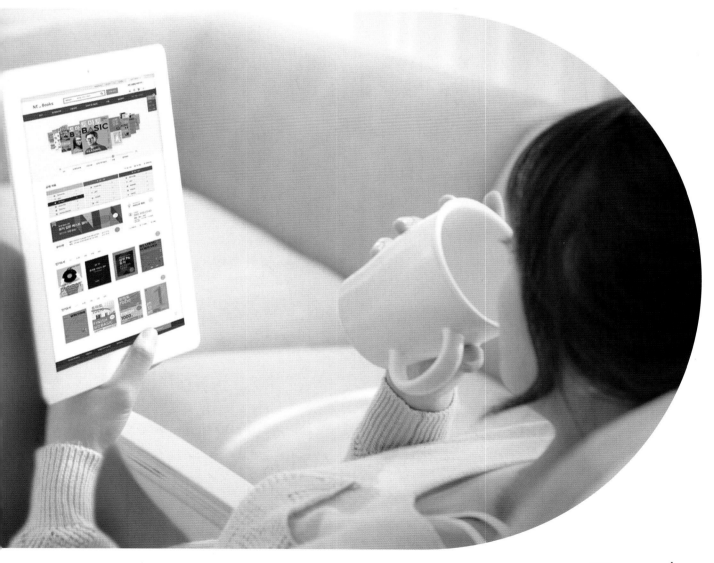

Introduction

최근 몇 년간 수능 영어는 소위 '물수능'이라 불리며 쉬운 수능의 기조를 이어가고 있습니다. 특히 영어 듣기의 경우, EBS에서 100% 연계된 문항으로 출제되어 독해보다도 변별력이 낮아져 각 문항의 정답률이 매우 높은 것이 현실입니다. 변별력을 잃은 수능에서 남들보다 우위를 점할 수 있는 길은 실수를 하지 않는 것입니다. 이를 위해서는 정답률이 상대적으로 낮은, 까다로운 듣기 유형만을 집중적으로 학습하는 것이 효율적입니다.

본 교재는 최근 5년간 수능 정답률 분석을 통해 정답률이 상대적으로 낮았던 5가지 유형, '부탁한 일', '숫자 정보', '긴 대화의 응답', '상황에 적절한 말', '세트 문항'을 학습하도록 하고 있습니다. 기출문제와 함께 유형을 분석하고, EBS의 변형문제를 함께 수록하여 실전 감각을 향상시키는 데 도움이 되도록 하였습니다. 그리고 〈Practice〉→〈Actual Test〉→〈Actual Test CHALLENGE〉의 단계로 구성된 양질의 문제들로 유형을 마스터하고, 〈Mini Test〉와 〈실전 모의고사〉로 다져진 실력을 재점검할 수 있도록 하였습니다.

본 교재로 잘 틀리는 듣기 유형에 대한 실력을 키우고, 실전 수능에서도 자신감을 가지고 임하여 고득점이라는 목표를 달성할 수 있기를 바랍니다.

〈특급 듣기 잘 틀리는 유형〉의 구성

- PART1은 잘 틀리는 5개의 듣기 유형을 집중적으로 연습할 수 있도록 구성되어 있습니다.
- PART2는 Mini Test 5회, PART3는 실전 모의고사 2회로 구성되어 앞에서 배운 해법들을 적용하고 최종적으로 점검해 볼 수 있습니다.
- 부록에서는 수능 주제별 필수 어휘와 최신 수능 및 평가원 듣기 3점 문항 모음을 제시하고 있습니다.

기출로 분석하는 유형 Solution

유형 소개 5개의 잘 틀리는 듣기 유형을 간단히 소개하고 있습니다. 또한 최근 출제 경향과 정답률을 높이는 핵심 전략을 제시하여 해당 유형을 정확히 파악하고 대비할 수 있습니다.

기출 예제 최근 수능 기출 예제를 풀어보며 유형에 대한 학습 및 해법 전략을 익힐 수 있습니다.

단계별 유형 연습

Practice
비교적 짧은 길이의 대화 및 담화로 구성된 문제로 유형을 연습할 수 있으며, EBS 변형문제를 통해 실전 감각도 익힐 수 있습니다.

Actual Test
실제 수능 난이도에 맞는 실전 문제를 통해 앞에서 학습한 내용을 직접 적용해 볼 수 있습니다.

Actual Test CHALLENGE
실전 문제보다 난이도 높은 문제들을 통해 듣기 만점을 위한 실력을 다질 수 있습니다.

Dictation

풀어본 문제들을 다시 한 번 들으며 받아쓰기를 하면서 주요 어휘나 핵심 표현, 문제의 단서가 되는 부분을 익힐 수 있습니다.

Mini Test

잘 틀리는 듣기 유형들로 구성된 미니 테스트 5회를 통해 앞에서 배운 해법을 적용하고 연습한 유형 문제를 다시 점검할 수 있습니다.

실전 모의고사

수능과 같은 형태의 실전 모의고사 2회분을 통해 수능 듣기 유형들을 최종적으로 점검하고 실전 감각을 높일 수 있습니다.

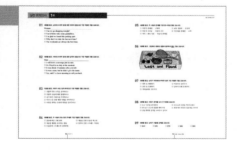

[부록] 특급 리스닝 파일

수능 듣기 주제별 필수 어휘 및 표현과 최신 수능 및 평가원 3점 문항을 정리하여 간편하게 휴대하면서 학습에 도움이 되도록 하였습니다.

Contents

PART 1

↓

듣기 잘 틀리는 유형

→

유형 01 부탁한 일

다양한 상황 속에서 화자가 상대방에게 부탁하는 내용의 대화를 듣고, 무엇을 부탁하고 있는지 고르는 문제 유형

최근 출제 경향 ▪ 매년 1 문항씩 출제되고 있으며 학교 생활에서부터 일상 생활까지 다양한 상황이 제시되고 있다. (2013년~2015년 소재: 부인에게 제복을 세탁해주기 부탁, 친구에게 사진을 가져다 주기 부탁, 친구에게 선거 자문이 되어 주기 부탁)

정답률을 높이는 핵심 전략 ▪ 1. 먼저 지시문을 읽고 누가 누구에게 부탁하는지 파악해둔다.
2. 부탁한 일을 결정하는 과정에서 함정 요소가 많이 나오므로, 상대방의 반응에 유의하며 듣는다.
3. 대화의 뒷부분에 결정적인 단서가 많이 나오므로 주의 깊게 듣는다.

기출 예제 대화를 듣고, 남자가 여자에게 부탁한 일로 가장 적절한 것을 고르시오. [2015 수능]

① to remove election posters
② to take the adviser position
③ to cancel the student meeting
④ to speak out against school violence
⑤ to register as a presidential candidate

M: Eva, ❶ **I've decided to run for student council president!**

W: Great, Matthew!

M: Now I need to start working on some campaign promises.

W: You're right. You'll have to think about what the students want. By the way, did you hear Tony Johnson is running, too?

M: Yeah, I know. I don't think it'll be easy to win without a good campaign team.

W: That's true. You'll need people to help you with posters, speeches, and everything else.

M: Exactly. So ❷ **I need an adviser like you for my campaign. Can you give me a hand?**

W: Me? I'd love to help, but do you really think I'm qualified for that position?

M: Of course. You'll be a great help with the election.

W: Then, okay. I'll do my best.

M: Thanks.

❶ 남자가 선거에 출마하기로 결정한 상황이다.

❷ 남자가 여자에게 자신의 선거 유세팀 자문 위원이 되어 자신을 도와달라고 말하고 있다.

문제 해설 ⟶

남자는 학생회장 선거에 출마하기로 하고, 여자에게 자신의 자문 위원이 되어 달라고 부탁하고 있으므로, 남자가 여자에게 부탁한 일로 가장 적절한 것은 '자문역 맡아 주기'이다.

정답 ②

Practice

Don't miss it!

1 대화를 듣고, 남자가 여자에게 부탁한 일로 가장 적절한 것을 고르시오. [EBS 변형]

① to prepare dinner for the family

② to teach her brother taekwondo

③ to watch TV shows with her brother

④ to take her brother to his taekwondo lesson

⑤ to reschedule his meeting for another day for him

1 남자의 회의 시간이 바뀌어 계획에 차질이 생긴 상황이다.

take ~에 데려가다
reschedule 일정을 변경하다
pick up ~을 (차에) 태우러 가다

2 대화를 듣고, 여자가 남자에게 부탁한 일로 가장 적절한 것을 고르시오. [EBS 변형]

① to put Andy to sleep

② to take Andy to the hospital

③ to get Andy to take the medicine

④ to get something to eat on the way home

⑤ to drop by the pharmacy to buy medicine for Andy

2 Andy가 겪는 상황에 집중하여 듣는다.

pill 알약
resist 거부하다
exhausted 기진맥진한

3 대화를 듣고, 남자가 여자에게 부탁한 일로 가장 적절한 것을 고르시오.

① to take some photos of him

② to join the public speaking club

③ to go to the competition with him

④ to take part in the competition for him

⑤ to choose his photos for the competition

3 남자가 말하기 대회에 참가하는 상황이다.

mention 언급하다
competition 대회
take part in ~에 참가하다

4 대화를 듣고, 여자가 남자에게 부탁한 일로 가장 적절한 것을 고르시오.

① to buy her a book

② to come home early

③ to buy a shirt for her

④ to plan a trip to Thailand

⑤ to go to the department store

4 남자는 아직 백화점에 있는 상황이다.

stop by 들르다
grab 손에 넣다
head to ~로 향하다

1 ··

[Telephone rings.]

W: Hi, Dad?

M: Hi, Melissa. Where are you now?

W: I'm at home. I'm just watching some TV shows alone. Why?

M: Well, Mark has his taekwondo lesson this afternoon, but I _____ _____ _____ to it.

W: Oh, did something happen?

M: I had to _____ _____ _____ _____ for 5 o'clock today, but your brother's lesson starts at 6. Do you think you could _____ _____ _____ at school and take him to it?

W: Sure, Dad. I'll leave soon.

M: Great! Thank you, Melissa. I'll see you later tonight at dinner.

2 ··

[Telephone rings.]

W: Hello?

M: Hi, dear. It's me. Have you eaten anything?

W: Yes, I just ate a little. I'm so tired. Andy's _____ _____ _____ _____. He hasn't slept or eaten well all day.

M: Is he still not feeling very well?

W: No. And he _____ _____ _____ _____. I tried to get him to take them, but he resisted. Do you think you could try?

M: Sure, honey, I will. You _____ _____. Can I get you anything to make you feel better?

W: It's okay. Just get home safe.

M: Okay. I'll see you soon.

3 ··

M: Hey, Alex. Do you _____ _____ _____ Friday after school?

W: Not really. Why?

M: Well, do you remember that I'm _____ _____ _____ the public speaking club?

W: Yes. You've mentioned it before.

M: There's a speech competition at school on Friday.

W: Cool. Are you _____ _____ _____ the competition?

M: Yes, I am. So, I was wondering if you could come and take some photos of me when I am doing my speech.

W: Of course! What time should I be there?

M: It starts at 6 p.m. in the audition hall.

W: Okay. I'll see you there.

4 ··

[Cell phone rings.]

M: Hello?

W: Hi, Walt. It's Mom. Did you leave the department store already?

M: Hi, Mom. No, I'm still at the store. I just got a new shirt. Why?

W: Well, could you stop by the bookstore and _____ _____ _____ for me?

M: Okay. What book do you want me to get?

W: Could you get me that travel book for Thailand? Your dad _____ _____ _____ _____ last week.

M: Okay, I'm _____ _____ _____ _____ now.

W: Good. I'll see you when you get home.

M: Okay, Mom! See you later!

Actual Test

1 대화를 듣고, 남자가 여자에게 부탁한 일로 가장 적절한 것을 고르시오.

① to submit the essay for him

② to help him finish writing his essay

③ to brainstorm together for his essay

④ to return books to the school library

⑤ to check out some books from the library

2 대화를 듣고, 여자가 남자에게 부탁한 일로 가장 적절한 것을 고르시오.

① to buy a new printer

② to submit papers for her

③ to print out some files for her

④ to research the problem online

⑤ to call customer service to fix the printer

3 대화를 듣고, 남자가 여자에게 부탁한 일로 가장 적절한 것을 고르시오.

① to put his mail some place

② to email him some documents

③ to send back the mail he received

④ to check his email and find the document

⑤ to bring back something nice for him from vacation

4 대화를 듣고, 여자가 남자에게 부탁한 일로 가장 적절한 것을 고르시오.

① to sell his bike to her

② to recommend a good bicycle

③ to lend her some money for a bicycle

④ to take her to his friend to buy a bicycle

⑤ to ask his friend for the price of the bicycle

5 대화를 듣고, 남자가 여자에게 부탁한 일로 가장 적절한 것을 고르시오.

① to design the ads

② to hire someone for the ads

③ to put ads in the newspaper

④ to get permission from schools

⑤ to find a school to put up the ads

6 대화를 듣고, 여자가 남자에게 부탁한 일로 가장 적절한 것을 고르시오.

① to take her to the doctor

② to call the doctor for her

③ to get her some painkillers

④ to help her bring down the fever

⑤ to get some food on the way home

7 대화를 듣고, 남자가 여자에게 부탁한 일로 가장 적절한 것을 고르시오.

① to answer his questionnaire

② to proofread his questionnaire

③ to gather and analyze data for him

④ to pass his questionnaire out to her classmates

⑤ to collect the questionnaires and give them to him

8 대화를 듣고, 여자가 남자에게 부탁한 일로 가장 적절한 것을 고르시오.

① to buy her a new laptop

② to lend his laptop to her

③ to help her fix her laptop

④ to give her a ride to the mall

⑤ to help her choose a new laptop

Dictation

Actual Test

1

M: I wasn't able to get any sleep last night!

W: Why? Did you _____ _____ _____?

M: No, I have an essay due tomorrow, and I had to work on it all night.

W: You must be exhausted. Try to get enough sleep tonight.

M: But I'm still not finished! I might have to _____ _____ _____ _____.

W: Oh, no! Is there anything I can do to help? I can _____ _____ _____, if you want.

M: That's very kind, but I want to finish it by myself.

W: Okay. Are you sure you don't need any kind of help?

M: Well, actually, I do need to return some books to the school library.

W: I can do that for you. I don't mind.

M: That would be so helpful. Thank you.

W: Don't worry. Go focus on finishing your essay.

2

M: Guess what? The printer isn't working again.

W: Again? What's the problem this time?

M: It's just not _____ _____ _____ _____. I think we should call customer service to fix it. Should I make the call now?

W: No, it's Sunday. No one will answer. This is bad timing! I _____ _____ _____ _____ today for my lesson tomorrow.

M: Me, too. I have _____ _____ _____ _____.

W: What should we do?

M: Well, I will go to an Internet café and get our things printed.

W: Really? If I email you my files, could you print them for me?

M: No problem. I'll probably be home by eight.

W: You're a great help. I'll have dinner ready by then.

M: Okay!

3

[Telephone rings.]

W: Good morning. This is Heather speaking.

M: Heather, it's Russ. I need your help.

W: Wait, Russ? Aren't you on vacation?

M: I am, but I need you to check something. Has any special mail arrived for me?

W: _____ _____ _____ _____ _____. *[Pause]* Yeah, there is something on your desk. Do you want me to _____ _____ _____ _____?

M: No. I need you to open it, scan the two documents, and email them to me.

W: Okay. Just scan and then email?

M: Yes. That's it. You know my email, right?

W: Yes, I do. I'll send them right away.

M: You are a lifesaver!

W: No problem. Just _____ _____ _____ something from your vacation.

M: Haha, of course! Thank you so much!

4

M: Hey! What are you doing?

W: I'm just looking online for a bicycle.

M: Are you going to buy one?

W: Yeah. I'm going to _____ _____ _____ from now on.

M: Good idea! It's healthy and it _____ _____ _____.

W: But I just can't find anything online that's _____ _____ _____. Do you know any good sites?

M: I don't know any sites, but I actually have a friend who is trying to sell his bike.

W: Really? Do you think it's within my budget?

M: I think so. He wouldn't sell it too expensive. I can take you to him whenever you want.

W: That's okay. Could you just _____ _____ _____ _____ and ask about the price for me?

M: Of course. I'll call him now.

11 유형 01 부탁한 일

5

M: Our store hasn't been that busy lately.

W: Yeah, I wonder what we could do about it.

M: Maybe we should start advertising the store.

W: But we don't have any money to _____ _____ _____ _____ _____.

M: Then we could make them ourselves.

W: What do you mean?

M: Well, I was a design major. I could easily make ads on the computer and print them out.

W: That's a good idea! We can _____ _____ _____ _____ at the local schools.

M: Yes, but I think we need to get permission to do that. Can you get it?

W: Yeah, that shouldn't be too hard. I will go to some schools and get their permission tomorrow.

M: Okay. I'll _____ _____ _____ _____.

6

[Cell phone rings.]

W: Hello?

M: Hey, it's me. I just noticed that you had called. What's up?

W: Are you _____ _____ _____ _____?

M: Yes, I am. I'm just _____ _____ _____ _____.

W: Good. I called you to ask if you could pick me up some painkillers.

M: Painkillers? What's wrong?

W: I've had a headache all day. And I might be _____ _____ _____.

M: A fever? Don't you need to see a doctor? I'll take you to the doctor.

W: No, you don't have to. I'm okay. Just get me some painkillers.

M: Okay. I'll get something for the fever, too.

W: Thank you. See you soon.

7

W: Hey, Joe. How's your project going? Are you almost done?

M: Not quite. I'm still _____ _____. How about you?

W: Almost done. You know it's due at the end of the week, right?

M: I know. I should begin writing tomorrow.

W: Well, let me know if there's anything I can help with.

M: Actually, there is one thing. Could you _____ _____ _____ _____ to your classmates?

W: A questionnaire? Sure.

M: Here they are. It should only take a few minutes to complete.

W: Okay. I'll _____ _____ _____ _____ _____ to give them back.

M: No, I'll come to your class to collect them.

W: Okay then. See you after class.

8

M: Hey, Liz. Is everything okay? You look upset.

W: Oh, Ryan. I think I _____ _____ _____. I don't know what to do!

M: Oh, no! What happened?

W: I dropped it, and I can't turn it on!

M: Why don't you take it to the service center?

W: I should, but the service center is in the mall and it's too far.

M: Do you _____ _____ _____? I'm going to the mall this afternoon.

W: But I need it right now. Hey, _____ _____ _____ _____ _____ _____?

M: Let me guess. Do you need to use my laptop?

W: Yes, I do. Do you mind?

M: Not at all. Try not to drop mine, will you?

W: I promise I won't drop yours. Thank you so much!

Actual Test `CHALLENGE`

1 대화를 듣고, 남자가 여자에게 부탁한 일로 가장 적절한 것을 고르시오.

① to find him a toolbox
② to help him build a bed
③ to build him a small table
④ to clean up the mess together
⑤ to give him instructions on making his bed

2 대화를 듣고, 여자가 남자에게 부탁한 일로 가장 적절한 것을 고르시오.

① to give her a refund
② to bring her to the store
③ to send her a new blender
④ to pay for the delivery charges
⑤ to tell her about the nearest store

3 대화를 듣고, 남자가 여자에게 부탁한 일로 가장 적절한 것을 고르시오.

① to tell him how to get the app
② to stop buying too many snacks
③ to help him manage his finances
④ to keep track of his spending habits
⑤ to buy him a finance management app

4 대화를 듣고, 여자가 남자에게 부탁한 일로 가장 적절한 것을 고르시오.

① to move the sofa
② to borrow a steam cleaner
③ to start vacuuming the carpet
④ to prepare for the house party
⑤ to call the carpet cleaner again

5 대화를 듣고, 남자가 여자에게 부탁한 일로 가장 적절한 것을 고르시오.

① to meet his client at a meeting

② to go to the dinner with his boss

③ to pick up his suit from the dry cleaners

④ to pick up pizza from the Italian restaurant

⑤ to pick him up and drive him home before 9

6 대화를 듣고, 여자가 남자에게 부탁한 일로 가장 적절한 것을 고르시오.

① to book a flight

② to go to the market

③ to make pies for her

④ to check the grocery list

⑤ to come home for Thanksgiving

7 대화를 듣고, 남자가 여자에게 부탁한 일로 가장 적절한 것을 고르시오.

① to drive him to Quito

② to work for him on Tuesday

③ to take his best friend to the museum

④ to help him plan his best friend's visit

⑤ to go to the Galápagos Islands with his friend

8 대화를 듣고, 여자가 남자에게 부탁한 일로 가장 적절한 것을 고르시오.

① to bring the present to her desk

② to go to Sun Towers in ten minutes

③ to take her daughter to the hospital

④ to sign for her package instead of her

⑤ to tell the supervisor that she's not coming in to work

1

W: Whoa, what happened in here?

M: Hey! I know it's a mess. I am _____ _____ _____ _____.

W: Really? Why?

M: I thought building my own bed would be cheaper than buying one.

W: Is this your first time building furniture?

M: No, I've built a table before, but it was _____ _____ _____ this bed.

W: This looks like it'll take you a long time to finish.

M: So, I was wondering if you could help me. It would be so great if you can.

W: Well, I don't know. I'm not very good at building things. And I have never tried it before.

M: Oh, don't worry, there are instructions. All we need to do is follow them. I just need an extra hand. Please?

W: Well, okay, then. Let's do this. What needs to be done?

M: Hmm. We need to screw these parts together. Could you _____ _____ _____ _____ in the toolbox?

W: In the toolbox? *[Pause]* Oh, here it is.

M: Thank you. Now, we can finish making the bed frame.

W: Okay, I'll _____ _____ _____ _____ while you put in the screws.

M: Okay, thanks.

2

[Telephone rings.]

M: Eddie's Electroland Store. How may I help you?

W: Hello. My mother purchased a blender for me at your store last week, but it's already not working.

M: Oh? What seems to be the problem?

W: I don't know. It just _____ _____ _____.

M: I'm sorry you're _____ _____ _____ the blender. If you bring it to the store, we can get you a new one right away.

W: But that's the problem. I don't live near your store.

M: Oh, where do you live?

W: I live around two hours away.

M: Well, we have our chains all around the country, so I'm sure you can find a store near your house. Or, if you send us your blender by mail, we can send a new one for you.

W: Hmm… no, I want to _____ _____ _____ _____ myself.

M: Okay then. You can drop by the store near your house anytime.

W: Do you think they will get me a new one there?

M: Of course they will. I'll call and tell them you'll visit soon.

W: That's great! Then can you _____ _____ _____ _____ of the nearest store?

M: Sure. I'll get you the store information.

3

M: Hey, Lucy, how have you been lately?

W: Hey, Chris. I've been doing okay.

M: I remember you were having some trouble with your finances. Are you doing better now?

W: Actually, I bought this app that helps me _____ _____ _____ _____ _____. I've been able to save a lot already.

M: Oh, really? That's great. How did it help you save money?

W: It helps me _____ _____ _____ _____.

M: That's good, but how?

W: Well, for example, I started noticing that I spent too much money on snacks, so I _____ _____ _____ _____ _____.

M: I buy a lot of snacks, too. That's something I should stop spending money on, too.

W: Yeah, small purchases really add up. This app _____ _____ _____ _____ _____. You should try it.

M: I think I will. It's always better to have some money saved up.

W: Yeah, you never know what will happen in the future.

M: Can you tell me how I can download the app?

W: Sure. You can find it in the app store. I'll send you its name.

M: Thanks. I'll buy it later today.

4

W: Honey, are the cleaners coming today to clean the carpet?

M: Oh, I forgot to tell you. I called them, but they said _____ _____ _____ _____ _____ is tomorrow night.

W: Oh, no! Our house party is tomorrow night.

M: I know. Would you like me to call and ask them again?

W: No. I don't think that will help us.

M: Me neither. I think we should just clean the carpet ourselves.

W: Yeah, we should. It probably _____ _____ _____ _____.

M: Do we have everything we need to clean it?

W: Our vacuum cleaner is okay, but I think we have to borrow a steam vacuum from our neighbors.

M: Yeah. We need a steam vacuum to remove some stains.

W: Can you ask them if we could borrow it?

M: Sure. I'll _____ _____ _____ _____ them now.

W: While you're over there, I'll _____ _____ _____ _____.

M: No, wait for me. Things are too heavy. I'll come back soon, and we can move everything together.

W: Okay, I'll wait.

5

[Cell phone rings.]

W: Hello?

M: Hi, honey! What time will you be home from work today?

W: I think I'll probably get home around seven.

M: Oh, really? That's great. Do you think you could _____ _____ _____ _____ _____ on the way home?

W: Sure. What do you need me to do?

M: Could you stop by the dry cleaners and _____ _____ _____ _____ _____? They close at eight, so I won't be able to pick it up myself.

W: Okay. Will you be coming home late tonight?

M: Yeah. I have to go to this dinner with my boss right after work.

W: Then what time will you come home?

M: Probably after nine.

W: Okay. I'll see you later then.

M: Thank you! It's really important because I need that suit for tomorrow's meeting with my client.

W: I know. Can you pick up some food for me on your way home?

M: Do you want anything specific?

W: Well, I _____ _____ _____ _____ pizza.

M: Sure. I'll drop by your favorite Italian restaurant.

6

M: Hi, Mom! Surprise!

W: Fred! I thought you weren't going to be home for Thanksgiving this year!

M: I thought so too, but I was _____ _____ _____ _____ _____ at the last minute.

W: That's wonderful! Why didn't you tell me you were coming?

M: I wanted to surprise you, and I have succeeded!

W: You did! And you came home just in time. _____ _____ _____ _____ your favorite pie.

M: Pumpkin pie? I'm so excited. Do you need help making it?

W: I do! Can you get the brown sugar from the shelf?

M: Okay. *[Pause]* Oh, Mom? I don't see any brown sugar here.

W: Oh, I thought I bought some the other day.

M: I can go to the store and _____ _____ _____ _____.

W: No, that's fine, honey. I'll just use white sugar. Well, can you get me three eggs from the refrigerator instead?

M: Sure. *[Pause]* Ah, there's only one egg left in the fridge.

W: Oh, no. I don't have a choice now. I know you must be tired, but can you _____ _____ _____ _____ and get some eggs?

M: Of course, Mom. It's not that far. I'll be right back. And I'll get some brown sugar, too.

W: How sweet of you! Oh, wait a second. Let me check if we need to get anything else.

M: Okay, Mom.

7

W: Hey, what are you doing?

M: Oh, hey! I'm _____ _____ _____ _____ that I can take my friend.

W: Are you planning a trip?

M: No, it's just that my best friend is coming to Ecuador to visit me for three weeks.

W: That's great. Has your friend ever been here before?

M: No, this will be his first time in Ecuador and South America.

W: Do you want me to _____ _____ _____ _____ _____?

M: It's okay. I'm thinking about taking him to the Galápagos Islands during his first week.

W: Good idea. I think he'll really like that.

M: Then, we'll go to Quito. I want to take him to

the Intiñan Museum the following Tuesday, but I don't know if I'll have time.

W: Why is that?

M: Because I might have to go back to work on Tuesday. So, Erin, do you think you could go with him _____ _____ _____ _____ _____?

W: Sure, I can take him there.

M: Can you? Thank you so much!

W: No problem. I haven't been there yet either. It'll be fun for me, too.

8

[Telephone rings.]

M: Hello. This is Bradley McMillan at Sun Towers.

W: Hi, Bradley! It's Maggie. How are you today?

M: I'm fine. I just got into work ten minutes ago. Are you going to be late?

W: Actually, I'm _____ _____ _____ today.

M: Oh, is everything okay?

W: I'm okay. It's my daughter who's sick, so I'm going to take her to the doctor today.

M: I see. I hope she _____ _____ _____. Do you want me to tell our supervisor?

W: Oh, that's okay. I called her a few minutes ago.

M: Okay, then you're just calling to let me know you're not coming?

W: Actually, I was wondering if you could do me a favor.

M: Sure, what is it?

W: I'm supposed to get an important package today. Could you _____ _____ _____ _____ _____ _____? It should be coming to the office in the afternoon.

M: Sure, I can do that. I'll sign for the package and _____ _____ _____ _____ _____.

W: Thank you so much. I'll see you tomorrow!

유형 **02** 숫자 정보

일상생활에서 흔히 접할 수 있는 소재의 대화를 듣고 금액이나 시간, 거리 등의 구체적인 숫자 정보를 파악하는 문제 유형

최근 출제 경향	매년 1 문항씩 출제되고 있으며 최근 몇 년간 수능에서는 금액을 계산하는 문제로 출제되고 있다. (2013
	년~2015년 소재: 야외용 식탁, 난방기, 항공권, 케이크와 커피 주문)

정답률을 높이는 핵심 전략	**1.** 대화 초반부의 핵심 문장을 통해서 상황을 예측한다.
	2. 대화에서 언급되는 숫자나 금액을 메모하면서 듣는다. 이때 주요 정보만 선별한다.
	3. 혼동하기 쉬운 숫자의 발음이나, 할인 및 개수의 변경 등과 같이 정답에 영향을 주는 정보에 유의한다.

기출 예제 **대화를 듣고, 여자가 지불할 금액을 고르시오.** [2015 수능]

① $9   ② $16   ③ $18   ④ $20   ⑤ $27

M: May I help you?
W: ❶ That cheese cake looks delicious! How much is it?
M: It's **30 dollars** for the whole cake or **5 dollars per piece**.
W: Okay. I'll take **two pieces**.
M: Would you like ice cream with your cake? It's **two dollars per scoop**.
W: No, thanks.
M: All right. Would you like anything to drink?
W: Yes, I'll have **two medium coffees**.
M: A medium coffee is **3 dollars** and a large one is **6 dollars**. But since you're buying cake, each large coffee costs just **5 dollars**.
W: Great! Make them large then, please.
M: So, ❷ that's two pieces of cheese cake and two large coffees. Do you need anything else?
W: No, but I have **a discount coupon**. Can I use it now?
M: Let me see. *[Pause]* Sure. You get ❸ **10% off** the total price.
W: Oh, great. Here's my credit card.

❶ 초반부의 대화에서 케이크를 사려는 상황임을 파악한다.

❷ 추가로 주문하는 품목과 수량에 주목한다.

❸ 할인 쿠폰의 할인율(10%)을 적용하여 계산하도록 한다.

문제 해설 ———→

여자는 5달러짜리 치즈 케이크 두 조각($5x2)과, 한 잔에 5달러인 큰 커피 두 잔($5x2)을 주문하여 20달러를 지불해야 하나 10% 할인 쿠폰이 있으므로 18달러를 지불하면 된다. **정답 ③**

Practice

정답 및 해설 p.9

1 대화를 듣고, 남자가 지불할 금액을 고르시오. EBS 변형

① $132　　　② $142　　　③ $152

④ $162　　　⑤ $172

2 대화를 듣고, 여자가 지불할 금액을 고르시오. EBS 변형

① $40　　　② $43　　　③ $46

④ $49　　　⑤ $52

3 대화를 듣고, 남자가 마이애미에 도착할 시간을 고르시오.

① 3:00 a.m.　　　② 3:00 p.m.　　　③ 5:00 p.m.

④ 6:00 p.m.　　　⑤ 10:00 p.m.

4 대화를 듣고, 여자가 지불할 금액을 고르시오.

① $3.50　　　② $4.50　　　③ $5.00

④ $6.00　　　⑤ $6.50

Don't miss it!

1 총 금액의 10%를 할인받을 수 있다고 했다.

field trip 현장 학습
book 예약하다
reserve 예약하다
in case ~할 경우
awesome 멋진

2 마지막에 예약하는 것까지 주의하여 듣는다.

campsite 캠핑장, 야영장
cover 포함시키다
spot 장소, 곳
vehicle 탈것

3 비행시간과 경유시간을 모두 더해야 한다.

land 착륙하다
schedule to ~할 계획이다
depart 출발하다
stopover 단기체류

4 커피와 함께 주문할 때의 가격에 주의하여 듣는다.

come up 나오다

↓
Dictation

1

[Telephone rings.]

W: Hello, this is Daisy Fields Farm.

M: Hi, my name is Alex Brown. I'm a teacher at the local elementary school, and I'd like to book _____ _____ _____ _____ _____ _____ to your farm.

W: That's great! We have two programs for children. Our half-day program is $5 per student, and the full-day one is $10.

M: All right. I'd like to reserve the half-day program for 35 students and one teacher on March 30. And how much is it for teachers?

W: It's $5 for adults. _____ _____ _____ _____ _____, we give a 10% discount for groups of 30 or more.

M: Awesome. Should I pay now?

W: No, you can pay on the day of the field trip.

M: Okay, thank you. We'll see you March 30.

2

[Telephone rings.]

M: Thank you for calling. What can I do for you today?

W: Hi, _____ _____ _____ _____ a campsite for eight people. How much is it per night?

M: It's $30 a night. That price also covers a parking spot for one vehicle.

W: Okay. I'd like to book one site and one van for this Saturday, _____ _____ _____ _____ Rosa Carter.

M: Okay. Anything else?

W: Can I rent picnic tables and grills?

M: Of course. It's $8 for a picnic table, and $5 for a grill.

W: Great, I'll rent one of each.

M: Okay, one table and one grill for Ms. Carter. Thank you for choosing us. Have a good time on Saturday!

3

[Cell phone rings.]

W: Hey! I'm arriving at the airport soon. Where are you?

M: You're not going to believe this. We haven't even left Montreal yet!

W: What? _____ _____ _____ _____ _____ an hour ago! What happened?

M: A snowstorm!

W: Okay. So when are you _____ _____ _____?

M: The airline said we'll depart at 3:00 p.m. But, my flight has _____ _____ _____ in Orlando before continuing on to Miami.

W: Okay. So that's a four-hour flight to Orlando, a two-hour stopover, and then an hour to Miami?

M: Yeah. It's going to be a long flight.

4

M: Hi. _____ _____ _____ _____ _____ today?

W: Just an Americano, please.

M: Medium or large? A medium is $2 and a large is $3.

W: _____ _____ _____ _____, please. And do you have any pastries?

M: We have freshly made cinnamon rolls. They're delicious. Would you like to try one?

W: How much are they?

M: They are $2 each, but with coffee, it's $1.50.

W: That's great. I'll have one, please.

M: Okay. Your coffee and cinnamon roll will be _____ _____ _____.

Actual Test

1 대화를 듣고, 남자가 지불할 총 금액을 고르시오.

① $27   ② $40   ③ $45

④ $54   ⑤ $57

2 대화를 듣고, 여자가 지불할 금액을 고르시오.

① $30   ② $36   ③ $40

④ $50   ⑤ $54

3 대화를 듣고, 남자가 지불할 금액을 고르시오.

① $31   ② $37   ③ $43

④ $56   ⑤ $62

4 대화를 듣고, 여자가 환불받을 금액을 고르시오.

① $60   ② $120   ③ $360

④ $480   ⑤ $540

5 대화를 듣고, 남자가 지불할 금액을 고르시오.

① $105　　　② $115　　　③ $120

④ $140　　　⑤ $150

6 대화를 듣고, 여자가 지불할 금액을 고르시오.

① $60　　　② $70　　　③ $80

④ $90　　　⑤ $100

7 대화를 듣고, 두 사람이 추가로 모아야 할 금액을 고르시오.

① $120　　　② $160　　　③ $180

④ $200　　　⑤ $210

8 대화를 듣고, 여자가 지불한 금액을 고르시오.

① $50　　　② $125　　　③ $150

④ $175　　　⑤ $250

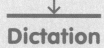

Dictation

1

W: Hello, sir. What can I do for you today?

M: I'd like to _____ _____ _____ _____ . I have the image on my USB drive.

W: Okay. We have two sizes, standard poster and a smaller A4 size.

M: What's the price difference?

W: It's $4 for standard size and $2 for A4 size.

M: Okay. There are a few folders on my USB. Make sure you print the image from the "School Project" folder in both sizes.

W: I see. So _____ _____ _____ _____ _____ want?

M: Give me ten of each, please.

W: All right. If you print more than 10 copies, you can get a 5% discount.

M: That's great! Can I _____ _____ _____ _____ ?

W: Sure. I'll have them ready by tomorrow morning. How would you like to pay?

M: I'll pay cash.

2

M: Good afternoon. How can I help you?

W: Hello. _____ _____ _____ a small fan. It's for my office.

M: Ah! I know just the one. *[Pause]* This is our best-selling fan. It's only $60.

W: It looks nice, but it's too big. I _____ _____ _____ for my desk.

M: Okay. Then your best option is either this white one or that silver one.

W: The silver one looks good. How much is it?

M: It's $40. It's _____ _____ _____ . It will be perfect for your desk.

W: It is! I have a coupon for 10% off. Will you check if I can use it?

M: Let's see. *[Pause]* Looks good! You can get a 10% discount on your fan.

W: Great. Here's my credit card.

3

W: Good day, sir! Welcome to Ice Land!

M: Hello. I'd like to buy four tickets please. For two adults and two children.

W: Okay. Did you bring your own skates?

M: No. _____ _____ _____ _____ .

W: All right. An adult ticket is $15 and a child is $10. Skate rental for an adult is $4 and for a child, it's $2.

M: Sounds good. Here's my credit card.

W: You will _____ _____ _____ _____ on the skate rental with this card.

M: That's great!

W: The discount is only for the skate rental, not your tickets.

M: Okay. Thanks.

4

[Telephone rings.]

M: Star Airlines, how may I help you?

W: Good morning. I'm calling to _____ _____ _____ _____ .

M: Okay. Can I have your surname and confirmation code?

W: My surname is Lee and the code is K1306.

M: Okay. I've found your reservation. Do you know there is a cancellation fee?

W: Oh, is there? How much is the fee?

M: Well, it is 10% of your flight price if you cancel a week before your flight. But if you cancel _____ _____ _____ _____ before, it is 20%. And your flight is tomorrow.

W: Then it's 20%! Can you tell me the price of my flight?

M: Give me a moment. *[Pause]* You paid $600. Do you still want to cancel it?

W: Yes. I have no choice, unfortunately.

5

M: Hello. I'm looking for a pair of running shoes for my wife. Can you _____ _____ _____?

W: Of course. What about these purple ones?

M: They look good. How much are they?

W: These are $150. They're great for running.

M: Sounds good. She is a size 235.

W: I'll go and check. *[Pause]* Sir, I'm sorry. _____ _____ _____ size 235.

M: Hmm… what about this pair here then?

W: Let me check. *[Pause]* We have them in a size 235. They're $120.

M: Oh, good. Here's my credit card.

W: Would you like a gift box? That will be an additional $20.

M: That would be good. Thanks. And I want to use points from this store reward card.

W: Okay, let me check. *[Pause]* You have 25 points. So you can save $25 on the shoes.

M: That's great.

6

M: Welcome to Adventure Land.

W: Hello. Can I get free-access passes here?

M: Sure. Adults are $20 each, and children under sixteen are $10.

W: One adult and three children, please.

M: Okay. Just give me a second, please.

W: Wait! Those tickets _____ _____ _____ _____, right?

M: I'm afraid not. Some of the rides _____ _____ _____.

W: What about *The Dragon-rider*?

M: That's not included, but there's a premium free-access pass for an extra $10, and it gives you _____ _____ _____ _____ _____.

W: An extra $10 per person is expensive.

M: I know. But with the premium passes you get a free lunch coupon!

W: Okay. I'll pay the extra $10 for everyone.

7

W: Good morning, Terry. What are you doing?

M: Hi, Karen. I was counting the money _____ _____ _____ our disaster aid trip to Nepal.

W: How are we doing so far? Have we reached the $1,000 goal?

M: Not yet, but we're getting close. We've raised $820 since we started on Monday.

W: Wow! That means people have donated about $200 every day.

M: That's right. But it's Friday. Today's our last day. I hope we can raise the rest of the money.

W: Don't worry! We're really close. By the way, _____ _____ _____ _____. I told my family about the trip, and all three of my uncles donated $20 each!

M: Really? That's great news! Now I'm sure _____ _____ _____ _____. Please thank your uncles for me.

W: I already did! They were happy to help.

8

M: Hey, Sonia. Wow, _____ _____ _____!

W: Thanks. I'm wearing a new dress. It's the one I told you about that I really wanted to buy.

M: Oh, wasn't it too expensive?

W: Well, it was originally $250, but I _____ _____ _____ _____.

M: Was the website having some kind of sale?

W: Yes, it was an end-of-summer sale. All their dresses were 30% off.

M: That's a good deal. But I thought you decided you wouldn't pay more than $150 for a dress.

W: I didn't have to. My grandmother gave me a $50 gift card for my birthday, and I used it for the dress.

M: Well, _____ _____ _____ _____ _____. The dress looks really nice.

W: Thank you!

1 대화를 듣고, 남자가 지불할 금액을 고르시오.

① $15   ② $19   ③ $23

④ $24   ⑤ $27

Note

2 대화를 듣고, 여자가 지불할 금액을 고르시오.

① $10   ② $14   ③ $15

④ $20   ⑤ $27

3 대화를 듣고, 남자가 받은 거스름돈이 얼마인지 고르시오.

① $5   ② $7   ③ $9

④ $11   ⑤ $15

4 대화를 듣고, 여자가 지불할 금액을 고르시오.

① $80   ② $120   ③ $150

④ $160   ⑤ $225

5 대화를 듣고, 여자가 지불할 금액을 고르시오.

① $225   ② $235   ③ $250

④ $360   ⑤ $400

6 대화를 듣고, 두 사람이 수요일에 만날 가장 빠른 시각을 고르시오.

① 4:45 p.m.   ② 5:05 p.m.   ③ 5:15 p.m.

④ 5:20 p.m.   ⑤ 5:30 p.m.

7 대화를 듣고, 두 사람이 지불할 금액을 고르시오.

① $225   ② $250   ③ $300

④ $325   ⑤ $525

8 대화를 듣고, 남자가 지불할 금액을 고르시오.

① $150   ② $300   ③ $450

④ $600   ⑤ $900

Dictation

1

[Telephone rings.]

W: Thank you for calling Express Bus. How can I help you?

M: Hi, _____ _____ _____ _____ three seats on your earliest bus going to Los Angeles International Airport tomorrow morning.

W: Our first bus to the airport leaves the terminal at 5:10.

M: Oh, that's too early for me. What time does the next one leave?

W: The next bus leaves at 5:40. Is that time okay?

M: Yes, that sounds good. How much are the tickets?

W: Each adult ticket costs $9.

M: Oh, do you have children's tickets? I'm _____ _____ my kids.

W: Yes, we do. Tickets for children under fourteen are $5.

M: My son is fifteen, but my daughter is twelve.

W: So you'll need tickets for two adults and one child?

M: Right. Do I need to pay now?

W: No, you can pay at the bus terminal tomorrow. I just need your name for the reservation.

M: It's Matthew Wilson.

W: Thank you, Mr. Wilson. We _____ _____ _____ _____ _____ tomorrow.

M: Thank you!

2

M: Hello. What can I get you today?

W: Hi. Can I get two café lattes, please?

M: That will be $6. Can I get anything else for you?

W: Hmm. What kind of pie _____ _____ _____?

M: Our apple pie is a bestseller. And the pecan pie is pretty popular, too.

W: How much is the apple pie?

M: A slice is $4.

W: Okay. _____ _____ _____ _____ _____ apple pie, please.

M: No problem. That's two café lattes and two slices of apple pie. Do you want to try the pecan pie, too? I'll give you one slice for $1!

W: Sure, why not.

M: Will that be all?

W: Can you put some vanilla syrup in my lattes?

M: Sure. Anything else?

W: No. That's everything. Here's my credit card.

M: _____ _____ _____ _____ _____?

W: Yes. Thank you.

3

M: Excuse me.

W: Yes, how can I help you?

M: _____ _____ _____ _____ a birthday cake for my wife, but I don't know much about baking.

W: I see. Do you know what you'll need?

M: I know I need sugar, butter, and eggs. I already have those at home.

W: Good. Now you just need to buy _____ _____ _____ _____, flour and baking powder.

M: Oh, yes! Can you recommend some?

W: Sure. This baking powder is great and only costs $3. And this flour is on sale for $2 a bag.

M: Okay. I'll get one can of baking powder and _____ _____ _____ _____.

W: Do you have a cake pan?

M: I don't think so. Do I need one?

W: Yes. It's for the oven.

M: Okay. How much is this one?

W: That one is $8.

M: Okay, I'll take it. Here's a $20 bill.

W: And here's your change. _____ _____ _____ the cake!

M: Thank you.

4 ....

M: Good afternoon. How may I help you?

W: Hello. Are there still _____ _____ _____
   _____ tonight's symphony performance?

M: Yes, we have seats available in all three
   sections: orchestra, standard balcony, and VIP
   balcony.

W: Great! How much are tickets for the VIP
   balcony?

M: The VIP balcony is $150 per ticket.

W: Oh, that's _____ _____ _____ _____
   _____. What about the standard balcony?

M: Standard balcony seats are $80.

W: That's not too bad. I need two tickets, please.

M: All right. And _____ _____ _____
   _____ _____ _____?

W: I'll use my credit card. *[Pause]* Here it is.

M: Oh, your credit card company _____
   _____ _____ _____ for customers. You
   can get one ticket for half price.

W: Really? I didn't know that.

M: It's a new promotion they just started. Do you
   still want standard balcony seats?

W: Well, how much are VIP balcony seats with
   the discount?

M: It's $225 total.

W: That's still pretty expensive for me. I'll take
   two standard balcony seat tickets.

5 ....

[Telephone rings.]

M: Home Shopping Saver's Club. May I have
   your name and customer account number?

W: Yes, this is Irene Adler and my account
   number is 347592.

M: Thank you, Ms. Adler. How may I help you
   today?

W: I'd like to order the set of golf clubs _____
   _____ _____ _____ a few minutes ago.

M: All right, _____ _____ _____ _____
   for those is $400.

W: Really? The price I saw on TV was $235.

M: Oh, I'm sorry, I gave you the price for the pro
   set. The basic set with tax is $250.

W: That's the one I want—the basic set.

M: The basic set is for beginners. Are you sure
   that is what you want?

W: Yes. I'm still a beginner.

M: Then it's a great choice. And how would you
   like to pay?

W: With my Saver's Club card. And I'd like to
   use my monthly 10% discount.

M: Certainly. _____ _____ _____ _____
   your shipping address?

W: Yes, it's 4416 Oakwood St, Mapleton.

M: Thank you. I'll place your order and email you
   a receipt.

W: Thank you. Good bye.

6 ....

[Cell phone rings.]

M: Hello?

W: Hey, David. This is Julie.

M: Hi, Julie. How's it going?

W: Not bad. I'm calling to talk about our science
   project.

M: Oh, right. _____ _____ _____, isn't it?

W: Yeah, and we haven't finished it yet.

M: You're right. _____ _____ _____
   _____ _____ tomorrow afternoon?

W: I don't have time tomorrow. I have piano
   practice. Is Wednesday okay?

M: Wednesday is fine, but it has to be in the
   evening. I have a tennis lesson until 4:30.

W: How long will it take you to get home?

M: It takes me about fifteen minutes from the
   tennis court.

W: Then can we meet at 4:45?

M: Well, I need about half an hour to _____
   _____ _____ _____ _____.

W: I understand. Do you know where the
   Learning Story study café is?

M: Yes, but it will _____ _____ _____
_____ _____ _____ to get there.

W: Okay, then. Let's meet there. I'll see you on Wednesday.

7

W: What are you looking at?

M: It's an ad for Marvin's Tech Mart. They're _____ _____ _____ _____ this weekend.

W: Are there any good deals on washing machines? We need a new one.

M: Let me see. *[Pause]* They're selling this one for $300. It looks good.

W: I can't believe it's so cheap. Those washing machines are usually about $500.

M: There's also a coupon for 25% off any item.

W: So we can get it for $225? Wow! We should definitely buy it.

M: All right. Is there anything else we need?

W: I want to get a coffee maker.

M: They have one on sale for $25.

W: Hmm, that _____ _____ _____ _____ than usual. Isn't there any other discount?

M: No, but I think that's still a good price for that brand.

W: You're right. Let's go there now _____ _____ _____ _____.

M: And didn't you complain about our vacuum cleaner the other day?

W: Yeah, but I _____ _____ _____ already. There's no need to buy a new one.

M: Okay, then let's go and just get those two.

8

W: Good morning. How may I help you?

M: Hi, I'd like to book three round-trip tickets for a flight from Chicago to New York.

W: What dates will you _____ _____ _____ _____?

M: I want to leave on October 16 and come back on October 24.

W: Okay, just a moment. *[Pause]* We have morning flights available on both of those dates. Would you like economy or first class?

M: How much is first class?

W: Each first-class ticket will be $300.

M: Oh, _____ _____ _____ _____ _____. How much is economy?

W: The economy round-trip tickets are $150 each.

M: Okay, I'll just take the economy class.

W: _____ _____ _____ _____ _____ for your tickets.

M: How many miles do I have?

W: Your account shows that you have 40,000 miles. _____ _____ _____ _____ one first-class round-trip ticket for free.

M: Wow, in that case, I'll take the first-class ticket and two economy tickets. Here's my credit card.

W: Okay, Here are your tickets. Have a safe flight.

유형 **03** 긴 대화의 응답

일상생활에서 일어날 수 있는 다양한 상황에 대한 긴 대화를 듣고, 남자나 여자의 마지막 말에 대한 응답으로 적절한 것을 고르는 문제 유형

최근 출제 경향 ▸ 매년 2 문항씩 출제되고 있으며 3점 문항도 출제되고 있으므로 주의해야 하는 유형이다. 최근 수능에서는 마지막 말이 의문문이 아닌 평서문으로 끝나 대화의 전반적인 흐름을 파악해야 답을 찾을 수 있다. (2015년 소재: 면접 준비에 대한 조언, 잉크 카트리지 사오기 요청)

정답률을 높이는 ▸ **1.** 빠르게 선택지를 미리 읽고 대화 내용을 예상해본다.
핵심 전략 **2.** 응답자가 남자인지 여자인지 먼저 파악하여, 어떤 입장을 취하는지 유의하여 듣는다.
3. 대화의 전반적인 내용을 들을 수 있어야 하며, 일부 내용만을 듣고 답을 고르지 않도록 유의한다.

기출 예제 대화를 듣고, 여자의 마지막 말에 대한 남자의 응답으로 가장 적절한 것을 고르시오. [2015 수능]

Man: _____

① Set a time limit when making a presentation.
② The more knowledge, the better the interview.
③ The company buys your creativity, not your image.
④ Interviewing is no more than expressing yourself.
⑤ Too much confidence in your vision doesn't help.

M: Debbie, are you ready for your interview next week?
W: I'm not sure. ❶ This is my first job interview, so I'm pretty nervous.
M: Don't worry. You'll do fine. You're a great speaker.
W: Do you think so?
M: Of course. So, have you practiced answering any interview questions?
W: Yeah, just some common ones.
M: And you researched the company, didn't you?
W: Researched the company? Do I need to do that?
M: Absolutely! It's important to find out as much information as you can.
W: Well, I know that the company is well known for advertising.
M: ❷ That's not enough. You should study more about the company.
W: Such as what?
M: For example, you should know the company's vision, its basic principles, and work ethics.
W: ❸ Do I have to know all of that? It's too much.
M: _____

문제 해설 ⟶
여자는 남자가 조언해준 것에 비해 제대로 준비가 되어있지 않으며, 마지막 말에서 알아두어야 할 것이 너무 많다고 말하고 있다. 이러한 여자의 말에 대한 남자의 응답으로 가장 적절한 것은 '알고 있는 것이 많을수록, 면접에서 더 잘 할 수 있어.'이다.   **정답 ②**

❶ 여자가 첫 번째 면접을 앞두고 긴장하고 있는 상황임을 파악한다.

❷ 남자가 여자에게 해야 할 일에 대해 조언하고 있다.

❸ 준비할 것이 너무 많다고 말하는 여자에게 남자가 해줄 말한 말을 예상해본다.

Practice

Don't miss it!

1 대화를 듣고, 남자의 마지막 말에 대한 여자의 응답으로 가장 적절한 것을 고르시오. EBS 변형

Woman: _____

① You're right. Let's not talk too loudly.

② I'm sorry, I didn't realize. I'll turn it down.

③ Oh, I love this music as much as you do.

④ I don't mind. I usually listen to music on the bus.

⑤ Yeah, I agree. I'm going to ask the driver to turn it down.

1 버스 안의 음악 소리에 관해 말하고 있다.

turn down 줄이다

2 대화를 듣고, 여자의 마지막 말에 대한 남자의 응답으로 가장 적절한 것을 고르시오. EBS 변형

Man: _____

① I still can't understand why you need the file.

② Great. I'll let you know my email address, too.

③ If you don't like the file, I'll make you a new one.

④ No problem at all. I'll send them as soon as possible.

⑤ I'm truly sorry about this, but I cannot find your file anywhere.

2 여자가 사진 파일을 요청하고 있다.

backup 예비(품)
submit 제출하다
application 지원

3 대화를 듣고, 남자의 마지막 말에 대한 여자의 응답으로 가장 적절한 것을 고르시오.

Woman: _____

① It's okay. You'll never find it anyway.

② Don't worry. I'll write it down for you.

③ You should try my cookies next time.

④ It's not a problem. I'll memorize it instead.

⑤ If it is too serious, you shouldn't go out at all.

3 마지막에 남자는 여자가 요청한 모든 것을 다 기억할 수 없다고 했다.

run out 다 떨어지다
specific 특정한
superfine 극도로 미세한

4 대화를 듣고, 여자의 마지막 말에 대한 남자의 응답으로 가장 적절한 것을 고르시오.

Man: _____

① I think I should buy this phone today.

② It takes about twenty minutes to get there.

③ I hope so. I'll call again to check later today.

④ I should have taken a bus instead of the subway.

⑤ It's okay. I was going to buy a new phone anyway.

4 마지막에 여자는 누군가가 분실물 취급소에 아직 갖다 주지 않았을거라 예상했다.

fall out of ~로부터 떨어지다
get off 내리다

↓
Dictation

1

M: Emma! Hey, Emma!

W: Oh! Hi, Bruce! How are you? I've never seen you on this bus before!

M: Yeah, I know. I usually _____ _____, but I'm going to the movie theater tonight. Where are you going?

W: I'm on my way to meet some friends for Indian food.

M: To meet friends for what? Sorry, _____ _____ _____ _____ because of the music on this bus!

W: Yeah! The music is too loud in here!

M: I know! Some music is nice on the bus, but this is too much.

W: (Yeah, I agree. I'm going to ask the driver to turn it down.)

2

M: Good morning. What can I do for you today?

W: I'm here to _____ _____ _____ _____ _____. My name is Ruth Gernstein.

M: Okay, Ms. Gernstein. Give me a moment and I'll check. *[Pause]* Here they are.

W: Okay. They look good. Would it also be possible _____ _____ _____ _____ _____ _____?

M: Yeah, that's fine. Just for backup?

W: Yes, and I also need to submit the file for a job application.

M: I see. Just _____ _____ _____ _____ _____. *[Mouse clicks.]* Okay, here they are.

W: If you could email them to me, that would be great. I'll tell you my email address. It's gernstein90@nomail.com.

M: (No problem at all. I'll send them as soon as possible.)

3

W: Hey, can you get me some more sugar from the supermarket? We just _____ _____ _____ it.

M: Really? Didn't we buy a kilo of sugar last month?

W: We did. But I've been baking every day to prepare for the baking competition.

M: I see. Well, I guess that means you would use a lot more.

W: Yeah. I need to _____ _____ _____ _____ _____.

M: Okay. I'll buy two kilos this time. That way if we run out, we'll have a backup just in case.

W: Thanks, Dad. Oh, can you get me this specific sugar? It's low-calorie, superfine, brown sugar from The Organics. It's just a heathier option.

M: I don't think I'll be able to remember that. You know _____ _____ _____ _____ _____.

W: (Don't worry. I'll write it down for you.)

4

M: Hey, Clair. I can't find my phone anywhere. I think I left it on the subway.

W: Oh, no! Are you sure you left it there?

M: I'm not sure. I think _____ _____ _____ _____ _____ _____ while I was on the subway earlier.

W: Have you checked with the lost and found center?

M: Yeah, I just called them. They said _____ _____ _____ any phones yet.

W: I see. When did you _____ _____ _____ _____?

M: About twenty minutes ago.

W: Well, maybe somebody has found it but hasn't given it to the center yet.

M: (I hope so. I'll call again to check later today.)

Actual Test

정답 및 해설 p.16

1 대화를 듣고, 남자의 마지막 말에 대한 여자의 응답으로 가장 적절한 것을 고르시오.

Woman: _____

① Okay, I think that would be a good idea.

② Thank you. I should have worked harder.

③ I think the doctor's office is closed today.

④ I should keep practicing my dance routine.

⑤ Sprained ankles are not common for dancers.

Note

2 대화를 듣고, 여자의 마지막 말에 대한 남자의 응답으로 가장 적절한 것을 고르시오.

Man: _____

① Your parents will have a great time in Europe with you!

② I've noticed that your café is very busy in the evenings.

③ That's great, but you should keep up with your school work.

④ I worked really hard to go to Europe for a week last summer.

⑤ Please don't ever fall asleep while working at your part-time job.

3 대화를 듣고, 남자의 마지막 말에 대한 여자의 응답으로 가장 적절한 것을 고르시오.

Woman: _____

① That's fine. I can find it on my own.

② I worked at that store on 22nd Street.

③ Great! I'll check that place out tonight.

④ Oh, good! Can he build the robot for me?

⑤ Sounds great! I'll get myself a new robot there.

4 대화를 듣고, 여자의 마지막 말에 대한 남자의 응답으로 가장 적절한 것을 고르시오.

Man: _____

① Thanks for helping me with my class project.

② Believe me. You will love helping people, too.

③ It's not as hard as it sounds. I'll help you get started.

④ I hope you can get experience making websites at school, too.

⑤ Don't worry. You can buy those people food through the website.

5 대화를 듣고, 남자의 마지막 말에 대한 여자의 응답으로 가장 적절한 것을 고르시오.

Woman: _____

① I'm excited about singing songs together.

② I think it won't be finished if you start today.

③ Sure! You should write the song by yourself.

④ Me, too! Let's meet up later today after school.

⑤ Could you make your own blog by next Saturday?

6 대화를 듣고, 여자의 마지막 말에 대한 남자의 응답으로 가장 적절한 것을 고르시오.

Man: _____

① That's great. I'll take all of them.

② Then I don't think I can buy them.

③ Please notify me when they're on sale.

④ Why can't you give me any discount at all?

⑤ I would have bought all of them, if you gave me a discount.

7 대화를 듣고, 남자의 마지막 말에 대한 여자의 응답으로 가장 적절한 것을 고르시오.

Woman: _____

① But I don't think you'll be a great potter.

② Sure. Are you free sometime this weekend?

③ Of course, my mother is a very good teacher.

④ Sure, I can show you where to buy some pottery.

⑤ I'd love to, but making pottery is too difficult for me.

8 대화를 듣고, 여자의 마지막 말에 대한 남자의 응답으로 가장 적절한 것을 고르시오.

Man: _____

① How did you find your cashier?

② I think my ad looks really good.

③ I heard you hired a new cashier, too.

④ Then please tell her to come see me.

⑤ Sorry, I forgot to go to the convenience store.

Dictation

1

M: What happened, Alana?

W: I _____ _____ _____, Dad.

M: How did you get hurt?

W: I was practicing my dance routine, and I think I _____ _____ _____.

M: I think you've been practicing too much lately. You should rest.

W: But my competition is in two weeks, and I want to do well.

M: If you keep practicing with a sprained ankle, it's going to get worse.

W: You're right. Then I won't even be able to compete.

M: We'll _____ _____ _____ _____ tomorrow to check. But you should put ice on it now.

W: (Okay, I think that would be a good idea.)

2

M: Jean, you seem tired these days. I see you falling asleep in class sometimes.

W: I'm sorry, Mr. Cannon. I've started _____ _____ _____ _____ in the evenings.

M: Oh, really? Why did you get a part-time job?

W: Well, I plan to go to Europe this summer, so I'm trying to _____ _____ _____ _____ _____.

M: Have you been to Europe before?

W: Yes, I have. But I was only there for a week.

M: I see. How long do you plan to stay there this summer?

W: I'd really like to travel around for a month.

M: Do you think you'll get enough money just working at the café?

W: No. But my parents are also _____ _____ _____ _____ _____.

M: (That's great, but you should keep up with your school work.)

3

M: Hi, Sarah. What are you doing tonight?

W: Hi, Richard. I'll be _____ _____ _____ _____.

M: Oh, really? That's so cool!

W: Yeah, but I can't find all the parts I need. I'm not sure _____ _____ _____ _____ _____ them.

M: You've probably been to Mega Electronics store already, right?

W: Yeah, I went there yesterday, but they didn't have the parts that I was looking for.

M: That's weird. Have you been to that store that opened recently, Eli's Electronics?

W: You mean the small one on 22nd Street?

M: Yes. I heard they _____ _____ _____ _____.

W: (Great! I'll check that place out tonight.)

4

W: What are you doing, Harry?

M: I'm _____ _____ _____ _____ for a charity that wants to provide food to people in need from around the world.

W: Really? Sounds interesting! So, how do those people actually get food?

M: For every visit, the visitors get to _____ _____ _____. The charity will collect all the money and give it to those people so that they can buy the food they need.

W: That sounds great! What made you want to do something like this?

M: It started out _____ _____ _____ _____, but now I just do it myself.

W: Cool. Have you created websites before?

M: I've made several.

W: That's impressive. I'd like to try, too.

M: Why don't you try making a website, too?

W: I'd love to, but I'm not sure where to start.

M: (It's not as hard as it sounds. I'll help you get started.)

5

M: Hey, have you seen that poster on the board?

W: No. What is it about?

M: They're _____ _____ _____ _____ to promote healthy eating.

W: That sounds interesting. I think we should do it!

M: Are you good at writing songs?

W: You know _____ _____ _____ _____ on my blog? I wrote them all myself.

M: Really? That's awesome! I actually have some good ideas for this contest, but I have never written a song before.

W: Well, why don't we _____ _____ _____ _____ _____ _____ as a team?

M: That sounds great! Maybe we could even win it!

W: I think so, too! We need to get our submission in by next Saturday, so we should get started.

M: How about starting today? I'm excited about working with you!

W: (Me, too! Let's meet up later today after school.)

6

M: Excuse me. Would you mind helping me look for something?

W: Not at all. What are you looking for?

M: _____ _____ _____ _____ _____ of Lionel Messi?

W: Please wait a moment while I check. *[Pause]* Here you go.

M: Thank you. How much is this poster?

W: Every Lionel Messi poster costs $15.

M: How many posters of Lionel Messi are there?

W: We have four posters of him here.

M: If I buy all of them, can I _____ _____ _____?

W: Yes. Our store can give you a 25% discount.

M: (That's great. I'll take all of them.)

7

M: What do you usually like to do when you have free time, Anne?

W: Well, I've been learning _____ _____ _____ _____. It's really enjoyable.

M: Oh, really? How long have you been doing that?

W: I started making pottery about five years ago. My mother is a potter.

M: Wow! You must be really good then!

W: No, I still have much to learn.

M: _____ _____ _____ _____ when you finish making something.

W: It feels good, but it takes a long time _____ _____ _____ _____.

M: Could you show me how to make pottery sometime?

W: (Sure. Are you free sometime this weekend?)

8

W: What are you doing, Alex?

M: I'm looking for another worker, so I'm _____ _____ _____ _____.

W: For your restaurant? Are you hiring another cook?

M: No. One of my cashiers quit, so I need to _____ _____ _____.

W: Oh, really? Well, my niece is trying to find a part-time job.

M: Doesn't she have classes during the day? I need someone to work in the morning.

W: That's great! She's just taking classes in the evening this semester.

M: _____ _____ _____? I want someone who knows how to use the cash register.

W: She worked as a cashier at a convenience store before for three years.

M: (Then please tell her to come see me.)

Actual Test `CHALLENGE`

1 대화를 듣고, 남자의 마지막 말에 대한 여자의 응답으로 가장 적절한 것을 고르시오.

Woman: _____

① Great. I'll see you this Sunday then!

② I appreciate your volunteer experience.

③ Thanks for working four times this week.

④ Sorry, but we don't need any extra help now.

⑤ Serving meals at a soup kitchen can be demanding.

2 대화를 듣고, 여자의 마지막 말에 대한 남자의 응답으로 가장 적절한 것을 고르시오.

Man: _____

① I'd appreciate your present.

② Oh, that's really nice of you.

③ You'd better finish it right now.

④ I finished making one a long time ago.

⑤ Your niece can join us and we can bike together.

3 대화를 듣고, 남자의 마지막 말에 대한 여자의 응답으로 가장 적절한 것을 고르시오.

Woman: _____

① I paid for it five months ago.

② I agree. I think I'll stay on the plan for now.

③ Can you add all the TV channels to my plan?

④ I cancelled all the games on my bundle plan.

⑤ I just want to add some options that I actually use.

4 대화를 듣고, 여자의 마지막 말에 대한 남자의 응답으로 가장 적절한 것을 고르시오.

Man: _____

① The bicycles are in the attic.

② I'll put everything in the attic.

③ Okay. I'll go up too and help you.

④ Do you want to have the yard sale tomorrow?

⑤ Let's go help Eleanor with her yard sale this weekend.

Note

5 대화를 듣고, 남자의 마지막 말에 대한 여자의 응답으로 가장 적절한 것을 고르시오.

Note

Woman: _____

① I swear I didn't do anything.

② It's okay. I don't need it anyway.

③ I'm so sorry! I'll help you rebuild it.

④ I don't know what to do! It's all your fault.

⑤ Why did you make model planes in the first place?

6 대화를 듣고, 여자의 마지막 말에 대한 남자의 응답으로 가장 적절한 것을 고르시오.

Man: _____

① That's what true friends do.

② I think Joan owes you an apology.

③ You should have her make time for you.

④ She just needs some time. She'll come around.

⑤ Promise her you won't be angry with her again.

7 대화를 듣고, 남자의 마지막 말에 대한 여자의 응답으로 가장 적절한 것을 고르시오.

Woman: _____

① No problem. Get better soon!

② I don't have my notes right now.

③ You can't just copy my notes for the exam.

④ Don't you know we have a final next week?

⑤ You should rest and do nothing for a few days.

8 대화를 듣고, 여자의 마지막 말에 대한 남자의 응답으로 가장 적절한 것을 고르시오.

Man: _____

① I think I can get there in time.

② Thank you so much. I'll be there soon!

③ Actually, the 272 bus is the wrong one.

④ Can we watch the movie some other day?

⑤ They said the tickets cannot be exchanged.

Dictation

1

W: Hello. I'm Lisa, the soup kitchen director. Thank you for coming to our center today.

M: Hello. I'm Harold. It's nice to meet you.

W: Please have a seat. I heard that you wanted to _____ _____ _____ _____ _____.

M: Yes, I'd like to come here with my volunteer group and _____ _____ on the weekends.

W: That's great, but before we decide anything, I have to ask a few questions first. Would that be okay?

M: Of course.

W: How many volunteers are in your group?

M: There are twenty of us.

W: That's good. Here in our kitchen, _____ _____ _____ _____. But, have you or your group ever worked at a soup kitchen before?

M: Yes, we helped at a soup kitchen near our university for a few months.

W: Sounds like _____ _____ _____. When would you be able to start?

M: As soon as this weekend.

W: Okay, then how many times a month can you volunteer here?

M: Maybe three to four times a month.

W: (Great. I'll see you this Sunday then!)

2

M: What are you doing now, Catherine?

W: Oh, I'm _____ _____ _____. I'm trying to finish it today.

M: Why don't you finish it later?

W: But I'm almost done. Why? Do you want to do something today?

M: Everyone's about to _____ _____ _____ _____ _____.

W: And do you want to join them?

M: Yes. Let's go together!

W: That sounds fun, but I really want to finish this today.

M: Isn't it going to take a long time?

W: Not really. It should probably take only another hour or so. I've been working on it for a week.

M: That's a lot of work.

W: It is, but I've really enjoyed working on it.

M: Really? Why is that?

W: Because I'm _____ _____ _____ _____ _____.

M: (Oh, that's really nice of you.)

3

[Telephone rings.]

M: Clear Telecom. How may I assist you today?

W: Hello. I'd like to terminate my Special Bundle Plan.

M: May I ask why you'd like to _____ _____ _____?

W: Yes, I noticed that I don't really use all the extra options. I want to switch my plan to a cheaper one that _____ _____ _____ _____.

M: Then do you want a plan with fewer options?

W: Yes. I don't really play games or watch TV on my phone.

M: Okay, there is one plan you can take, which _____ _____ _____.

W: Well, I have no choice but to take that plan.

M: Okay, but _____ _____ _____ _____ if you cancel your plan now.

W: How much is the cancellation fee?

M: It's 250,000 won.

W: Wow, that's a bit expensive. How many months do I have left on this plan?

M: You still have five months left.

W: Now I'm not sure I want to cancel it.

M: I guess it's better for you to stick with the plan for five more months and then cancel.

W: (I agree. I think I'll stay on the plan for now.)

4

W: Honey, I heard that Eleanor's family is
_____ _____ _____ _____ this
Saturday.

M: Oh, yeah? Do you want to visit there on
Saturday?

W: No. I think we should have ours, too.

M: Oh, that sounds like a good idea. Maybe we
can have one next week.

W: What do you think we should sell?

M: Hmm… how about the kids' bicycles?
_____ _____ _____.

W: I know. They're just collecting dust in the
garage.

M: Okay, then I'll clean them tomorrow morning.
What else do you think we can sell?

W: I think we can also get rid of some of our old
clothes.

M: I agree. We can start _____ _____ _____
_____ _____.

W: And what about these books?

M: They can go, too. And don't you have a lot of
records that you don't listen to any more?

W: I listen to them sometimes! I don't want to sell
them.

M: Okay, you can keep them. I think we need
more things to sell.

W: I agree. I'll go to the attic and _____
_____ _____ _____.

M: (Okay. I'll go up too and help you.)

5

M: Wow, thanks for helping me build my model
planes.

W: You're welcome. It's really fun.

M: Yes! _____ _____ _____ is so much
more fun.

W: How about we take a break? It's been two
hours.

M: Good idea. Let's rest for ten minutes and
_____ _____ _____ _____.

W: Okay. Can I have some water?

M: Of course. I'll get it for you. *[Pause]* Here you
go.

W: Thanks. By the way, I think we should
_____ _____ _____ _____ _____
somewhere else. We need more room to finish
it.

M: We really do. Can you move that one over
there? I'll take the rest of the planes outside.

W: Sure. *[Pause]* Oh, no!

M: What happened?

W: I'm so sorry! I accidentally _____ _____.

M: Oh, no! You dropped my plane? What am I
going to do?

W: (I'm so sorry! I'll help you rebuild it.)

6

W: Today is the worst day of my life.

M: Why? What happened?

W: My friend Joan _____ _____ _____
_____.

M: Really? Why is that?

W: I cancelled our plans at the last minute again.

M: Isn't this the third time you've cancelled on
her?

W: It is, but I only cancelled because my boss
asked me to stay late to complete a project.

M: Did you tell her that?

W: Yes, but she thinks it's just _____ _____.

M: Well, did you apologize?

W: Of course I did, but she's still not talking to
me. She thinks I don't _____ _____
_____.

M: I would feel bad if I was cancelled on three
times, no matter what the situation was.

W: But I told her I was sorry and I wouldn't
cancel on her again. What else can I do?

M: Don't just tell her. Show her _____ _____
_____ _____.

W: I want to, but I'm afraid she won't talk to me
again.

M: (She just needs some time. She'll come around.)

7

[Telephone rings.]

M: Hi, Carol? This is Kevin.

W: Hey, Kevin. How are you? I haven't seen you for a while.

M: I know. I've _____ _____ _____, so I had to stay home this week.

W: Oh, no. Are you feeling better today?

M: I am, but the doctor said I still need to rest.

W: Okay, does that mean you're not coming to school today, either?

M: Yeah. I will probably stay home next week, too.

W: That's quite a long time. You will _____ _____ _____ _____ _____.

M: I know, but I have no choice.

W: Do you need anything from our schoolwork?

M: Actually, that's why I called. Could I _____ _____ _____ _____? I want to study at home.

W: Of course. When do you need them?

M: Whenever you can send them to me. I'm worried about our final exam.

W: I know. I'm worried, too. Well, I can _____ _____ _____ _____ tonight.

M: That'd be great. I really appreciate it.

W: (No problem. Get better soon!)

8

[Cell phone rings.]

W: Hello?

M: Hi, Celina! It's Joshua.

W: Hey, Joshua! Are you on the way?

M: Yeah, but I'm not going to _____ _____ _____ _____ for the movie.

W: Oh, really? Is something wrong?

M: I was supposed to get on the 271 bus, but I took the 272 by mistake.

W: Again? You really should check the bus numbers more carefully.

M: I know. Are you at the theater?

W: Yeah. I got here five minutes ago.

M: Okay. I think I'll get there in 30 minutes. I'm sorry for _____ _____ _____.

W: Don't worry. I'll just be in the lobby when you get here.

M: I think we won't be able to watch our movie.

W: Yeah. Maybe we should watch the next one.

M: Do you think you can _____ _____ _____ for the next movie?

W: Sure, I'll see what I can do.

M: (Thank you so much. I'll be there soon!)

유형 **04** 상황에 적절한 말

일상생활에서 흔히 겪을 수 있는 다양한 상황에 대한 담화를 듣고, 해당 인물이 할 말로 적절한 것을 고르는 문제 유형

최근 출제 경향 | 매년 1 문항씩 출제되고 있으며 학교 생활에서부터 일상 생활까지 다양한 상황이 문제로 출제되고 있다. (2013년~2015년 소재: 친구와의 다툼, 회사 동료에게 문서 요청, 친구와 도서관에서 공부)

정답률을 높이는 핵심 전략
1. 먼저 지시문과 선택지를 읽고 누가 누구에게 하는 말인지를 미리 파악한다.
2. 담화를 들으며, 전체적인 상황 속에서 해당 인물이 겪게 된 문제와 그의 입장을 파악한다.
3. 앞부분에서는 전반적인 상황을 파악하고, 뒷부분에 제시되는 구체적인 상황 설명을 특히 주의 깊게 듣는다.

기출 예제 | 다음 상황 설명을 듣고, Peter가 Sandra에게 할 말로 가장 적절한 것을 고르시오. [2015 수능]

Peter: Sandra, _____

① I think you need to take a break for a while.
② I recommend you return your book soon.
③ I'd suggest changing where you study.
④ you'd better review what you learned.
⑤ you should've slept more last night.

M: Peter and Sandra are classmates. ❶ They've been in the library over the weekend reading for their literature class. Sandra is unable to concentrate and is feeling exhausted. However, she has noticed that Peter seems to be focused and full of energy. ❷ In fact, Peter has a secret for maintaining his focus. Whenever he is losing his concentration, **he gathers his belongings and moves to another place**. To him, a new environment feels like a new beginning. **A different desk, chair, and view help him to feel refreshed** and ready to continue for another hour or two. When Sandra asks Peter about how she can stop herself from losing concentration, ❸ he wants to advise her to switch study spaces. In this situation, what would Peter most likely say to Sandra?

❶ 도서관에서 공부를 하고 있는 상황이다.

❷ 남자에게는 집중을 하는 자신만의 비법이 있다고 했다.

❸ 남자는 여자에게 조언을 해주고 싶어 하는 상황임을 파악한다.

문제 해설 ⟶

Peter는 집중력이 떨어질 때마다 학습 장소를 바꾸며 집중력을 되찾고, 이를 Sandra에게 조언해주려고 하는 상황이므로 '공부하는 장소를 바꿔보길 제안하고 싶어.'가 적절한 답이 된다.   **정답 ③**

Practice

Don't miss it!

1 다음 상황 설명을 듣고, Max가 그의 부인에게 할 말로 가장 적절한 것을 고르시오.

Max: _____

EBS 변형

① Then I'll go next time I can.

② I wish I could find a job I actually want.

③ This adventure must happen now or never.

④ I'm glad that I can meet my friends whenever I want.

⑤ You're right. It will be too dangerous for me to go alone.

1 설득하려는 것을 집중해서 듣는다.

dedicated 헌신적인
retire 은퇴하다
catch up with 따라잡다, 만회하다
outline 윤곽을 보여주다
convince 설득하다

---

2 다음 상황 설명을 듣고, Susan이 Walter에게 할 말로 가장 적절한 것을 고르시오.

Susan: _____

EBS 변형

① Don't worry. We can take the next ferry.

② Let's take the ferry, but I don't want to go up.

③ You can always visit the island and go up the statue.

④ Of course! I've always wanted to see the statue myself.

⑤ But I need to look up some information about the statue.

2 마지막에 여자가 하기 싫어하는 것을 주의깊게 듣는다.

statue 조각상
from afar 멀리서
be afraid of ~을 무서워하다
heights 높은 곳

---

3 다음 상황 설명을 듣고, Drew가 커플에게 할 말로 가장 적절한 것을 고르시오.

Drew: _____

① Can the three of us join your table?

② Thank you, but we are a group of three.

③ Do you know if there's another restaurant nearby?

④ Excuse me, can you finish and let us have this table?

⑤ Excuse me, but would you mind moving to that table?

3 남자가 부탁할 내용에 집중해 듣는다.

notice 알아채다
nearby 근처에

---

4 다음 상황 설명을 듣고, Lucille이 이웃에게 할 말로 가장 적절한 것을 고르시오.

Lucille: _____

① Why did you clean up those bushes?

② Can you help me find this kitten's owner?

③ I need your help to rescue a trapped kitten.

④ Thank you for trying to help me find my lost cat.

⑤ I need your help! I've fallen down and broken my leg.

4 여자가 맞닥뜨린 상황을 유의하여 듣는다.

on one's way 도중에
trap 끼이다
amongst ~의 사이에
bush 덤불
get free 벗어나다, 떠나다

↓
Dictation

1

M: Max had been _____ _____ _____ for thirty years when he retired. He now spends his time _____ _____ _____ friends and playing golf. After a while, Max becomes bored and wants to _____ _____ _____ _____. After doing some research, he decides to go on a six-month trip to South America. He outlines his idea to his wife, but she thinks it's too dangerous to travel alone for six months. Max wants to convince her that this is the best time for him to take such a long trip. In this situation, what would Max most likely say to his wife?

Max: (This adventure must happen now or never.)

2

W: Susan is in New York City visiting her friend Walter. She is excited because she has always wanted to see the Statue of Liberty. First, they walk across the Brooklyn Bridge, which _____ _____ _____ _____ of the statue from afar. Walter thinks it would be good to take the ferry to Liberty Island, where the statue is located, and then _____ _____ _____ _____ _____. Susan wants to go to the island, but doesn't want to go up. She _____ _____ _____ _____. In this situation, what would Susan most likely say to Walter?

Susan: (Let's take the ferry, but I don't want to go up.)

3

M: Drew and his two friends are _____ _____ _____ at a restaurant. It's a popular place so they expect it to be crowded. After waiting for a while, they notice that there is a couple sitting at _____ _____ _____ _____ and that nearby is a free table for two. They have been waiting for quite a long time, so they want to ask the couple if they would move to a different table. In this situation, what would Drew most likely ask the couple?

Drew: (Excuse me, but would you mind moving to that table?)

4

W: While on her way home from work one day, Lucille notices a kitten _____ _____ _____ _____. It seems to be in pain and _____ _____ _____. It is crying loudly and trying to free its legs. Lucille wonders how long the kitten has been trapped. She tries to reach the kitten to help it get free, but it is too difficult. She can't just _____ _____ _____. She decides to call her neighbors to ask for help. In this situation, what would Lucille most likely say to her neighbor?

Lucille: (I need your help to rescue a trapped kitten.)

Actual Test

1 다음 상황 설명을 듣고, Jack이 Patricia에게 할 말로 가장 적절한 것을 고르시오.

Note

Jack: _____

① I can't believe you left the documents in the office.

② Patricia, I have no choice but to fly back to the office.

③ I need you to take my place and run the meeting, Patricia.

④ Will you bring me the documents for the meeting in person?

⑤ Can you scan the documents and email them to me right away?

2 다음 상황 설명을 듣고, Jessie가 어머니에게 할 말로 가장 적절한 것을 고르시오.

Jessie: Mom, _____

① I want to have time to learn new things.

② I think I should focus only on one thing.

③ I don't have the time for another hobby.

④ I need more time to practice taekwondo.

⑤ I have no interest in learning piano or violin.

3 다음 상황 설명을 듣고, Dale이 판매자에게 할 말로 가장 적절한 것을 고르시오.

Dale: _____

① I would like to cancel my order.

② Can I pay the extra $20 with my credit card?

③ Could you transfer $20 back into my account?

④ Your site has charged me too much for the battery.

⑤ I want you to refund the money I paid for the battery.

4 다음 상황 설명을 듣고, Peggy가 직원에게 할 말로 가장 적절한 것을 고르시오.

Peggy: _____

① Can I return the car tomorrow?

② I had a car accident and got hurt.

③ Can you recommend a good car for me?

④ There's a scratch on one door. What do I need to do?

⑤ There's something wrong with this car. I want to rent a different one.

5 다음 상황 설명을 듣고, Barry가 Holly에게 할 말로 가장 적절한 것을 고르시오.

Barry: _____

① You should get your pictures yourself for your poster.

② I thought you could finish the presentation without my help.

③ Why do you need pictures for your poster in the first place?

④ My printer has not been working for two days, and I can't fix it.

⑤ I'm sorry. I will send you the pictures later, so you can finish it today.

6 다음 상황 설명을 듣고, Sarah가 Roger에게 할 말로 가장 적절한 것을 고르시오.

Sarah: _____

① I will help you get through the final year.

② Just try to read as many books as possible.

③ You should take extra classes to raise your grades.

④ You don't need to worry. We are not going to fail our final year.

⑤ Be more involved in class and ask your professors more questions.

7 다음 상황 설명을 듣고, Nicole의 남자친구가 Nicole에게 할 말로 가장 적절한 것을 고르시오.

Nicole's boyfriend: _____

① Sorry, but you have to go kayaking here.

② I hoped it would be the happiest birthday ever!

③ I'm sorry that I made you do things you don't like.

④ I'm glad you had more fun today than you expected.

⑤ You weren't really good at water skiing today, but you'll get better.

8 다음 상황 설명을 듣고, Lesley가 남자에게 할 말로 가장 적절한 것을 고르시오.

Lesley: _____

① Thank you so much. I'll treat you next time.

② Why don't you go back to the end of the line?

③ I'm sorry, sir. I thought you were my coworker.

④ I'm late, so I don't want to have coffee any more.

⑤ No, thanks. I am already late for an important meeting.

Dictation

1

M: Jack and Patricia work for an international finance company. They were in a long meeting last night at the office because they had to _____ _____ _____ _____. Once the meeting finished, Jack left quickly in order _____ _____ _____ _____ to Tokyo for another meeting with the clients. He was _____ _____ _____ _____ to catch his flight that he left several important documents at his office. He realizes that he needs the documents when he is preparing for the meeting with the clients. The meeting is scheduled to take place in an hour. He needs to call Patricia and ask her to send the documents to him. In this situation, what would Jack most likely ask Patricia on the phone?

Jack: (Can you scan the documents and email them to me right away?)

2

W: All of Jessie's free time _____ _____ _____ her mother. Jessie takes piano and violin lessons, she does taekwondo, and she is also a member of a chess club. She enjoys all the activities, but she sometimes feels very tired. She wants to do well at everything she does, so she practices very hard. Since she has so much practice to do, she _____ _____ _____ _____ _____. She thinks it would be better _____ _____ _____ only one thing. That way, she can be better in one specific area and also have some time to relax. Jessie wants to speak to her mother about this. In this situation, what would she most likely say to her mother?

Jessie: Mom, (I think I should focus only on one thing.)

3

M: Dale needs to buy a new cell phone battery, so he is _____ _____. After a few minutes of searching, he finds the right one. He decides to buy it, and he tries to pay for it. The seller wants Dale to send money using online banking. So Dale _____ _____ _____ _____ _____ and transfers the money. When he looks at the receipt he realizes that he's sent too much! He sent $50 instead of $30! He wants _____ _____ _____ _____ _____ the seller to get $20 back. He looks on the seller's site and finds a contact telephone number. He calls the seller and explains the situation. In this situation, what would Dale most likely say to the seller?

Dale: (Could you transfer $20 back into my account?)

4

W: Peggy is on vacation in Italy and decides to rent a car for a few days. While driving back to her hotel one evening, she _____ _____ _____ _____ _____. She doesn't feel confident driving when there is too much traffic on the road, because she is not a skilled driver yet. When she finally gets to her hotel, she finds that there is _____ _____ _____ _____ one of the car doors. She returns the car to the rental company the next day, and she needs to ask the clerk what she has to do about the scratch. In this situation, what would Peggy most likely say to the clerk?

Peggy: (There's a scratch on one door. What do I need to do?)

5

M: Barry and Holly have biology presentations in two days. Barry has almost completed his, but Holly still has to decorate her poster. She asks him if he can help her, and he says that he has some pictures she can use for her poster. Barry _____ _____ _____ _____ at home, but he accidentally leaves them on the kitchen table the next day. He tells her that he _____ _____ _____ _____ _____. Holly doesn't say anything but clearly _____ _____. Holly worries because she won't be able to finish her poster that day without the pictures and doesn't know what to do. In this situation, what would Barry most likely say to Holly?

Barry: (I'm really sorry. I will send you the pictures later, so you can finish it today.)

6

W: Sarah is about to _____ _____ _____ _____ of university. At the beginning of last year, she _____ _____ _____ some of her classes, so she decided to invest more of her time and effort in academic life. She began _____ _____ _____ _____ in discussions during class and would often visit her professors to ask questions. After a few weeks, she _____ _____ _____ _____ _____ _____. Her classmate, Roger, is worried about his final year because his grades dropped last year. Roger found out that Sarah raised her grades and wants to ask for her advice. Sarah wants to explain what she did last year. In this situation, what would Sarah most likely say to Roger?

Sarah: (Be more involved in class and ask your professors more questions.)

7

M: Nicole wanted to _____ _____ _____ for her boyfriend for his birthday. She thought about what to give him for a few days, and decided to _____ _____ _____ _____ _____ with him. She doesn't like being outside and doing sports, but she knows that he would want to do it with her. They take a bus to the countryside and arrive at a big lake. Nicole and her boyfriend water ski and _____ _____. A few hours later, Nicole thinks today was actually really fun and tells him that she would like to do these sports more often. Her boyfriend is happy to see that she is _____ _____ _____ _____. In this situation, what would Nicole's boyfriend most likely say to Nicole?

Nicole's boyfriend: (I'm glad you had more fun today than you expected.)

8

W: Lesley is standing at the end of a long line. She is waiting to order coffee at her favorite café. If she doesn't get her coffee soon, she will be late for an important meeting with her boss. She notices that the second person in line is a coworker. Lesley goes up to him and asks if he could get her an Americano. He smiles and says he _____ _____ _____ _____. She tries to give him money for coffee, but he _____ _____ _____ _____. He says that he _____ _____ _____ because he knows that she has an important meeting today. She thanks him and thinks he is a very nice person. In this situation, what would Lesley most likely say to the man?

Lesley: (Thank you so much. I'll treat you next time.)

Actual Test CHALLENGE

정답 및 해설 p.25

1 다음 상황 설명을 듣고, Brian이 보안 직원에게 할 말로 가장 적절한 것을 고르시오.

Note

Brian: _____

① Why can't I take it on the plane?

② You've made a mistake. That is not my bag.

③ I'm asking you to check my bag again, please.

④ You owe me an apology for checking my luggage.

⑤ I completely forgot. I'm sorry for holding up the line.

2 다음 상황 설명을 듣고, Julia가 고객 서비스 직원에게 할 말로 가장 적절한 것을 고르시오.

Julia: _____

① I haven't received my package yet.

② I don't like the shoes you sent any more.

③ I'd like to buy another pair from your store.

④ The shoes I ordered were a different color.

⑤ The shoes you sent me are the wrong size.

3 다음 상황 설명을 듣고, 경찰이 Maria에게 할 말로 가장 적절한 것을 고르시오.

Police officer: _____

① We've already checked the place, ma'am.

② Okay, ma'am. We'll be there in ten minutes.

③ Visit your neighbors and ask them to be quiet.

④ They promised they would never do this again.

⑤ We're very sorry, ma'am. But there's really nothing we can do.

4 다음 상황 설명을 듣고, Jess가 남자친구에게 할 말로 가장 적절한 것을 고르시오.

Jess: _____

① Please stop showing me scary things.

② I'm afraid I have to go back to the park.

③ I'm still really scared. Can you walk me home?

④ How could you not be fightened by the haunted house?

⑤ I don't understand why anyone would go into a haunted house.

5 다음 상황 설명을 듣고, Ben이 Lauren에게 할 말로 가장 적절한 것을 고르시오.

Ben: _____

① I'm sorry. I'll never ruin our date again.

② You're not very good at skating, apparently.

③ If your ankle starts to hurt, go to the hospital.

④ Don't worry. I cancelled the reservation yesterday.

⑤ I don't care about the reservation. I just hope you get better.

6 다음 상황 설명을 듣고, Lin이 Naomi에게 할 말로 가장 적절한 것을 고르시오.

Lin: _____

① I think we have really different cultures.

② Leaving tips in Singapore is also normal.

③ It took me a while to get used to eating alone.

④ I know, but it'll get easier to remember after a while.

⑤ You should start working at a restaurant to learn more.

7 다음 상황 설명을 듣고, Jack이 친구들에게 할 말로 가장 적절한 것을 고르시오.

Jack: _____

① Wow, you guys really surprised me!

② Without your help, I couldn't do this.

③ I was waiting for you at the stadium.

④ I can't take this. Let's go to the stadium.

⑤ Thank you for bringing her to the stadium.

8 다음 상황 설명을 듣고, Lara가 고객에게 할 말로 가장 적절한 것을 고르시오.

Lara: _____

① I will pay you back soon.

② Where did you hide the money?

③ Thank you for returning the money.

④ Be careful when you donate money next time.

⑤ You shouldn't have come. I found my money at home.

1

M: Brian _____ _____ _____ _____ _____ _____ from the US to Europe for a vacation. After his bag goes through the scanner, a security officer comes over and asks him if he has any liquids in his luggage. He says "No," because he doesn't think he _____ _____ _____ in his bag. But the officer asks if he can check the bag anyway. The officer opens it and after a few minutes of searching he finds a bottle of wine. Brian is so surprised because he had forgotten that he put it in his bag. The officer says to him that he _____ _____ _____ _____ _____ _____ with him on the airplane. Brian wants to apologize for _____ _____ _____ _____. In this situation, what would Brian most likely say to the officer?

Brian: (I completely forgot. I'm sorry for holding up the line.)

2

W: Julia is doing some online shopping for shoes, and she finds a pair of shoes that are beautiful. She checks the color and size, and she orders them. She waits for a few days, and _____ _____ _____ _____ _____. Excited, she rips open the package. She takes out her beautiful new shoes and they look _____ _____ _____ _____ _____ than in photos. She happily puts one shoe on, but _____ _____ _____ _____. She takes it off to check the size label inside the shoe. The label says it is a size six! That's not the size she ordered. She _____ _____ _____ _____ _____ to tell them about their error. In this situation, what would Julia most likely say to the customer service staff?

Julia: (The shoes you sent me are the wrong size.)

3

M: Maria is reading her favorite book at home on a Wednesday night. She suddenly hears loud music from somewhere. The apartment above her is having a party. It is almost midnight, and she _____ _____ _____ _____ any more. She only wants to enjoy a quiet night at home, but she can't. She puts her book down, turns on the TV, and _____ _____ _____ _____ _____ _____. The party is still going on after two hours, so she decides to _____ _____ _____ _____ her noisy neighbors. She calls the police station and explains the situation. She asks for someone to come over to her house and _____ _____ _____ _____. The police officer asks for her address and she gives it. In this situation, what would the police officer most likely say to Maria?

Police officer: (Okay, ma'am. We'll be there in ten minutes.)

4

W: Jess goes to an amusement park with her friends. Her friends want to go into the haunted house. She doesn't like scary things, but her friends say it will be fun. They reassure her, saying young children also go inside the haunted house, so it can't be that scary. They _____ _____ _____ _____, and they go in. Inside the haunted house, Jess is frightened, so she keeps screaming and _____ _____ _____ _____. After the haunted house, Jess meets her boyfriend and eats dinner with him. When they finish eating, they go to a park. It is getting late and almost time for them to go home. Jess _____ _____ _____ from inside the haunted house and becomes afraid. Her boyfriend says good night. In this situation, what would Jess most likely say to her boyfriend?

Jess: (I'm still really scared. Can you walk me home?)

5 ....

M: Ben and Lauren went on a date last Saturday. They decided to go ice skating and then eat dinner at a nice restaurant. Ben is a hockey player, so he _____ _____ _____ _____ _____. Lauren, on the other hand, was ice skating for the first time. At first, Ben helped her around the rink. Later, she wanted to try skating by herself, so she started skating without Ben's help. But a few minutes later, she _____ _____ _____ and twisting her ankle badly. They _____ _____ _____ _____ and went to the hospital instead. Lauren kept saying sorry _____ _____ _____ _____, but Ben wasn't upset at all. He was only worried about her ankle. In this situation, what would Ben most likely say to Lauren?

Ben: (I don't care about the reservation. I just hope you get better.)

6 ....

W: Naomi is a student from Japan who has been studying English in the United States for the past two months. She is currently _____ _____ _____ _____ her Singaporean friend, Lin, who has been in the US for five years. Naomi talks with Lin about some of the _____ _____ _____ Japan and America. For example, Naomi is used to paying only for the cost of her meal when she eats at a restaurant. But in the United States, people _____ _____ _____ _____ _____. She tells Lin that it is sometimes hard to

remember to leave a tip. Lin wants to tell Naomi that she'll _____ _____ _____ _____ _____ _____, because it took her months to get used to leaving a tip as well. In this situation, what would Lin most likely say to Naomi?

Lin: (I know, but it'll get easier to remember after a while.)

7 ....

M: Jack wanted to _____ _____ _____ _____ Becca on Saturday. He asked his friends to help him surprise her. Jack wanted to _____ _____ _____ _____ _____ at the baseball stadium. Because one of his friends works at the stadium, Jack was able to get free baseball tickets. Jack picked Becca up at her home on Saturday and drove her to the stadium. When they got there, Becca said she wanted to eat lunch at a nearby restaurant. When they went inside the restaurant, Jack was surprised to see his friends waiting there. They _____ _____ _____ _____ for Jack and Becca at the stadium, not at the restaurant. While Jack stood there _____ _____, Becca proposed to him with his friends singing songs for them. He was surprised, yet he felt so happy. In this situation, what would Jack most likely say to his friends?

Jack: (Wow, you guys really surprised me!)

8 ⋯⋯⋯⋯⋯⋯⋯⋯⋯⋯⋯⋯⋯⋯⋯⋯⋯⋯⋯⋯⋯⋯⋯⋯⋯⋯⋯⋯⋯

W: Lara _____ _____ _____ _____ to a charity shop near her house. A few days later, her husband Mike asked her about his old desk. Lara told him that she had donated it. Mike told Lara that he had _____ _____ _____ _____ . Shocked, Lara immediately called the store to get the desk back. The store manager told her that it had already been sold and there was no way he could find the person who bought it. A week later, the manager called and asked Lara to come to the store. When she got there, Lara met the customer who had bought the desk. The customer found the hidden money and

_____ _____ _____ _____ _____

so that he could return it to Lara. In this situation, what would Lara most likely say to the customer?

Lara: (Thank you for returning the money.)

유형 **05** 세트 문항

긴 담화문을 두 번 반복해서 듣고 대의 파악 문제와 세부 정보를 파악하는 문제 두 개를 연달아 푸는 유형

최근 출제 경향	2014학년도부터 하나씩 출제되는 유형이며 두 번째 문항인 세부 사항을 묻는 문제에서 최근에는 주로 언급 여부를 묻고 있다. (2014~2015년 소재: 자연의 반복된 변화가 동물 행동에 미치는 영향, 가족 구성원들과 화해하는 방법)
정답률을 높이는 핵심 전략	**1.** 담화의 주제나 목적은 앞부분이나 뒷부분에 주로 나오므로 그 부분에 집중하여 듣는다. **2.** 세부 사항을 묻는 질문에는 먼저 지시문을 읽고 내용을 예측한 후, 답을 고른다. **3.** 두 번째 들려줄 때 놓친 부분에 더 집중하면서 듣는다.

기출 예제　**[1~2] 다음을 듣고, 물음에 답하시오.** [2015 수능]

1 여자가 하는 말의 주제로 가장 적절한 것은?

① consequences of communication problems
② difficulties of managing a relationship
③ various merits of having hobbies
④ causes of conflict within a family
⑤ ways of making peace with family members

2 언급된 물건이 아닌 것은?

① a letter　　② a picture　　③ cookies
④ earrings　　⑤ flowers

W: Hello, everyone. Welcome to Dr. Thompson's Family Center. Many of you may not know how to smooth things over with your family members after conflict. ❶ Today, I'd like to talk about some ways to make up with them after an argument. First, reveal your true feelings. ❷ Giving them a letter is one option. Sometimes it's hard to say everything you want in person. Writing gives you time to think about what you want to say. If you're not good at writing, you can also ❸ give them a picture you drew. It can communicate your feelings, too. Even though it may not be great art, it'll be touching and make them smile. Showing your interest in what they like is another solution. For example, if your sister likes ❹ earrings, surprise her with a new pair. They don't have to be expensive. It's the thought that matters, not the cost. If your mother likes ❹ flowers, give her some. When you show your interest, your family will know you care and the situation will improve. Remember, your family is your greatest asset. So the next time you have an argument with them, try one of these.

❶ 여자의 말 초반에 담화의 주제를 말하고 있다.

❷~❺ 각각 '화해하기 위한 방법'을 나열하고 있다. 선택지를 먼저 읽고 예측하면서 담화를 듣는다.

문제 해설 ——→
담화의 초반부에 가족과 화해하는 방법에 대한 주제로 말하겠다고 했다. 화해하는 수단으로 언급되지 않은 것은 'cookies'이다.

정답 1 ⑤ 2 ③

Practice

[정답 및 해설 p.28]

[1~2] 다음을 듣고, 물음에 답하시오. EBS 변형

1 **남자가 하는 말의 주제로 가장 적절한 것은?**
① the ways to get a good night's sleep
② the health tips you should try at night
③ the psychological reasons why you snore
④ the ways to help you stop snoring at night
⑤ the importance of having good sleeping positions

[1~2]
코골이를 주제로 하는 담화로, 화자가 무엇을 알려주고 있는지 주의하여 듣는다.

snore 코를 골다
occasionally 때때로
remedy 치료(약)
be dehydrated 탈수증세를 보이다
fluid 액체

2 **언급된 방법이 아닌 것은?**
① 옆으로 누워 잠자기
② 체중 줄이기
③ 몸을 따뜻하게 하기
④ 몸을 너무 피곤하게 하지 않기
⑤ 충분한 수분 섭취하기

[3~4] 다음을 듣고, 물음에 답하시오. EBS 변형

3 **여자가 하는 말의 주제로 가장 적절한 것은?**
① the downsides of glamping
② how to glamp safely in the woods
③ glamping's impact on the environment
④ the reason why glamping is so popular
⑤ the ways to keep your glamping site luxurious

[3~4]
새로운 캠핑 트렌드인 글램핑에 대해 말하고 있다.

facility 시설
hygienic 위생적인
regulation 규정, 규제
unauthorized 공인되지 않은
get one's hopes high 높은 기대를 가지다

4 **언급된 이유가 아닌 것은?**
① 비싼 가격
② 위생 관리 소홀
③ 무허가 시설
④ 안전시설 미비
⑤ 환경에 나쁜 영향

55 유형 05 세트 문항

Dictation

1~2

M: Most people snore occasionally. But if snoring happens frequently, it can affect the quality of your sleep, and your relationship. I started to snore in my late thirties, and it _____ _____ _____ _____. So I researched some remedies to help me stop snoring, and here they are. Try to sleep on your side. Sleeping on your back makes your tongue drop to the back of your throat, which causes snoring. People who gain weight around their neck sometimes start snoring, so losing weight could help, too. It is also important not to make yourself too tired. If you go to bed exhausted, _____ _____ _____ _____ _____, which results in snoring. Finally, drink plenty of water. When you are dehydrated, fluids in your nose become stickier, causing more snoring. I hope these remedies can _____ _____ _____ _____, just like they helped me.

3~4

W: Hello, everyone. You may have heard the term "glamping" lately. It combines nature with luxury; a bed, electricity, and your own toilet facilities. Glamping sounds appealing, but _____ _____ _____ _____ than it sounds. First of all, glamping is an expensive outdoor activity. You might not have to set up your tent or build your own fire because these things have been set up already, but you will need to pay for it all. Also, a comfortable bed and a fancy tent might look great, but they're not always very hygienic. Since glamping is a new trend, there are not enough regulations and rules to _____ _____ _____ _____, or even safe. Many glamping sites are unauthorized, which means _____ _____ _____ _____. So if you're going glamping, don't get your hopes up too high. It might be just as disappointing as the traditional camping experience you had before.

Actual Test

[1~2] 다음을 듣고, 물음에 답하시오.

1 남자가 하는 말의 주제로 가장 적절한 것은?

① the way to succeed as an athlete

② the beliefs of ancient Greek athletes

③ the prizes for winners in the ancient Olympics

④ the influence of the Olympics on ancient Greece

⑤ the reasons why the ancient Olympics were successful

2 우승자에게 수여하는 것으로 언급된 것이 <u>아닌</u> 것은?

① 트로피　　　② 올리브 관　　　③ 돈
④ 올리브유　　⑤ 조각상

[3~4] 다음을 듣고, 물음에 답하시오.

3 여자가 하는 말의 주제로 가장 적절한 것은?

① the benefits of eating grain

② the most popular grain in the world

③ a discussion about a new type of grain

④ a healthy alternative to rice and its benefits

⑤ the reason why you shouldn't eat too much grain

4 언급된 영양소가 <u>아닌</u> 것은?

① 단백질　　　② 탄수화물　　　③ 칼슘
④ 비타민　　　⑤ 지방

[5~6] 다음을 듣고, 물음에 답하시오.

5 남자가 하는 말의 주제로 가장 적절한 것은?

① different illnesses in the past

② traditions of ancient medicine

③ treatments in the medieval era

④ the influence of magic on modern medicine

⑤ how our understanding of illnesses changed

6 언급된 재료가 <u>아닌</u> 것은?

① herbs　　　　② spices　　　　③ dried toad

④ aloe vera　　　⑤ young frogs

[7~8] 다음을 듣고, 물음에 답하시오.

7 여자가 하는 말의 주제로 가장 적절한 것은?

① the details about a fitness exhibition

② the differences in this year's exhibition

③ why athletes should visit the exhibition

④ how to register for the Health and Fitness Expo

⑤ a place where you can get new fitness equipment

8 제공하는 것으로 언급된 것이 <u>아닌</u> 것은?

① 운동기구 판매 부스　　② 의약제품 샘플　　③ 사인회

④ 스트레칭 정보　　　　⑤ 3D 영상

Dictation

1~2

M: Nowadays, winners of Olympic events are awarded medals. But do you know what winners received in the ancient Olympics? In the ancient Olympics there were no gold, silver, or bronze medals. Each event in the ancient Olympics only had one winner, who was _____ _____ _____ _____. Called "kotinos" in Greek, it was made of wild branches from a sacred olive tree near the temple of Zeus at Olympia. When the winner went back home wearing the olive crown, he would be _____ _____ _____ _____! The people of his hometown would give him a lot of money and other gifts, including big tubs of olive oil. This is because olive oil was _____ _____ _____ _____ _____ wisdom and peace by the ancient Greeks. Some sculptors would sometimes even create statues of the winners to congratulate their victories.

3~4

W: Quinoa is a grain that has been grown in South America for thousands of years and it was part of the main diet of the Incas. Food experts have recommended it as _____ _____ _____ _____ _____. It has twice the protein content of rice and is also a very good source of important minerals such as calcium and magnesium. With several vitamins and a large amount of dietary fiber, it is good for our digestion. Quinoa contains a small amount of omega-3 oils, which are _____ _____ _____ _____, and contains more healthy fat than other grains. When it is cooked, quinoa seeds become creamy, but you can still hear the crunch when you bite. Because of its nutty flavor, it is usually eaten as a cereal for breakfast or a salad for lunch. Quinoa's growing popularity has, however, one drawback: production costs have increased, _____ _____ _____ for quinoa farmers.

5~6

M: Back in the medieval era, it was uncommon for people to _____ _____ _____ _____ _____. At that time, an understanding of illnesses was very basic and medicines were limited. Doctors had no idea what caused terrible illnesses and diseases. The Catholic Church believed that illnesses were punishments from God for sinful behavior. There were no antibiotics and many medicines in the medieval era were made from herbs and spices, applied in drinks, pills, and ointments. In addition to _____ _____ _____ _____, there were many remedies that resulted from superstition. For example, internal bleeding was thought to be cured by wearing a bag with a dried toad in it around your neck. And, if someone had asthma, the remedy for him was to eat young frogs! None of these methods are now _____ _____ _____ _____, but it's interesting to know what people believed back then.

7~8

W: Ladies and gentlemen, welcome to the annual Health and Fitness Expo! It's great to meet all the race participants, health specialists, and visitors here today. This three-day exhibition has hundreds of booths that _____ _____ _____ _____ and technology in running, health, and fitness. On Friday, you can visit the booths that will be selling official race clothes, the latest running shoes, and the newest fitness equipment. Later that day, there will be a special booth where you can get your expo posters signed by Olympic medalists, so don't _____ _____ _____ _____ _____ to meet them. On Saturday, there will be lots of information booths where you can get more in-depth information about pre-run stretching techniques. You can also _____ _____ _____ _____ about the best way to train at one of those information booths. And this year, we have a new experience for you: be sure to visit the 3D video booth, where you can watch all the most inspiring moments from historic races.

Actual Test CHALLENGE

Note

[1~2] 다음을 듣고, 물음에 답하시오.

1 남자가 하는 말의 주제로 가장 적절한 것은?

① how to stop volcanic ash

② why the volcano is erupting

③ why breathing ash is dangerous

④ the damages the volcano has caused

⑤ how to stay safe from an erupting volcano

2 화산에 대해 언급된 것이 <u>아닌</u> 것은?

① 화산의 이름 ② 화산 폭발의 원인

③ 화산의 마지막 분출 시점 ④ 안전을 위한 대처 방법

⑤ 공항 정보

[3~4] 다음을 듣고, 물음에 답하시오.

3 여자가 하는 말의 주제로 가장 적절한 것은?

① the re-election campaign and its posters

② the improvements the university has made

③ the ways to improve university departments

④ the current president's re-election campaign

⑤ how to get more funding from the government

4 공헌으로 언급된 것이 <u>아닌</u> 것은?

① 재활용 프로그램 시작 ② 학생 과일 가게 개점

③ 공학 장비 개선 ④ 동아리 수 확충

⑤ 캠퍼스 재설계

[5~6] 다음을 듣고, 물음에 답하시오.

5 남자가 하는 말의 주제로 가장 적절한 것은?

① common symptoms of migraines

② different types of headaches and their cures

③ food you need to avoid to combat migraines

④ different kinds of migraine medications you should try

⑤ the reason why you need to stay away from migraine medications

6 언급된 음식이 <u>아닌</u> 것은?

① cheese   ② wine   ③ chocolate

④ candy   ⑤ coffee

[7~8] 다음을 듣고, 물음에 답하시오.

7 여자가 하는 말의 주제로 가장 적절한 것은?

① the experiences you need to be successful

② the character traits most valued by employers

③ how certain character traits match specific jobs

④ techniques that ensure you pass a job interview

⑤ things you should prepare for your next job interview

8 언급된 성격적 특성이 <u>아닌</u> 것은?

① professionalism   ② positive attitude   ③ confidence

④ sociability   ⑤ adaptability

1~2

M: Good evening, I'm Max Schrader and tonight I'm reporting from 70 km outside Mexico City. Even from here, I can see the volcano, El Popo, beginning to erupt behind me. It has been over fifty years since its last major eruption. Volcano experts are warning that the ash cloud from the volcano will _____ _____ _____ _____ over the next few days. They believe that it will get much worse once wind carries the ash to the southern part of Mexico City. They are evacuating citizens who live close to the volcano and advising others to _____ _____ _____ _____ _____ at all times. It is recommended that you cancel plans and stay indoors until the ash cloud clears. If you need to go out, you should wear a face mask to _____ _____ _____ _____ too much ash. On advice from experts, the government has stopped flights into and out of Mexico City International Airport. I'll _____ _____ _____ as I get more updates, so stay tuned to Channel 4 news.

3~4

W: Good afternoon, fellow students. As your current student president, I want to thank you all for your support since the beginning of this year. Today I'd like to ask for your vote once again in the forthcoming election. For _____ _____ _____ _____ about voting for me again, I want to proudly talk about all the improvements I've made so far. Firstly, our university got the greenest university award thanks to _____ _____ _____ _____ _____ _____. Also, the student fruit market I helped open contributed to this award. Secondly, our engineering department is now considered world-class because I fought hard for the equipment to be upgraded. Lastly, we now offer more clubs than any other university because I got _____ _____ _____ _____ _____ _____.

I've told you what I have done for this university since I got elected, but this is just the beginning. I have so many plans for us. Vote for me and let me work for you again. Together, we can continue to make this university better! Thank you!

5~6

M: Migraines are headaches that are _____ _____ _____ _____ your work or life. People who suffer from migraines usually say that they experience extreme pain on one side of their head. Other symptoms include nausea, vomiting, or sensitivity to light and sound. There are some drugs that can help reduce the pain, but they may have side effects. As an alternative to these medications, try avoiding certain foods that _____ _____ _____ _____ _____. Some types of cheeses and red wines have substances that squeeze blood vessels in the brain. The decreased blood flow _____ _____ _____ _____ _____ those blood vessels, which results in a headache. Many chocolate lovers will be disappointed to know that this sweet treat also contains _____ _____ _____ _____ _____ _____. As for coffee, some people who are sensitive to caffeine have gotten migraines after drinking it. However, caffeine can also be used to stop migraines from happening, so test your reaction to it. Cutting out these foods may be hard, but you'll have one less headache to worry about!

7~8

W: A recent survey of top companies has shown that most employers look for people who have certain qualities when they hire new employees. Here are some of those qualities _____ _____ _____ _____ in job candidates. Most importantly, employers value professional workers who _____ _____ _____ until they overcome them. So, candidates who look less passionate than others are often overlooked, because companies want employees who are energetic, show professionalism, and _____ _____ _____ _____. Confidence is another top trait employers say they are looking for in new hires. Candidates should be prepared for these first-impression qualities because they all can be evaluated by a hiring manager within the first few seconds of meeting. A final quality wanted by employers is adaptability. Are you _____ _____ _____ _____? Can you work both independently and as part of a team? Can you perform under pressure when required? Knowing your personal qualities and how to express them in résumés and during interviews are essential parts of a successful job search.

PART 2

↓

Mini Test

→

1 대화를 듣고, 남자가 여자에게 부탁한 일로 가장 적절한 것을 고르시오.

① to buy chess sets for the hospital visit
② to visit the children's hospital with him
③ to play games with children in the hospital
④ to make some Christmas cards for the children
⑤ to bring some games to the hospital for the children

2 대화를 듣고, 여자가 지불할 금액을 고르시오.

① $48   ② $66   ③ $72   ④ $84   ⑤ $96

3 대화를 듣고, 남자의 마지막 말에 대한 여자의 응답으로 가장 적절한 것을 고르시오.

Woman: _____

① I'd like to complain to the manager.
② My data limit is the same for January and February.
③ I'm sorry. I forgot that I didn't pay the bill in January.
④ Please make sure that I won't be overcharged next month.
⑤ Please remember to pay the bill on time to avoid late fees.

4 대화를 듣고, 여자의 마지막 말에 대한 남자의 응답으로 가장 적절한 것을 고르시오.

Man: _____

① Try to cut down on your work.
② Practice your lines, or you will get more nervous.
③ The more you rehearse, the better you'll perform.
④ You'll become better friends with the other actors.
⑤ You will get into character more naturally next time.

5 다음 상황 설명을 듣고, Matthew가 여자에게 할 말로 가장 적절한 것을 고르시오.

Matthew: _____

① Can you tell me how long I have to wait?

② Sorry to bother you, but can you keep my place?

③ Could you quickly go and pick me up some bread?

④ Can you let me know where the nearest supermarket is?

⑤ Excuse me, but this checkout lane is only for people with a few items.

[6~7] 다음을 듣고, 물음에 답하시오.

6 남자가 하는 말의 주제로 가장 적절한 것은?

① volunteers at a festival

② how to participate in the race

③ detailed information about a race

④ a live music performance for spectators

⑤ how much money local businesses make

7 경주에 관해 언급된 것이 아닌 것은?

① 총 경주 시간　　　② 경주 거리　　　③ 경주 시작 장소

④ 경주 내 오락 프로그램　　⑤ 경주의 경제적 효과

1 대화를 듣고, 여자가 남자에게 부탁한 일로 가장 적절한 것을 고르시오.

① to search for jobs for her
② to go to the interview with her
③ to practice the interview with her
④ to find information about the company
⑤ to make the interview questions for her

2 대화를 듣고, 남자가 광고를 낼 기간과 광고 비용이 바르게 짝지어진 것을 고르시오.

① 4 weeks — $750
② 5 weeks — $750
③ 5 weeks — $900
④ 6 weeks — $750
⑤ 6 weeks — $900

3 대화를 듣고, 남자의 마지막 말에 대한 여자의 응답으로 가장 적절한 것을 고르시오.

Woman: _____

① I think the temperature control is fine.
② Then I will set the appointment for today.
③ I will call you about the refrigerator today.
④ How about changing the temperature control yourself?
⑤ How about having the technician come tomorrow then?

4 대화를 듣고, 여자의 마지막 말에 대한 남자의 응답으로 가장 적절한 것을 고르시오.

Man: _____

① I'll gladly help you find a new job.
② A huge raise has made me reconsider.
③ I'm very happy with your current work.
④ You should have told us about hiring a new programmer.
⑤ Okay, please let me know when you make up your mind.

5 다음 상황 설명을 듣고, Dale이 이웃에게 할 말로 가장 적절한 것을 고르시오.

Dale: _____

① Did you happen to see my wallet?
② How about taking the subway together?
③ Do you know where I can take the school bus?
④ How much did I owe you for the subway ticket?
⑤ Could you lend me some money for the subway?

[6~7] 다음을 듣고, 물음에 답하시오.

6 여자가 하는 말의 주제로 가장 적절한 것은?

① the disadvantages of social networking
② why social networking became popular
③ the reason why SNS should be shut down
④ the pros and cons of using social networking
⑤ why some people don't use social networking any more

7 문제점으로 언급된 것이 <u>아닌</u> 것은?

① 대면 시간 단축   ② 관리의 피로함   ③ 학업 소홀
④ 신뢰성 없는 정보   ⑤ 개인 정보 도난

1 대화를 듣고, 남자가 여자에게 부탁한 일로 가장 적절한 것을 고르시오.

① to take out the trash
② to do the dirty dishes
③ to sweep up the floor
④ to empty the trash cans
⑤ to sort out the trash to recycle

2 대화를 듣고, 남자가 지불할 금액을 고르시오.

① $65   ② $70   ③ $80   ④ $85   ⑤ $95

3 대화를 듣고, 남자의 마지막 말에 대한 여자의 응답으로 가장 적절한 것을 고르시오.

Woman: _____

① Me, neither. I made a list of famous places.
② You should double check your train ticket, too.
③ Then you should get a good guidebook at least.
④ You should also confirm the hostel reservation now.
⑤ I'm relieved that you have prepared for your trip well.

4 대화를 듣고, 여자의 마지막 말에 대한 남자의 응답으로 가장 적절한 것을 고르시오.

Man: _____

① Sure. I'll try to book one right now.
② I'm afraid I can't go with you this time.
③ Well, I think we'd better stay at a hotel.
④ Four days in a cabin sounds too long for me.
⑤ Yes. Thanks for making the reservation for me.

5 다음 상황 설명을 듣고, Don이 Ian에게 할 말로 가장 적절한 것을 고르시오.

Don: _____

① I'm thinking about moving out.
② It's time for you to stop doing all the work.
③ We need someone to help us do our chores.
④ You need to do half of the household chores.
⑤ I won't do any household chores from now on.

[6~7] 다음을 듣고, 물음에 답하시오.

6 남자가 하는 말의 주제로 가장 적절한 것은?

① how animals can predict natural disasters
② the disadvantages of having developed senses
③ strange animal behavior before natural disasters
④ the reasons why animal senses are more advanced
⑤ how the weather affects the senses of living things

7 언급된 동물이 <u>아닌</u> 것은?
① dogs　　② hens　　③ cows
④ bees　　⑤ flamingos

1 대화를 듣고, 여자가 남자에게 부탁한 일로 가장 적절한 것을 고르시오.

① to call his friend to come to the party
② to ask his friend to organize the party
③ to buy gifts for her friend's baby shower
④ to help her reserve a room at a restaurant
⑤ to help choose a restaurant for the baby shower

2 대화를 듣고, 두 사람이 사용한 금액을 고르시오.

① $240   ② $325   ③ $385   ④ $435   ⑤ $470

3 대화를 듣고, 남자의 마지막 말에 대한 여자의 응답으로 가장 적절한 것을 고르시오.

Woman: _____

① Sure. This pill will help you feel better.
② You shouldn't drink a lot during dinner.
③ I still don't think it's good for your stomach.
④ I will get you the cold medicine from the store.
⑤ Drinking a few bottles of sparkling water will be fine.

4 대화를 듣고, 여자의 마지막 말에 대한 남자의 응답으로 가장 적절한 것을 고르시오.

Man: _____

① But soccer isn't America's favorite sport.
② Yes, but soccer is actually not that exciting.
③ That's right! I couldn't agree with you more.
④ Well, everyone has the right to their own opinion.
⑤ Let's go watch the Premier League's game tonight.

5 다음 상황 설명을 듣고, Ruben이 Sam에게 할 말로 가장 적절한 것을 고르시오.

Ruben: _____

① I think it's time we follow our dream.

② Sam, let's work together for my company.

③ You should have a stable job for your family.

④ My coworkers owned our university's food truck.

⑤ I should be able to run the insurance company by now.

[6~7] 다음을 듣고, 물음에 답하시오.

6 여자가 하는 말의 주제로 가장 적절한 것은?

① why sleeping on flights is painful

② ways to make long flights comfortable

③ the items you should buy before a flight

④ the reason why long flights make you tired

⑤ things that keep you from sleeping on a flight

7 도움이 되는 방법으로 언급된 것이 <u>아닌</u> 것은?

① 창가 자리   ② 수면 마스크   ③ 목 베개

④ 담요   ⑤ 편안한 옷

1 대화를 듣고, 남자가 여자에게 부탁한 일로 가장 적절한 것을 고르시오.

① to enter a talent show
② to choose a song for a show
③ to reserve a place to rehearse
④ to organize music equipment
⑤ to start rehearsing without him

2 대화를 듣고, 여자가 추가로 지불할 금액을 고르시오.

① $130　　② $150　　③ $170　　④ $190　　⑤ $210

3 대화를 듣고, 남자의 마지막 말에 대한 여자의 응답으로 가장 적절한 것을 고르시오.

Woman: _____

① Of course. That sounds like a good plan.
② No, it's not the right time for you to run.
③ Your teammates can help you run this time.
④ I don't think your broken leg will heal soon.
⑤ You should practice the relay race no matter what.

4 대화를 듣고, 여자의 마지막 말에 대한 남자의 응답으로 가장 적절한 것을 고르시오.

Man: _____

① I know. That's exactly why I changed my career.
② I promise I will only work there on the weekends.
③ That's true. So I want to work at your restaurant first.
④ I know it will be challenging, but I want to take it on.
⑤ You make it sound so easy. Thank you for your support.

5 다음 상황 설명을 듣고, Gus가 남자에게 할 말로 가장 적절한 것을 고르시오.

Gus: Excuse me, but _____

① I think you're sitting in my seat.
② do you mind if I sit next to you?
③ it was hard for me to get this ticket.
④ can you help me find my seat, please?
⑤ you should have bought your ticket online.

[6~7] 다음을 듣고, 물음에 답하시오.

6 남자가 하는 말의 주제로 가장 적절한 것은?

① how to improve your eating habits
② why organic food is so expensive
③ the benefits of eating at this new restaurant
④ the importance of having healthy eating habits
⑤ why eating healthier food gives you more energy

7 장점으로 언급된 것이 <u>아닌</u> 것은?

① 다양한 음식   ② 유기농 재료   ③ 저렴한 가격
④ 깨끗한 환경에 기여   ⑤ 천연조미료 사용

→ ▮▮▮▮▮▮

Words you want to hear

Watch your thoughts for they become your words.
Watch your words for they become your actions.
Watch your actions for they become habits.
Watch your habits for they become your character.
And watch your character for it becomes your destiny.

-Margaret Thatcher

PART 3

↓

실전 모의고사

→

01 대화를 듣고, 남자의 마지막 말에 대한 여자의 응답으로 가장 적절한 것을 고르시오.

Woman: _____

① Can we go shopping tonight?
② You'd better take some painkillers.
③ I'm glad we found this parking spot.
④ Why don't we take the bus next time?
⑤ The weekends are always the best time.

02 대화를 듣고, 여자의 마지막 말에 대한 남자의 응답으로 가장 적절한 것을 고르시오.

Man: _____

① I will leave a message just in case.
② Dr. Floyd is on duty at the moment.
③ It was about 10 minutes after you left.
④ It was a man, but he didn't give his name.
⑤ Yes, and I've been meaning to call you back.

03 다음을 듣고, 여자가 하는 말의 목적으로 가장 적절한 것을 고르시오.
① 건물의 안전 수칙을 공지하려고
② 건물의 규율에 대해 불평하려고
③ 살기 좋은 아파트를 추천하려고
④ 야간 소음 유발 행위 자제를 부탁하려고
⑤ 숙면을 취하는 유용한 방법을 알려주려고

04 대화를 듣고, 두 사람이 하는 말의 주제로 가장 적절한 것을 고르시오.
① 감정에 따른 신체 변화　　② 계절로 인한 우울증 해소법
③ 겨울철 체력을 유지하는 활동　　④ 업무로 인한 스트레스 치유법
⑤ 우울증과 스트레스의 상관관계

05 대화를 듣고, 두 사람의 관계를 가장 잘 나타낸 것을 고르시오.

① 자동차 판매원 – 구매자
② 교통 경찰관 – 운전자
③ 자동차 수리공 – 자동차 주인
④ 가전제품 판매원 – 고객
⑤ 서비스 센터 직원 – 자동차 판매원

06 대화를 듣고, 그림에서 대화의 내용과 일치하지 <u>않는</u> 것을 고르시오.

07 대화를 듣고, 남자가 여자에게 부탁한 일로 가장 적절한 것을 고르시오.

① 영화 표 예매하기
② 비밀번호 알려주기
③ 공연 표 인쇄하기
④ 남자의 숙제 도와주기
⑤ 커피숍에서 기다리기

08 대화를 듣고, 여자가 경기를 보러 간 이유를 고르시오.

① 농구 경기를 좋아해서
② 선수들의 사진을 찍어야 해서
③ 한 농구 선수의 열렬한 팬이어서
④ 회사에서 무료로 입장권을 주어서
⑤ 남동생에게 경기를 보여주고 싶어서

09 대화를 듣고, 남자가 지불할 금액을 고르시오.

① $40　　　② $50　　　③ $70　　　④ $80　　　⑤ $90

10 대화를 듣고, 레이온에 관해 두 사람이 언급하지 <u>않은</u> 것을 고르시오.

① 특징   ② 촉감   ③ 용도
④ 제조 과정   ⑤ 세탁 방법

11 영어 토론 대회에 관한 다음 내용을 듣고, 일치하지 <u>않는</u> 것을 고르시오.

① 11월 20일에 열릴 예정이다.   ② 같은 학년으로 팀을 구성해야 한다.
③ 참가 신청 마감일은 이달 말이다.   ④ 참가 신청서는 이메일로 보낼 수 있다.
⑤ 토론 주제는 대회 당일에 발표된다.

12 다음 표를 보면서 대화를 듣고, 남자가 선택할 진료 시간을 고르시오.

	Day	Time(Hour)	Doctor
①	Monday	08:30	Dr. Ronald
②	Tuesday	09:00	Dr. Brian
③	Wednesday	08:30	Dr. Ronald
④	Wednesday	14:00	Dr. Brian
⑤	Friday	09:00	Dr. Brian

13 대화를 듣고, 여자의 마지막 말에 대한 남자의 응답으로 가장 적절한 것을 고르시오.

Man: _____

① I guess I should just sell it.
② That's why I never buy a used car.
③ I know, but I have always used this car.
④ Your mechanic didn't do a good job on it.
⑤ You're right. I haven't given it much thought.

14 대화를 듣고, 남자의 마지막 말에 대한 여자의 응답으로 가장 적절한 것을 고르시오.

Woman: _____

① I should start trying your method.
② I don't think it worked out for you.
③ Writing songs has been easy for me.
④ Cheer up. It happens to every songwriter.
⑤ I don't want my lyrics to express the wrong idea.

15 다음 상황 설명을 듣고, William의 부인이 William에게 할 말로 가장 적절한 것을 고르시오.

William's Wife: _____

① It was good that you stood up for yourself.
② You shouldn't have run out on him like that.
③ You'd better tell me what happened at work.
④ Why don't you apologize and express your concerns?
⑤ You just have to help your boss by not making any more mistakes.

[16~17] 다음을 듣고, 물음에 답하시오.

16 남자가 하는 말의 주제로 가장 적절한 것은?

① the reasons a new soft drink failed
② the problems with the soft drinks industry
③ how to make sure a new product is a success
④ the decreasing popularity of a new soft drink
⑤ a soft drinks company's failed advertising campaign

17 언급된 이유가 <u>아닌</u> 것은?

① 이전 제품 선호 ② 불편한 디자인 ③ 높은 가격
④ 마케팅 부진 ⑤ 경쟁 제품 출시

01 대화를 듣고 남자의 마지막 말에 대한 여자의 응답으로 가장 적절한 것을 고르시오.

Woman: _____

① Okay. Where do you want to go?

② We don't have change for a dollar.

③ But I don't want to change anything.

④ Then, you need to pay a cancellation fee.

⑤ I'll check if there's a seat available on that day.

02 대화를 듣고, 여자의 마지막 말에 대한 남자의 응답으로 가장 적절한 것을 고르시오.

Man: _____

① That's okay. I'm already full.

② I don't mind if you have the rest.

③ There wasn't any pizza left for me.

④ Sorry. I'll order another one for you.

⑤ I promise I'll only have one more slice.

03 다음을 듣고, 남자가 하는 말의 목적으로 가장 적절한 것을 고르시오.

① to advertise a spa in Busan

② to encourage people to visit spas more

③ to introduce tourist attractions in Busan

④ to explain the health benefits that spas offer

⑤ to suggest visiting different kinds of foreign spas

04 대화를 듣고, 두 사람이 하는 말의 주제로 가장 적절한 것을 고르시오.

① 전기 요금 절약 방법   ② 환경 오염 방지 대책

③ 전기 사용 절약 방법   ④ 태양열 에너지 사용 방법

⑤ 효과적인 에어컨 관리 방법

05 대화를 듣고, 두 사람의 관계를 가장 잘 나타낸 것을 고르시오.

① 교장 – 교사　　　② 상담 교사 – 전학생　　　③ 코치 – 심판
④ 직장 상사 – 직원　　　⑤ 경찰 – 피해자

06 대화를 듣고, 그림에서 대화의 내용과 일치하지 <u>않는</u> 것을 고르시오.

07 대화를 듣고, 남자가 여자에게 부탁한 일로 가장 적절한 것을 고르시오.

① to help him buy an item online
② to go to a shopping mall for him
③ to plan his nephew's birthday party
④ to put his books in his new backpack
⑤ to lend him her smartphone for a while

08 대화를 듣고, 남자가 사무실에 늦게 도착하는 이유를 고르시오.

① 늦잠을 자서　　　② 친구와 점심을 먹어야 해서
③ 오후에 있을 회의를 준비해야 해서　　　④ 고객을 공항으로 마중 나가야 해서
⑤ 저녁에 묵을 호텔에 잠시 들러야 해서

09 대화를 듣고, 두 사람이 넣은 밀가루의 양을 고르시오.

① 3 cups　　　② 6 cups　　　③ 2 teaspoons
④ 4 tablespoons　　　⑤ 7 tablespoons

10 대화를 듣고, DVD에 관해 두 사람이 언급하지 <u>않은</u> 것을 고르시오.

① 케이스의 색 　　　② 영화 시리즈 제목 　　　③ 상영 시간
④ 발간 연도 　　　⑤ 영화 장르

11 Durian에 관한 다음 내용을 듣고, 일치하지 <u>않는</u> 것을 고르시오.

① 겉에는 가시가 많지만 속은 부드럽다.
② 비타민, 무기질, 섬유질이 풍부하다.
③ '과일의 왕'이라고 불린다.
④ 생김새 때문에 많은 사람들이 먹기를 꺼린다.
⑤ 공공장소에서 금지되기도 한다.

12 다음 표를 보면서 대화를 듣고, 남자가 보러 갈 아파트를 고르시오.

	Apartment	Bedrooms	Floor	Price (a month)
①	A	3	5th	$750
②	B	3	10th	$800
③	C	3	5th	$850
④	D	2	10th	$750
⑤	E	2	15th	$800

13 대화를 듣고, 남자의 마지막 말에 대한 여자의 응답으로 가장 적절한 것을 고르시오.

Woman: _____

① Why do you forget it every time?
② Yes, I won't forget about your help.
③ Okay. The Dali exhibition will be at the station.
④ I won't. I'm writing it down in my planner now.
⑤ I don't think my grandparents will enjoy the Dali exhibition.

14 대화를 듣고, 여자의 마지막 말에 대한 남자의 응답으로 가장 적절한 것을 고르시오.

Man: _____

① Yes. I don't want to mess up this time.
② Sorry, but I can't help you practice on your presentation.
③ Of course. Try not to be so nervous and go with the flow.
④ I am. You just need to change your topic to something easier.
⑤ Sure. Postpone your presentation so that you'll have more days to prepare.

15 다음 상황 설명을 듣고, 어머니가 Joseph에게 할 말로 가장 적절한 것을 고르시오.

Joseph's mother: _____

① Have you called your homeroom teacher today?
② The library will be closed for the next few weeks.
③ Don't worry. You'll find your books in the library.
④ I'm sure your homeroom teacher misunderstood you.
⑤ What have you been doing instead of going to the library?

[16~17] 다음을 듣고, 물음에 답하시오.

16 여자가 하는 말의 주제로 가장 적절한 것은?

① sweet street desserts
② the benefits of vitamins
③ different banana recipes
④ different breakfast ideas
⑤ foods that help digestion

17 언급된 음식이 <u>아닌</u> 것은?

① pancakes
② fruit salad
③ sandwiches
④ ice cream
⑤ pudding

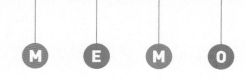

지은이

능률영어교육연구소

능률영어교육연구소는 혁신적이며 효율적인 영어 교재를 개발하고 영어
학습의 질을 한 단계 높이고자 노력하는 능률교육의 연구 조직입니다.

특별한 1등급 커리타기
특급 듣기 잘 틀리는 유형

펴 낸 이	황도순
펴 낸 곳	서울 마포구 월드컵북로 21 풍성빌딩
	(주)능률교육 (우편번호 04001)
펴 낸 날	2016년 1월 5일 초판 제 1쇄 발행
전 화	02 2014 7114
팩 스	02 3142 0357
홈 페 이 지	www.neungyule.com
등 록 번 호	제 1-68호
I S B N	979-11-253-1093-8 53740
정 가	11,000원

NE 능률

고객센터

교재 내용 문의 (02-2014-7114)
제품 구매, 교환, 불량, 반품 문의 (02-2014-7177)
☎ 전화 문의 응답은 본사의 근무 시간(월-금 / 오전 9시 30분 ~ 오후 6시) 중에만 가능합니다.
이외의 시간에는 www.nebooks.co.kr의 〈고객센터 → 1:1 문의〉에 올려주시면 신속히 답변해 드리도록 하겠습니다.

NE 능률 교재 MAP

아래 교재 MAP을 참고하여 본인의 현재 혹은 목표 수준에 따라 교재를 선택하세요.
NE 능률 교재들과 함께 영어실력을 쑥쑥~ 올려보세요!

MP3 등 교재 부가 학습 서비스 및 자세한 교재 정보는 www.nebooks.co.kr 에서 확인하세요.

수능

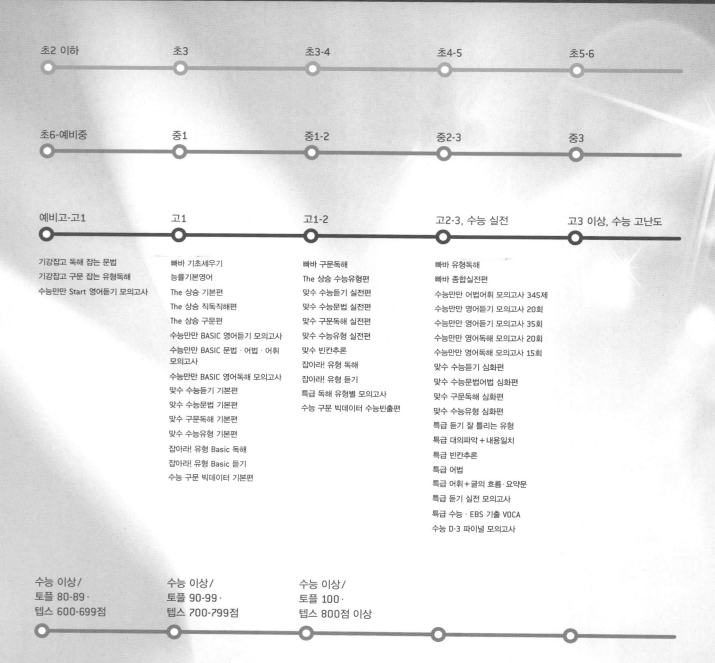

| 초2 이하 | 초3 | 초3-4 | 초4-5 | 초5-6 |

| 초6-예비중 | 중1 | 중1-2 | 중2-3 | 중3 |

| 예비고-고1 | 고1 | 고1-2 | 고2-3, 수능 실전 | 고3 이상, 수능 고난도 |

예비고-고1
기강잡고 독해 잡는 문법
기강잡고 구문 잡는 유형독해
수능만만 Start 영어듣기 모의고사

고1
빠바 기초세우기
능률기본영어
The 상승 기본편
The 상승 직독직해편
The 상승 구문편
수능만만 BASIC 영어듣기 모의고사
수능만만 BASIC 문법 · 어법 · 어휘 모의고사
수능만만 BASIC 영어독해 모의고사
맞수 수능듣기 기본편
맞수 수능문법 기본편
맞수 구문독해 기본편
맞수 수능유형 기본편
잡아라! 유형 Basic 독해
잡아라! 유형 Basic 듣기
수능 구문 빅데이터 기본편

고1-2
빠바 구문독해
The 상승 수능유형편
맞수 수능듣기 실전편
맞수 수능문법 실전편
맞수 구문독해 실전편
맞수 수능유형 실전편
맞수 빈칸추론
잡아라! 유형 독해
잡아라! 유형 듣기
특급 독해 유형별 모의고사
수능 구문 빅데이터 수능빈출편

고2-3, 수능 실전 / 고3 이상, 수능 고난도
빠바 유형독해
빠바 종합실전편
수능만만 어법어휘 모의고사 345제
수능만만 영어듣기 모의고사 20회
수능만만 영어듣기 모의고사 35회
수능만만 영어독해 모의고사 20회
수능만만 영어독해 모의고사 15회
맞수 수능듣기 심화편
맞수 수능문법어법 심화편
맞수 구문독해 심화편
맞수 수능유형 심화편
특급 듣기 잘 틀리는 유형
특급 대의파악 + 내용일치
특급 빈칸추론
특급 어법
특급 어휘 + 글의 흐름 · 요약문
특급 듣기 실전 모의고사
특급 수능 · EBS 기출 VOCA
수능 D-3 파이널 모의고사

| 수능 이상/ 토플 80-89 · 텝스 600-699점 | 수능 이상/ 토플 90-99 · 텝스 700-799점 | 수능 이상/ 토플 100 · 텝스 800점 이상 | | |

특급
특별한 1등급 커리타기

듣기 잘 틀리는 유형
정답 및 해설

선율을 타듯...... 특별한 1등급 커리타기

선율을 타듯 …… 특별한 1등급 커리타기

특급
특별한 1등급 커리타기

듣기 잘 틀리는 유형
정답 및 해설

PART1

유형 01 부탁한 일

기출 예제 ·· p.6

남: Eva, 나 학생회장에 입후보하기로 결정했어!

여: 잘했어, Matthew!

남: 이제 난 선거공약을 준비하는 일에 착수해야 해.

여: 맞아. 넌 학생들이 무엇을 원하는지에 대해 생각을 해야
할 거야. 그런데, Tony Johnson도 출마할 거라는 이야기
는 들었니?

남: 그래, 나도 알고 있어. 좋은 선거 유세팀 없이는 이기기가
쉽지 않을 거라고 생각해.

여: 그건 사실이야. 넌 포스터와 연설과 다른 모든 것들에 있
어서 너를 도와줄 사람들이 필요할 거야.

남: 맞아. 그래서 나는 선거 유세를 위해 너와 같은 자문 위원
이 필요해. 나를 도와줄 수 있니?

여: 내가? 도와주고 싶지만, 넌 정말로 내가 그 자리에 자격이
있다고 생각하니?

남: 물론이지. 넌 선거에 크게 도움이 될 거야.

여: 그럼, 좋아. 최선을 다할게.

남: 고마워.

Practice ===================================== p.7

> 1. ④ 2. ③ 3. ① 4. ①

1 ·· 정답 ④

[전화벨이 울린다.]

여: 여보세요, 아빠?

남: 안녕, Melissa. 너 지금 어디에 있니?

여: 집에 있어요. 그냥 혼자 TV 쇼를 좀 보고 있어요. 왜 그러
세요?

남: 음, Mark가 오늘 오후에 태권도 수업을 듣는데, 내가 그
애를 거기에 데려다줄 수가 없어.

여: 아, 무슨 일 있으세요?

남: 고객과의 미팅을 오늘 5시로 재조정해야 했는데, 네 남동
생의 수업은 6시에 시작하잖니. 네가 그 애를 학교에서 그
곳으로 데려다줄 수 있겠니?

여: 그럼요, 아빠. 곧 떠날게요.

남: 잘됐다! Melissa, 고마워. 이따 오늘 밤 저녁에 식사할 때
보자.

문제 해설 남자는 여자에게 남동생을 태권도 수업에 데려다 달라고 부탁
했다.

① 가족을 위해 저녁 준비하기
② 남동생에게 태권도를 가르치기
③ 남동생과 TV 쇼 보기
④ 남동생을 태권도 수업에 데려다주기
⑤ 그를 위해 그의 미팅을 다른 날로 재조정하기

2 ·· 정답 ③

[전화벨이 울린다.]

여: 여보세요?

남: 안녕, 여보. 나예요. 뭐라도 먹었어요?

여: 네, 그냥 조금 먹었어요. 전 너무 피곤해요. Andy는 안 좋
은 날을 보내고 있어요. 종일 잘 자지도, 먹지도 않았어요.

남: 그 애가 아직도 몸이 안 좋은가요?

여: 안 좋아요. 게다가 알약을 먹으려고 하지 않아요. 그 애에
게 알약을 먹이려고 노력해 봤지만 거부했어요. 당신이 해
볼 수 있을까요?

남: 그럼요, 여보, 내가 할게요. 당신 진이 다 빠진 것 같네요.
당신 기분이 좋아지도록 내가 뭐라도 사갈까요?

여: 괜찮아요. 그저 조심해서 집에 오세요.

남: 알았어요. 곧 봐요.

문제 해설 여자는 남자에게 Andy에게 약 먹이는 일을 해달라고 부탁했다.

① Andy를 잠재우기
② Andy를 병원에 데려가기
③ Andy가 약을 먹게 하기
④ 집에 오는 길에 먹을 것을 사오기
⑤ Andy의 약을 사러 약국에 들르기

3 ·· 정답 ①

남: 안녕, Alex. 금요일 방과 후에 계획 있니?

여: 딱히 그렇진 않아. 왜?

남: 음, 너 내가 대중 연설 동아리의 회원이라는 거 기억해?

여: 응. 네가 전에 말한 적 있어.

남: 금요일에 학교에서 말하기 대회가 있어.

여: 멋지다. 네가 대회에 참가하니?

남: 응. 그래서, 내가 연설을 하는 동안 네가 와서 내 사진을
좀 찍어줄 수 있을까 해서.

여: 물론이지! 몇 시에 가면 돼?

남: 오후 6시에 오디션 홀에서 시작해.

여: 알았어. 거기에서 보자.

문제 해설 남자는 여자에게 자신이 연설을 하는 동안 사진을 찍어 달라
고 부탁했다.

① 그의 사진을 찍기
② 대중 연설 동아리에 가입하기
③ 대회에 그와 함께 가기

④ 그 대신 대회에 참가하기
⑤ 대회를 위한 그의 사진 고르기

4 .... 정답 ①

[휴대전화벨이 울린다.]

남: 여보세요?

여: 안녕, Walt. 엄마야. 벌써 백화점에서 출발했니?

남: 안녕, 엄마. 아니요, 아직 백화점에 있어요. 막 새 셔츠를 샀어요. 왜 그러세요?

여: 음, 날 위해 서점에 들러서 책을 사다 줄 수 있겠니?

남: 알겠어요. 제가 무슨 책을 사길 원하세요?

여: 그 태국 여행 책자를 사다 주겠니? 네 아빠가 지난주에 그걸 사는 걸 깜박하셨단다.

남: 네, 지금 서점으로 가고 있어요.

여: 좋아. 집에 와서 보자.

남: 알겠어요, 엄마! 있다 봐요!

문제 해설 여자는 남자에게 여행 책자를 사다 달라고 부탁했다.
① 그녀에게 책을 사다 주기
② 집에 일찍 오기
③ 그녀를 위해 셔츠를 사기
④ 태국 여행 계획하기
⑤ 백화점에 가기

↓
Dictation - Practice

1. can't take him / reschedule my client meeting / pick him up
2. having a bad day / wouldn't take his pills / sound exhausted
3. have plans on / a member of / taking part in
4. grab a book / forgot to buy it / heading to the bookstore

Actual Test

pp.9~10

1. ④ 2. ③ 3. ② 4. ⑤ 5. ④ 6. ③ 7. ④ 8. ②

1 .... 정답 ④

남: 어젯밤에 한숨도 잘 수가 없었어!

여: 왜? 잠자는 데 문제가 있었니?

남: 아니, 내일까지 마감인 에세이가 있어서, 밤새 그걸 써야 했어.

여: 정말 피곤하겠다. 오늘 밤에는 충분히 자도록 해봐.

남: 하지만 아직도 끝내지 못했어! 또 밤새 작업해야 할 것 같아.

여: 아, 저런! 내가 도와줄 수 있는 게 있니? 네가 원한다면 너

와 함께 브레인스토밍을 해줄 수 있어.

남: 정말 고맙지만, 혼자서 끝내고 싶어.

여: 알았어. 어떤 종류의 도움도 필요하지 않은 게 확실해?

남: 음, 사실, 학교 도서관에 책 몇 권을 반납해야 해.

여: 그건 내가 해줄 수 있어. 괜찮아.

남: 그러면 큰 도움이 될 거야. 고마워.

여: 신경 쓰지 마. 가서 네 에세이를 끝마치는 데 집중해.

어휘 due ~하기로 되어있는[예정된] brainstorm 브레인스토밍을 하다 focus on ~에 집중하다 |문제| submit 제출하다 check out 대출하다

문제 해설 남자는 여자에게 책 몇 권을 도서관에 반납해 달라고 부탁했다.
① 그를 위해 에세이 제출하기
② 그가 에세이를 끝내는 걸 돕기
③ 그의 에세이를 위해 함께 브레인스토밍하기
④ 학교 도서관에 책을 반납하기
⑤ 도서관에서 책 몇 권을 대출하기

2 .... 정답 ③

남: 그거 알아요? 프린터가 또 작동하지를 않아요.

여: 또요? 이번에는 뭐가 문제예요?

남: 그게 컴퓨터에 연결이 안 되네요. 그걸 수리하도록 고객 센터에 전화해야 할 거 같아요. 지금 전화를 해야 할까요?

여: 아뇨, 일요일이잖아요. 아무도 안 받을 거예요. 타이밍이 안 좋네요! 내일 수업을 위해 오늘 파일 몇 개를 출력해야 해요.

남: 나도요. 내일까지 해야 하는 서류들이 좀 있어요.

여: 우리 어떻게 해야 하죠?

남: 음, 내가 인터넷 카페에 가서 우리 파일들을 출력할게요.

여: 정말이요? 당신에게 이메일로 내 파일을 보내면, 내 대신 그것들을 출력해 주겠어요?

남: 그럴게요. 아마 8시까지 집에 올 거예요.

여: 당신이 아주 큰 도움이 돼요. 그때까지 저녁을 준비할게요.

남: 알겠어요!

어휘 connect to ~에 연결하다 fix 수리하다

문제 해설 여자는 자신의 파일을 출력해 달라고 남자에게 부탁했다.
① 새 프린터기 사기
② 그녀 대신 서류 제출하기
③ 그녀 대신 파일을 출력하기
④ 그 문제를 인터넷에서 검색하기
⑤ 프린터를 수리하도록 고객 센터에 전화하기

3 .... 정답 ②

[전화벨이 울린다.]

여: 안녕하세요. Heather입니다.

남: Heather, 저 Russ예요. 당신의 도움이 필요해요.

여: 잠깐, Russ라고요? 휴가 중이지 않아요?

남: 맞는데, 뭐 좀 확인해주세요. 저에게 특별한 우편이 왔나

요?

여: 한번 볼게요. *[잠시 후]* 네, 당신 책상 위에 뭔가가 있어요. 제가 그걸 어딘가에 놓길 원하나요?

남: 아니에요. 그것을 열어서 서류 두 개를 스캔하고 그것들을 제게 이메일로 보내주셨으면 해요.

여: 알았어요. 그냥 스캔한 다음에 이메일로 보내라고요?

남: 네, 바로 그거예요. 제 이메일을 아는 거 맞죠?

여: 네, 알아요. 바로 그것들을 보낼게요.

남: 당신은 구세주예요!

여: 별말씀을요. 휴가에서 돌아오실 때 뭔가를 사다 주시기만 하면 돼요.

남: 하하, 물론이죠! 정말 고마워요!

어휘 **lifesaver** 궁지에서 구해주는 사람

문제 해설 남자는 여자에게 서류를 스캔해서 이메일로 보내달라고 부탁했다.
① 그의 우편물을 어딘가에 놓기
② 그에게 서류 몇 개를 이메일로 보내기
③ 그가 받은 우편물을 반송하기
④ 그의 이메일을 확인해서 문서를 찾기
⑤ 휴가에서 돌아올 때 그를 위해 뭔가 좋은 걸 가져오기

4 .... 정답 ⑤

남: 안녕! 뭐 하고 있어?

여: 그냥 자전거를 사려고 인터넷을 보고 있어.

남: 하나 사려고?

여: 응. 이제부터 학교에 자전거를 타고 가려고.

남: 좋은 생각이야! 건강에 좋고 돈도 절약되고.

여: 그런데 내 예산에 맞는 것을 인터넷에서 찾을 수가 없어. 너 좋은 사이트 알아?

남: 사이트는 모르는데, 사실 자전거를 팔려고 하는 친구가 있어.

여: 정말? 그게 내 예산에 맞을 거라고 생각해?

남: 그럴 것 같아. 그 애는 그걸 아주 비싸게 팔지 않을 거야. 네가 원하는 때 언제든지 너를 그 애에게 데려다줄 수 있어.

여: 그건 괜찮아. 그냥 날 위해 그 애에게 전화해서 가격에 대해 물어봐 줄 수 있니?

남: 물론이지. 지금 그 애에게 전화할게.

어휘 **save** 절약하다 **within one's budget** ~의 예산 범위 안에서 |문제| **recommend** 추천하다 **lend** 빌려주다

문제 해설 여자는 남자에게 자전거를 팔려고 하는 친구에게 전화를 걸어 가격을 물어봐 달라고 부탁했다.
① 그의 자전거를 그녀에게 팔기
② 좋은 자전거 추천하기
③ 자전거를 살 돈을 좀 빌려주기
④ 자전거를 사도록 그녀를 그의 친구에게 데려가기
⑤ 그의 친구에게 자전거 가격 묻기

5 .... 정답 ④

남: 우리 가게가 최근에 별로 바쁘지 않네요.

여: 네. 우리가 그 문제에 대해 무엇을 할 수 있을지 모르겠어요.

남: 아마 가게 광고를 시작해야 할까 봐요.

여: 하지만 우리에겐 광고를 만들 사람을 고용할 돈이 없어요.

남: 그러면 우리가 직접 광고를 만들 수 있을 거예요.

여: 무슨 말이에요?

남: 음, 난 디자인을 전공했어요. 쉽게 컴퓨터에서 광고를 만들어 출력할 수 있어요.

여: 그거 좋은 생각이에요! 우리는 지역 학교들에 그 광고를 게시할 수 있어요.

남: 네, 하지만 그렇게 하려면 우리는 허가를 받아야 할 거예요. 당신이 허가를 받아 줄 수 있겠어요?

여: 네, 그건 그리 어렵지 않을 거예요. 내일 몇몇 학교에 가서 허가를 받을게요.

남: 그래요. 나는 우리 광고 디자인을 시작할게요.

어휘 **advertise** 광고하다 **ad** 광고 **major** 전공 **permission** 허락, 허가

문제 해설 남자는 여자에게 학교에 가게 광고를 게시할 수 있도록 허가를 받아 달라고 부탁했다.
① 광고를 디자인하기
② 광고를 위해 사람을 고용하기
③ 신문에 광고를 싣기
④ 학교의 허가를 받기
⑤ 광고를 게시할 학교를 찾기

6 .... 정답 ③

[휴대전화벨이 울린다.]

여: 여보세요?

남: 안녕, 나예요. 당신이 전화한 걸 막 알았어요. 무슨 일이에요?

여: 당신 집에 오는 길이에요?

남: 네, 그래요. 식료품을 좀 사 가려고 해요.

여: 잘됐어요. 진통제를 좀 사다 줄 수 있는지 물어보려고 당신에게 전화했어요.

남: 진통제요? 어디 아파요?

여: 종일 두통이 있어요. 게다가 열이 나는 거 같아요.

남: 열이요? 병원에 가야 하지 않아요? 병원에 데려다줄게요.

여: 아니, 그럴 필요 없어요. 괜찮아요. 그냥 진통제만 사다 주세요.

남: 알았어요. 열을 가라앉힐 것도 사갈게요.

여: 고마워요. 곧 봐요.

어휘 **notice** 알아채다 **painkiller** 진통제 **run a fever** 열이 나다

문제 해설 여자는 남자에게 진통제를 사다 달라고 부탁했다.
① 그녀를 의사에게 데려가기
② 그녀 대신 의사에게 전화하기
③ 그녀에게 진통제를 사다 주기

④ 그녀가 해열시키는 걸 돕기
⑤ 집에 오는 길에 음식을 좀 사기

7
정답 ④

여: 안녕, Joe. 네 과제는 어떻게 돼가? 거의 끝냈니?
남: 별로 못했어. 아직도 자료를 모으고 있어. 너는?
여: 거의 끝냈어. 알다시피 이번 주말까지잖아, 맞지?
남: 그러게. 내일 쓰기 시작해야겠다.
여: 음, 내가 도와줄 수 있는 게 있으면 알려줘.
남: 사실, 한 가지가 있어. 너희 반 친구들에게 내 설문지를 나눠주겠니?
여: 설문지? 물론이야.
남: 여기 있어. 끝마치는 데 몇 분밖에 안 걸릴 거야.
여: 알았어. 오후에 들러서 그것들을 돌려줄게.
남: 아니야, 내가 그것들을 모으러 너희 반에 갈게.
여: 그럼 그렇게 해. 수업 끝나고 보자.

[어휘] gather 모으다 questionnaire 설문지 come by 들르다
collect 모으다 |문제| proofread 교정보다 analyze 분석하다

[문제 해설] 남자는 여자에게 자신의 설문지를 여자의 반 친구들에게 나눠주라고 부탁했다.
① 그의 설문지 작성하기
② 그의 설문지를 교정하기
③ 그를 위해 자료를 모으고 분석하기
④ 그의 설문지를 그녀의 반 친구들에게 나눠주기
⑤ 설문지를 모아서 그에게 주기

8
정답 ②

남: 안녕, Liz. 괜찮니? 기분이 안 좋아 보여.
여: 아, Ryan. 내 노트북을 고장 낸 거 같아. 어떻게 해야 할지 모르겠어!
남: 아, 이런! 무슨 일이 있었어?
여: 그걸 떨어뜨렸는데 켤 수가 없어!
남: 서비스 센터에 가져가는 게 어때?
여: 그래야 하는데 서비스 센터가 쇼핑몰에 있어서 너무 멀어.
남: 태워다 줄까? 오늘 오후에 쇼핑몰에 가거든.
여: 하지만 그게 당장 필요해. 음, 부탁 하나 해도 될까?
남: 내가 맞춰 볼게. 내 노트북을 사용해야겠니?
여: 응, 그래. 괜찮니?
남: 그럼. 내 거는 떨어뜨리지 않도록 해줘, 그럴 거지?
여: 네 노트북을 떨어뜨리지 않겠다고 약속해. 정말 고마워!

[어휘] laptop 노트북 turn on ~을 켜다 ride (차량 · 자전거 등을)
타고 달리기[가기]

[문제 해설] 여자는 남자에게 남자의 노트북을 빌려달라고 부탁했다.
① 그녀에게 새 노트북을 사주기
② 그의 노트북을 그녀에게 빌려주기
③ 그녀가 노트북 고치는 걸 돕기
④ 그녀를 쇼핑몰까지 태워다 주기

⑤ 그녀가 새 노트북 고르는 걸 도와주기

Dictation-Actual Test

1. have trouble sleeping / work all night again / brainstorm with you
2. connecting to the computer / need some files printed / some papers due tomorrow
3. Let me have a look / put it some place / bring me back
4. cycle to school / saves you money / within my budget / give him a call
5. hire someone to make ads / put the ads up / start designing our ads
6. on your way home / picking up some groceries / running a fever
7. gathering data / pass my questionnaire out / come by in the afternoon
8. broke my laptop / need a ride / can I ask you a favor

Actual Test CHALLENGE
pp.13~14

1. ② 2. ⑤ 3. ① 4. ② 5. ③ 6. ② 7. ③ 8. ④

1
정답 ②

여: 아휴, 여기 무슨 일이 있었던 거야?
남: 안녕! 난장판인 거 알아. 나만의 침대를 만들고 있어.
여: 정말? 왜?
남: 내 침대를 만드는 게 하나 사는 것보다 더 돈이 적게 든다고 생각했어.
여: 이게 처음으로 가구를 만드는 거니?
남: 아니, 전에 탁자를 만들었는데, 그건 이 침대보다 훨씬 작았어.
여: 이건 완성하는 데 시간이 오래 걸릴 것 같아 보여.
남: 그래서 네가 날 도와줄 수 있는지 궁금해하고 있었어. 네가 도와준다면 정말 좋을 거야.
여: 음, 모르겠어. 나는 뭘 만드는 걸 잘하지 못해. 그리고 전에 한 번도 해본 적이 없어.
남: 아, 걱정하지 마, 설명서가 있어. 우리는 그걸 따라만 하면 돼. 난 그저 추가적인 도움이 필요한 것뿐이야. 도와줄 거지?
여: 음, 그럼 알았어. 해보자. 뭘 해야 해?
남: 음. 우린 함께 이 부분들을 나사로 고정시켜야 해. 공구상자에 있는 드라이버를 내게 건네줄래?
여: 공구상자 안에? [잠시 후] 아, 여기 있어.
남: 고마워. 이제, 침대 프레임 만드는 걸 끝낼 수 있어.

여: 그래, 네가 나사를 넣는 동안 이 부분들을 잡고 있을게.

남: 그래, 고마워.

어휘 **mess** 엉망인 상태 **instruction** 설명 **hand** 도움; 건네주다 **screw** 나사; *나사로 고정시키다 **screwdriver** 드라이버 **frame** 프레임, 틀

문제 해설 남자는 여자에게 침대 만드는 걸 도와달라고 부탁했다.
① 그에게 공구상자를 찾아주기
② 그가 침대 만드는 걸 돕기
③ 그에게 작은 탁자를 만들어주기
④ 어질러진 걸 함께 청소하기
⑤ 그의 침대를 만들 수 있게 그에게 설명해주기

2 ———————————————— 정답 ⑤

[전화벨이 울린다.]

남: Eddie's Electroland 가게입니다. 무엇을 도와드릴까요?

여: 안녕하세요. 저희 엄마가 절 위해 지난주에 가게에서 믹서기를 구입하셨는데, 벌써 작동하질 않네요.

남: 네? 문제가 무엇인 것 같나요?

여: 잘 모르겠어요. 그냥 켜지지가 않아요.

남: 믹서기에 문제가 있어 죄송합니다. 가게로 가져오시면 당장 새것을 드릴 수 있습니다.

여: 하지만 그게 문제예요. 저는 가게 근처에 살지 않아요.

남: 아, 어디 사세요?

여: 두 시간 정도 걸리는 곳에 살아요.

남: 음, 저희는 전국에 체인점이 있어서, 집 근처에서 확실히 가게를 찾을 수 있으실 겁니다. 혹은 우편으로 믹서기를 저희에게 보내주시면 고객님께 새것을 보내드릴 수 있어요.

여: 음… 아뇨, 제가 직접 새것을 고르고 싶어요.

남: 그럼 알겠습니다. 언제라도 집 근처의 가게에 들르실 수 있으세요.

여: 거기에서 저에게 새것을 줄 거라고 생각하세요?

남: 물론 그럴 겁니다. 제가 전화해서 고객님이 곧 방문하실 거라고 말해 놓을 겁니다.

여: 좋네요! 그럼 가장 가까운 가게의 위치를 찾아주시겠어요?

남: 그럼요. 가게 정보를 드리겠습니다.

어휘 **purchase** 구입하다, 사다 **blender** 믹서기 **chain** (상점·호텔 등의) 체인 **location** 위치 |문제| **refund** 환불(금) **delivery charge** 배달료

문제 해설 여자는 남자에게 가장 가까운 가게의 위치를 찾아달라고 부탁했다.
① 그녀에게 환불해주기
② 그녀를 가게로 데려오기
③ 그녀에게 새 믹서기를 보내기
④ 배달료를 지불하기
⑤ 그녀에게 가장 가까운 가게에 대해 말해주기

3 ———————————————— 정답 ①

남: 안녕, Lucy, 요즘 어떻게 지내니?

여: 안녕, Chris. 잘 지내고 있어.

남: 네 재정 상태에 문제가 좀 있었던 걸 기억해. 지금은 잘 해나가고 있니?

여: 사실, 내 재정 상태를 파악하는 데 도움을 주는 이 앱을 구매했어. 벌써 돈을 많이 절약할 수 있었어.

남: 아, 정말? 대단하네. 그게 어떻게 돈을 절약하도록 도와주었니?

여: 소비 습관을 바꾸게 도와주었어.

남: 좋네, 그런데 어떻게?

여: 음, 예를 들어, 내가 간식에 돈을 너무 많이 쓴다는 걸 알게 되기 시작해서, 간식을 사는 걸 줄였어.

남: 나도 간식을 많이 사. 내가 돈 쓰길 중단해야 하는 게 바로 그거야.

여: 응, 작은 지출이 정말 불어나. 이 앱은 진짜 구세주야. 너도 한번 해봐.

남: 해봐야 할 것 같아. 돈을 좀 저축해 두는 게 항상 더 좋으니까.

여: 응, 미래에 무슨 일이 있을지 모르잖아.

남: 그 앱을 내려받는 방법을 말해줄래?

여: 그럼. 앱 스토어에서 그것을 찾을 수 있어. 그 이름을 너에게 보내줄게.

남: 고마워. 오늘 이따가 사야겠어.

어휘 **finance** 재정 **app** 응용 프로그램 **keep track of** ~을 파악하다 **cut down** 줄이다 **add up** 늘어나다 **lifesaver** 구세주 **download** 다운로드하다, 내려받다 |문제| **management** 관리

문제 해설 남자는 여자에게 재정 상황 파악에 도움을 주는 앱을 어떻게 구매하는지 알려달라고 부탁했다.
① 그에게 앱 구매 방법을 알려주기
② 간식을 너무 많이 사지 않기
③ 그의 재정 관리를 돕기
④ 그의 소비 습관을 파악하기
⑤ 그에게 재정 관리 앱을 사주기

4 ———————————————— 정답 ②

여: 여보, 카펫을 청소하러 청소부들이 오늘 오나요?

남: 아, 말하는 걸 깜박했네요. 내가 전화를 했는데 가장 빨리 올 수 있는 게 내일 밤이라고 했어요.

여: 아, 안돼요! 우리 하우스 파티가 내일 밤이잖아요.

남: 알아요. 내가 전화해서 다시 물어보면 좋겠어요?

여: 아니요. 그게 우리에게 도움이 될 것 같지 않아요.

남: 나도 그렇게 생각해요. 우리가 그냥 직접 카펫을 청소해야 할 것 같아요.

여: 네, 그래야겠어요. 아마 그렇게 오래 걸리지 않을 거예요.

남: 그걸 청소하는 데 필요한 게 우리에게 다 있나요?

여: 우리 진공청소기는 괜찮은데, 스팀 청소기를 이웃에게 빌

려야 할 것 같아요.

남: 네. 얼룩을 지우려면 스팀 청소기가 필요해요.

여: 그걸 빌릴 수 있는지 물어봐 줄래요?

남: 그럼요. 지금 가서 물어볼게요.

여: 당신이 거기에 간 동안 내가 가구를 옮기기 시작할게요.

남: 아니에요. 기다려요. 물건들이 너무 무거워요. 곧 돌아올 테니 모든 걸 함께 옮기면 돼요.

여: 알겠어요. 기다릴게요.

어휘 vacuum cleaner 진공청소기 steam vacuum 스팀 청소기 remove 제거하다 stain 얼룩

문제 해설 여자는 남자에게 이웃집에 가서 스팀 청소기를 빌릴 수 있는지 물어봐 달라고 부탁했다.
① 소파 옮기기
② 스팀 청소기 빌리기
③ 카펫에 청소기를 돌리기 시작하기
④ 하우스 파티 준비하기
⑤ 카펫 청소업체에 다시 전화하기

5 ···················· 정답 ③

[휴대전화벨이 울린다.]

여: 여보세요?

남: 안녕, 여보! 오늘 퇴근하고 몇 시에 집에 올 거예요?

여: 아마 7시쯤 집에 갈 것 같아요.

남: 아, 정말이요? 잘됐네요. 집에 오는 길에 날 위해 심부름을 해줄 수 있을 것 같아요?

여: 물론이죠. 내가 뭘 했으면 해요?

남: 세탁소에 들러서 내 검은색 양복을 찾아다 주겠어요? 8시에 닫아서 내가 찾아올 수가 없을 거예요.

여: 알겠어요. 오늘 밤에 집에 늦게 올 건가요?

남: 네. 일이 끝나고 바로 상사와 저녁을 먹으러 가야 해요.

여: 그러면 몇 시에 집에 올 것 같나요?

남: 아마 9시 넘어서요.

여: 알겠어요. 그럼 이따 봐요.

남: 고마워요! 내일 있는 고객과의 미팅을 위해 그 양복이 필요해서 그건 정말 중요해요.

여: 알아요. 집에 오는 길에 날 위해 음식을 좀 사다 주겠어요?

남: 구체적으로 원하는 거 있어요?

여: 음, 피자가 정말 먹고 싶어요.

남: 알겠어요. 당신이 가장 좋아하는 이탈리아 음식점에 들를게요.

어휘 run an errand 심부름을 하다 dry cleaners 세탁소 specific 구체적인 have a craving for ~을 정말 먹고 싶다

문제 해설 남자는 여자에게 세탁소에서 자신의 양복을 찾아와 달라고 부탁했다.
① 미팅에서 그의 고객을 만나기
② 그의 상사와 저녁 식사 하러 가기

③ 세탁소에서 그의 양복을 찾아오기
④ 이탈리아 음식점에서 피자를 사 오기
⑤ 그를 차에 태워서 9시 전까지 집에 데리고 오기

6 ···················· 정답 ②

남: 안녕, 엄마! 놀랐죠!

여: Fred! 네가 올해 추수감사절에는 집에 오지 않을 줄 알았는데!

남: 저도 그럴 줄 알았는데, 막판에 항공편을 찾을 수 있었어요.

여: 잘됐구나! 네가 올 거라고 왜 말하지 않았니?

남: 엄마를 놀라게 하고 싶었는데 성공했어요!

여: 그랬구나! 거기다가 딱 시간 맞춰 집에 왔구나. 네가 가장 좋아하는 파이를 만들려고 하는 참이야.

남: 호박파이요? 저 무척 설레요. 그것을 만드는 데 도움이 필요하세요?

여: 그럼! 찬장에서 황설탕을 갖다 주겠니?

남: 네. [잠시 후] 아, 엄마? 여기에 황설탕이 보이지 않아요.

여: 아, 며칠 전에 좀 샀다고 생각했는데.

남: 가게에 가서 좀 사 올게요.

여: 아니야, 괜찮아, 애야. 그냥 백설탕을 쓸 거야. 음, 대신에 냉장고에서 계란 3개를 갖다 주겠니?

남: 그럼요. [잠시 후] 아, 냉장고에 계란이 한 개밖에 없어요.

여: 아, 이런. 이제 어쩔 수 없네. 분명히 피곤하겠지만, 시장에 뛰어가서 계란을 좀 사다 주겠니?

남: 물론이에요, 엄마. 그리 멀지 않잖아요. 금방 올게요. 그리고 황설탕도 좀 살게요.

여: 정말 착하구나! 아, 잠깐만 기다리렴. 또 다른 걸 살 필요가 있는지 확인해볼게.

남: 알겠어요, 엄마.

어휘 Thanksgiving 추수감사절 at the last minute 임박해서, 막판에 succeed 성공하다 be about to-v 막 ~하려고 하다 fridge 냉장고

문제 해설 여자는 남자에게 시장에 가서 파이에 넣을 계란을 좀 사다 달라고 부탁했다.
① 비행편을 예약하기
② 시장에 가기
③ 그녀를 위해 파이를 만들기
④ 식료품 목록을 확인하기
⑤ 추수감사절에 집에 오기

7 ···················· 정답 ③

여: 안녕, 뭐 하고 있어?

남: 아, 안녕! 친구를 데려갈 수 있는 장소를 좀 찾고 있어.

여: 여행을 계획하고 있는 거야?

남: 아니, 그냥 내 가장 친한 친구가 에콰도르에 3주 동안 날 보러 올 거라서.

여: 잘됐다. 네 친구가 전에 여기 온 적이 있어?

남: 아니, 이번이 그가 에콰도르와 남미에 처음으로 오는 게 될 거야.

여: 계획하는 걸 내가 도와주길 원하니?

남: 괜찮아. 첫 번째 주에 그를 갈라파고스 섬에 데려갈까 생각하고 있어.

여: 좋은 생각이야. 그가 정말 그걸 좋아할 것 같아.

남: 그러고 나서, 우린 Quito에 갈 거야. 그다음 화요일에는 그를 Intiñan 박물관에 데려가고 싶은데 내가 시간이 될지 모르겠어.

여: 왜 그런데?

남: 화요일에는 직장에 복귀해야 할 것 같아서. 그래서 말인데, Erin, 너 그날 시간이 있으면 그와 함께 가줄 수 있겠니?

여: 물론이야. 내가 그를 거기에 데려갈 수 있어.

남: 그럴 수 있어? 정말 고마워!

여: 천만에. 나도 거기에 아직 못 가봤어. 나도 재미있을 거야.

어휘 Ecuador 에콰도르   following 그다음의

문제 해설 남자는 여자에게 자신과 가장 친한 친구를 Intiñan 박물관에 데려가 달라고 부탁했다.
① 그를 차로 Quito에 데려다주기
② 화요일에 그를 위해 일하기
③ 그의 가장 친한 친구를 박물관에 데려가기
④ 그가 가장 친한 친구의 방문을 계획하는 걸 돕기
⑤ 그의 친구와 갈라파고스 섬에 가기

8
정답 ④

[전화벨이 울린다.]

남: 여보세요. 저는 Sun Towers의 Bradley McMillan입니다.

여: 안녕, Bradley! 나 Maggie야. 오늘 어떠니?

남: 난 좋아. 10분 전에 막 일을 시작했어. 너 늦니?

여: 사실, 오늘 출근 안 해.

남: 아, 다 괜찮은 거야?

여: 난 괜찮아. 아픈 건 내 딸이고, 그래서 그 애를 오늘 병원에 데려가려고.

남: 알겠어. 그 애가 빨리 나으면 좋겠다. 내가 우리 상사에게 말해주면 좋겠니?

여: 아, 괜찮아. 몇 분 전에 그녀에게 전화했어.

남: 알겠어, 그러면 그냥 네가 안 온다고 알려주려고 전화한 거야?

여: 사실, 네가 부탁을 들어줄 수 있을까 해서.

남: 물론 들어줄게, 뭔데?

여: 오늘 중요한 소포를 받을 예정이야. 내 대신 소포에 서명을 해줄래? 오후에 사무실로 올 거야.

남: 그럼, 할 수 있어. 소포에 서명해서 네 책상 위에 올려 놓을게.

여: 정말 고마워. 내일 보자!

어휘 supervisor 관리인   be supposed to-v ~하기로 되어 있다
package 포장물, 소포

문제 해설 여자는 남자에게 자기 대신 자신의 소포에 서명해달라고 부탁했다.
① 그녀의 책상으로 선물을 가져오기
② 십 분 후에 Sun Towers에 가기
③ 그녀의 딸을 병원에 데려가기
④ 그녀 대신 그녀의 소포에 서명하기
⑤ 상사에게 그녀가 출근하지 않을 거라고 말하기

↓

Dictation - Actual Test CHALLENGE

1. building my own bed / much smaller than / hand me the screwdriver / hold these pieces together
2. won't turn on / having trouble with / choose a new one / find me the location
3. keep track of my finances / change my spending habits / cut down on buying them / has really been a lifesaver
4. the earliest they can come / won't take too long / go over and ask / start moving the furniture
5. run an errand for me / pick up my black suit / have a craving for
6. able to find a flight / I'm about to make / get some for you / run to the market
7. looking for some places / help you with the planning / if you're free that day
8. not coming in / feels better soon / sign for the package for me / leave it on your desk

---

유형 02   숫자 정보

기출 예제 ·········· p.18

남: 도와드릴까요?

여: 저 치즈 케이크가 맛있어 보이네요! 얼마죠?

남: 케이크 전체에 30달러 또는 조각당 5달러입니다.

여: 좋아요. 두 조각을 살게요.

남: 케이크와 함께 아이스크림을 사시겠어요? 한 주걱에 2달러입니다.

여: 아뇨, 괜찮아요.

남: 알겠습니다. 음료도 하시겠습니까?

여: 네, 보통 크기로 커피 두 잔 주세요.

남: 보통 크기의 커피는 3달러이고 큰 것은 6달러입니다. 하지만 케이크를 구매하시므로, 크기가 큰 커피는 한 잔당 5달러만 내시면 됩니다.

여: 좋네요! 그럼 큰 것으로 주세요.

남: 그렇다면 치즈 케이크 두 조각과 커피 큰 것으로 두 잔이네요. 다른 게 더 필요하신가요?

여: 아뇨, 근데 제게 할인 쿠폰이 있거든요. 그것을 지금 써도 될까요?

남: 잠시만요. [잠시 후] 물론이지요. 총액에서 10%가 할인되네요.

여: 아, 잘됐네요. 여기 제 신용카드요.

Practice
p.19

1. ④ 2. ② 3. ⑤ 4. ②

1
정답 ④

[전화벨이 울린다.]

여: 안녕하세요, Daisy Fields 농장입니다.

남: 안녕하세요, 제 이름은 Alex Brown입니다. 이 지역의 초등학교 교사인데 제 학생들과 당신의 농장에서 현장학습을 예약하고 싶어요.

여: 잘됐네요! 저희에게 어린이들을 위한 프로그램이 두 개 있어요. 반나절 프로그램은 학생당 5달러이고 하루 프로그램은 10달러입니다.

남: 네. 3월 30일에 35명의 학생과 교사 한 명으로 반나절 프로그램을 예약하고 싶어요. 그런데 교사는 얼마인가요?

여: 성인은 5달러입니다. 모르실까 봐 말씀드리는데, 저희는 30명 이상의 그룹에게는 10퍼센트 할인을 해드려요.

남: 아주 좋네요. 지금 돈을 지불해야 하나요?

여: 아니요, 현장학습 당일에 지불할 수 있으세요.

남: 네, 감사합니다. 3월 30일에 뵙겠습니다.

문제 해설 반나절 프로그램은 학생당 5달러인데 35명의 학생들이 참가한다고 했고($5×35), 성인은 5달러인데 선생님인 남자가 같이 참여하므로($5×1) 180달러를 지불해야 한다. 그런데 30명 이상일 경우 10퍼센트 할인이 된다고 했으므로($180-$18), 남자가 지불할 금액은 162달러이다.

2
정답 ②

[전화벨이 울린다.]

남: 전화 주셔서 감사합니다. 오늘 무엇을 도와드릴까요?

여: 안녕하세요, 8인용 캠프 자리를 예약하고 싶어요. 1박에 얼마인가요?

남: 1박에 30달러입니다. 그 가격에는 또한 차 한 대를 주차할 공간도 포함됩니다.

여: 알겠습니다. Rosa Carter라는 이름으로, 이번 주 토요일에 쓸 캠프 자리 하나와 승합차 자리 하나를 예약하고 싶어요.

남: 알겠습니다. 그 외에 다른 것은요?

여: 피크닉용 테이블과 그릴을 대여할 수 있을까요?

남: 그럼요. 피크닉용 테이블은 개당 8달러이고 그릴은 개당 5달러입니다.

여: 좋네요. 각각 하나를 대여할게요.

남: 네, Carter 씨께 테이블 한 개와 그릴 하나요. 저희를 선택해 주셔서 감사합니다. 토요일에 좋은 시간 되세요!

문제 해설 여자는 야영지에서 1박을 하고($30) 피크닉 테이블 하나($8)와 그릴 하나($5)를 대여할 것이므로, 여자가 지불할 금액은 43달러이다.

3
정답 ⑤

[휴대전화벨이 울린다.]

여: 여보세요! 나 공항에 곧 도착할 거야. 너 어디야?

남: 넌 이걸 믿지 못할 거야. 우린 아직 몬트리올을 떠나지도 못했어!

여: 뭐라고? 한 시간 전에 착륙할 예정이었잖아! 무슨 일이 있었어?

남: 눈보라 때문이야!

여: 알겠어. 그래서 언제 출발할 예정이야?

남: 항공사에서 오후 3시에 출발할 거라고 했어. 그런데 내 비행기는 마이애미로 가기 전에 올랜도에서 두 시간 동안 체류해.

여: 알았어. 그러니까 그게 올랜도로 네 시간 비행, 체류가 두 시간, 그리고 나서 마이애미로 한 시간인 거지?

남: 응. 장거리 비행이 될 거야.

문제 해설 비행기가 오후 3시에 몬트리올에서 출발하는데, 올랜도까지 네 시간이 걸리고 올랜도에서 두 시간을 체류한 후 마이애미까지 한 시간을 간다고 했으므로, 남자는 밤 10시에 마이애미에 도착할 것이다.

4
정답 ②

남: 안녕하세요? 오늘 무엇을 드릴까요?

여: 아메리카노 한 잔만 주세요.

남: 중간 크기요, 아니면 큰 걸로요? 중간 크기는 2달러이고 큰 거는 3달러예요.

여: 큰 걸로 주세요. 그리고 페이스트리가 있나요?

남: 갓 만든 시나몬 롤이 있어요. 맛있답니다. 하나 드셔 보시겠어요?

여: 얼마인가요?

남: 각각 2달러지만 커피와 함께하시면 1달러 50센트입니다.

여: 잘됐네요. 한 개 주세요.

남: 네. 고객님의 커피와 시나몬 롤이 곧 나올 겁니다.

문제 해설 여자는 큰 커피 한 잔($3)과 시나몬 롤 한 개($2)를 주문했는데 시나몬 롤의 경우 커피와 함께 주문하면 1달러 50센트라고 했으므로, 여자가 지불할 금액은 4달러 50센트이다.

Dictation - Practice

1. a field trip with my students / In case you don't know
2. I'd like to book / under the name of
3. You were supposed to land / scheduled to depart / a two-hour stopover
4. What can I get you / Make it a large / coming right up

Actual Test

pp.21~22

1. ⑤ 2. ② 3. ④ 4. ④ 5. ② 6. ④ 7. ① 8. ②

1 .... 정답 ⑤

여: 안녕하세요, 손님. 오늘 무엇을 도와드릴까요?

남: 포스터를 프린트하고 싶어요. 제 USB 드라이브에 이미지가 있어요.

여: 알겠습니다. 두 가지 크기가 있는데, 표준 포스터 크기와 작은 A4 용지 크기랍니다.

남: 가격 차이는 어떻게 되나요?

여: 표준 크기는 4달러이고 A4 용지 크기는 2달러예요.

남: 알겠습니다. 제 USB에 폴더가 몇 개 있어요. 꼭 학교 과제 폴더에 있는 이미지를 두 크기 모두로 프린트해주세요.

여: 알겠어요. 그런데 몇 장을 원하세요?

남: 각각 10장을 주세요.

여: 알겠습니다. 10장 넘게 프린트하시면 5퍼센트 할인을 받을 수 있으세요.

남: 그거 좋네요! 그것들을 내일 가져갈 수 있을까요?

여: 그럼요. 내일 아침까지 그것들을 준비해 놓을게요. 어떻게 계산하시겠어요?

남: 현금으로 할게요.

어휘 standard 표준의   folder (일부 컴퓨터 시스템에서 파일 보관용) 폴더

문제 해설 남자가 4달러인 표준 크기로 10장($4×10), 2달러인 A4용지 크기로 10장($2×10)을 프린트해 달라고 했는데 5퍼센트 할인을 받으므로, 남자가 지불할 금액은 57달러이다.

2 .... 정답 ②

남: 안녕하세요. 무엇을 도와드릴까요?

여: 안녕하세요. 작은 선풍기를 찾고 있어요. 제 사무실에 놓으려고요.

남: 아! 딱 맞는 것을 알고 있어요. [잠시 후] 이게 가게에서 가장 잘 팔리는 선풍기랍니다. 60달러밖에 하지 않아요.

여: 좋아 보이지만 너무 커요. 저는 제 책상에 놓을 더 작은 것을 원해요.

남: 알겠습니다. 그렇다면 가장 좋은 선택은 이 흰색 선풍기나 저 은색 선풍기예요.

여: 은색 선풍기가 좋아 보여요. 얼마인가요?

남: 40달러입니다. 가볍고 옮기기 쉬워요. 고객님 책상에 놓기에 딱 적합할 거예요.

여: 그렇네요! 제게 10퍼센트 할인 쿠폰이 있어요. 제가 그걸 사용할 수 있는지 확인해주시겠어요?

남: 봅시다. [잠시 후] 잘됐네요! 선풍기에 10퍼센트 할인을 받을 수 있으세요.

여: 좋아요. 여기 제 신용카드요.

어휘 option 선택(권)   portable 이동하기 쉬운

문제 해설 여자가 고른 은색 선풍기는 40달러인데 10퍼센트 할인 쿠폰을 사용할 수 있으므로($40-$4), 여자가 지불할 금액은 36달러이다.

3 .... 정답 ④

여: 안녕하세요, 손님! Ice Land에 오신 걸 환영합니다!

남: 안녕하세요. 표 4장을 사려고요. 성인 둘, 어린이 둘이에요.

여: 네. 스케이트를 가져오셨나요?

남: 아니요. 대여하고 싶어요.

여: 알겠습니다. 성인 표는 15달러이고 어린이 표는 10달러입니다. 성인 스케이트 대여는 4달러이고 어린이는 2달러예요.

남: 좋아요. 여기 제 신용카드요.

여: 이 카드로는 스케이트 대여 시 50퍼센트 할인을 받으세요.

남: 잘됐네요!

여: 표는 아니고, 스케이트 대여 시에만 할인이 된답니다.

남: 네. 감사합니다.

어휘 own 자기 자신의   rental 대여

문제 해설 남자는 15달러짜리 성인 표 두 장($15×2), 10달러짜리 어린이 표 두 장($10×2)을 사고, 4달러인 성인 스케이트 두 켤레($4×2)와 2달러인 어린이 스케이트 두 켤레($2×2)를 대여하려고 하는데 스케이트 대여에서 50퍼센트 할인이 된다고 했으므로, 남자가 지불할 금액은 56달러이다.

4 .... 정답 ④

[전화벨이 울린다.]

남: Star 항공사입니다, 무엇을 도와드릴까요?

여: 안녕하세요. 비행편 예약을 취소하려고 전화 드렸어요.

남: 알겠습니다. 성과 확인 코드 번호를 알려주시겠어요?

여: 제 성은 Lee이고 코드 번호는 K1306이에요.

남: 네. 고객님이 예약하신 걸 찾았습니다. 취소 수수료가 있다는 걸 아시나요?

여: 아, 그래요? 수수료가 얼마인가요?

남: 음, 비행 일주일 전에 취소하시면 비행기 표 가격의 10퍼센트예요. 하지만 일주일이 채 남지 않아 취소하시면 (비

행기 표 가격의) 20퍼센트예요. 그런데 고객님의 비행은 내일이네요.

여: 그러면 20퍼센트네요! 제 비행기 표 가격을 말씀해주시겠어요?

남: 잠시만요. [잠시 후] 600달러를 지불하셨어요. 여전히 취소를 원하시나요?

여: 네. 유감스럽게도, 어쩔 수 없네요.

어휘 surname 성   confirmation code 확인 코드 번호 cancellation 취소

문제 해설 여자의 비행기 표 가격은 600달러로, 그 가격의 20퍼센트를 취소 수수료로 내야 하기 때문에($600-$120) 여자가 환불받을 금액은 480달러이다.

5 ———————————————————— 정답 ②

남: 안녕하세요. 제 아내가 신을 운동화 한 켤레를 찾고 있어요. 멋진 걸로 추천해주시겠어요?

여: 그럼요. 이 보라색 운동화는 어떠세요?

남: 좋아 보이네요. 얼마인가요?

여: 150달러예요. 달리기를 할 때 아주 좋답니다.

남: 좋네요. 그녀는 치수가 235예요.

여: 가서 확인해볼게요. [잠시 후] 고객님, 죄송합니다. 235 치수가 다 떨어졌네요.

남: 음… 그럼 여기 있는 이건 어떤가요?

여: 확인해볼게요. [잠시 후] 그건 235 치수가 있네요. 120달러입니다.

남: 아, 잘됐어요. 여기 제 신용카드요.

여: 선물 상자를 하시겠어요? 추가로 20달러입니다.

남: 좋을 것 같네요. 감사합니다. 그리고 이 가게의 적립 카드 포인트를 사용하고 싶어요.

여: 네, 확인해볼게요. [잠시 후] 25포인트가 있으시네요. 그래서 그 신발에 대해 25달러를 절약하실 수 있으세요.

남: 아주 좋네요.

어휘 recommend 추천하다   additional 추가의   reward card 적립 카드   save 절약하다

문제 해설 남자는 120달러짜리 운동화를 구입하려 하는데, 20달러인 선물 상자를 추가한다고 했고 포인트로 25달러를 결제할 수 있으므로, 남자가 지불할 금액은 115달러이다.

6 ———————————————————— 정답 ④

남: Adventure Land에 오신 걸 환영합니다.

여: 안녕하세요. 여기에서 자유 이용권을 살 수 있나요?

남: 네. 성인은 각각 20달러이고 16세 미만 어린이는 10달러예요.

여: 성인 한 명과 아이 세 명이요.

남: 알겠습니다. 잠시만 기다려 주세요.

여: 잠시만요! 그 표에 놀이 기구가 모두 포함되는 게 맞나요?

남: 죄송하지만 아니에요. 놀이 기구 일부는 포함되지 않아요.

여: Dragon-rider는요?

남: 그 기구는 포함되지 않지만, 추가 10달러를 내시면 프리미엄 자유 이용권이 있는데, 그것은 고객님이 모든 놀이 기구를 이용하게 해준답니다.

여: 인당 추가 10달러는 비싸네요.

남: 그렇죠. 하지만 프리미엄 자유 이용권으로 무료 점심 쿠폰을 얻을 수 있으세요!

여: 알겠어요. 저희 모두 추가로 10달러를 낼게요.

어휘 adventure 모험   free-access ticket 자유 이용권   include 포함하다   ride 탈 것, 놀이 기구   premium 고급의   access 접근, 입장

문제 해설 여자는 20달러짜리 성인 자유 이용권 한 장($20×1)과 10달러짜리 어린이 자유 이용권 세 장($10×3) 가격에 10달러를 각각 추가하여 프리미엄 자유 이용권을 이용하려고 한다. 따라서 여자가 지불해야 할 금액은 90달러이다.

7 ———————————————————— 정답 ①

여: 안녕, Terry. 너 뭐 하고 있니?

남: 안녕, Karen. 네팔로의 재난 구호 여행을 위해 우리가 모금한 돈을 세고 있었어.

여: 지금까지 얼마나 모았어? 1,000달러 목표에 도달했어?

남: 아직, 하지만 근접했어. 월요일에 시작한 후로 820달러를 모았어.

여: 와! 그건 사람들이 매일 200달러 정도를 기부했다는 의미네.

남: 맞아. 그런데 이제 금요일이야. 오늘이 마지막 날이잖아. 우리가 그 금액의 나머지를 모을 수 있으면 좋겠어.

여: 걱정하지 마! 거의 근접했잖아. 그리고 놀랄 소식이 있어. 우리 가족에게 그 여행에 대해 이야기했는데, 삼촌 세 분 모두가 각각 20달러를 기부하셨어!

남: 정말? 그거 정말 좋은 소식이야! 이제 우리가 목표에 도달할 거라고 확신해. 나 대신 삼촌들에게 감사하다고 전해 줘.

여: 이미 했어! 삼촌들이 도울 수 있어 기뻐했어.

어휘 raise (자금을) 모으다   disaster aid trip 재난 구호 여행   donate 기부하다

문제 해설 목표가 1,000달러인데 현재 820달러를 모았고 여자의 삼촌 세 분이 각각 20달러를 기부했으므로($20×3), 두 사람이 앞으로 더 모아야 할 금액은 120달러이다.

8 ———————————————————— 정답 ②

남: 안녕, Sonia. 와, 너 멋져 보여!

여: 고마워. 새 드레스를 입고 있어. 이게 내가 정말로 사고 싶다고 너에게 말했던 거야.

남: 아, 그거 아주 비싸지 않았어?

여: 있지, 원래 250달러였는데 온라인에서 할인하는 걸 발견했어.

남: 웹사이트에서 세일 같은 걸 하고 있었어?

여: 응, 여름 마감 세일이었어. 거기의 모든 드레스가 30퍼센트 할인이 됐어.

남: 가격이 괜찮네. 그런데 나는 네가 드레스에 150달러 넘게는 지불하지 않기로 결심한 줄 알았어.

여: 그럴 필요가 없었어. 할머니께서 생일 선물로 내게 50달러짜리 상품권을 주셔서 드레스값으로 그걸 사용했어.

남: 음, 이건 정말 그럴 가치가 있어. 드레스가 정말로 예쁘다.

여: 고마워!

어휘 originally 원래 gift card 상품권 be worth it 그럴만한 가치가 있다

문제 해설 여자는 원래 가격인 250달러에서 30퍼센트 할인하는($250-$75) 드레스를 사는데 50달러짜리 상품권을 사용했다. 따라서 여자가 지불한 금액은 125달러이다.

↓

Dictation - Actual Test

1. get some posters printed / how many copies do you / pick them up tomorrow
2. I'm looking for / want something smaller / light and portable
3. We'd like to rent / get a 50% discount
4. cancel a flight reservation / less than a week
5. recommend something nice / We're out of
6. include all the rides / are not included / access to all the rides
7. we've raised for / I have a surprise / we'll reach our goal
8. you look great / found a discount online / it was definitely worth it

Actual Test CHALLENGE

pp.25~26

1. ③ 2. ③ 3. ① 4. ② 5. ① 6. ④ 7. ② 8. ②

1

정답 ③

[전화벨이 올린다.]

여: Express Bus에 전화 주셔서 감사합니다. 무엇을 도와드릴까요?

남: 안녕하세요, 내일 아침 로스앤젤레스 국제공항으로 가는 첫 버스의 좌석 세 개를 예약하고 싶어요.

여: 공항행 첫 번째 버스는 5시 10분에 터미널을 떠납니다.

남: 아, 그건 제게 너무 이르네요. 다음 버스는 언제 떠나나요?

여: 다음 버스는 5시 40분에 떠납니다. 그 시간이 괜찮으세요?

남: 네, 좋네요. 표는 얼마인가요?

여: 성인 표는 한 장이 9달러예요.

남: 아, 어린이 표도 있나요? 아이들과 함께 여행하거든요.

여: 네, 있습니다. 14살 미만 어린이 표는 5달러예요.

남: 제 아들은 15살이지만 제 딸은 12살이에요.

여: 그러면 성인 표 두 장과 어린이 표 한 장이 필요하시겠네요?

남: 맞아요. 지금 돈을 지불해야 하나요?

여: 아뇨, 내일 버스 터미널에서 지불하시면 됩니다. 단지 예약을 위해서 성함이 필요합니다.

남: Matthew Wilson이에요.

여: 감사합니다, Wilson 씨. 내일 뵙길 바라겠습니다.

남: 감사합니다!

어휘 reserve 예약하다 seat 좌석 look forward to v-ing ~하길 고대하다

문제 해설 9달러인 성인 표 두 장과 5달러인 어린이 표 한 장을 사야 하므로, 남자가 지불할 금액은 23달러이다.

2

정답 ③

남: 안녕하세요. 오늘 무엇을 드시겠어요?

여: 안녕하세요. 카페 라테 두 잔 주시겠어요?

남: 6달러입니다. 다른 게 더 필요하신가요?

여: 음. 어떤 종류의 파이를 추천하시나요?

남: 저희 애플파이가 가장 잘 팔린답니다. 그리고 피칸파이도 꽤 인기가 많아요.

여: 애플파이는 얼마인가요?

남: 한 조각에 4달러입니다.

여: 네. 애플파이 두 조각을 주세요.

남: 알겠습니다. 카페 라테 두 잔과 애플파이 두 조각이네요. 피칸파이도 드셔 보시겠어요? 한 조각을 1달러에 드릴게요!

여: 네, 그거 좋네요.

남: 더 필요한 거 없으세요?

여: 라테에 바닐라 시럽을 좀 넣어주시겠어요?

남: 네. 또 다른 것은요?

여: 없어요. 그게 다예요. 여기 제 신용카드가 있어요.

남: 영수증을 드릴까요?

여: 네. 감사합니다.

어휘 recommend 추천하다 receipt 영수증

문제 해설 여자는 라테 두 잔($6), 한 조각에 4달러인 애플파이 두 개($4×2), 한 조각에 1달러인 피칸파이를 시켰으므로, 여자가 지불할 금액은 15달러이다.

3

정답 ①

남: 실례합니다.

여: 네, 무엇을 도와드릴까요?

남: 제 아내를 위해 생일 케이크를 구울 계획인데, 베이킹에 대해 잘 몰라서요.

여: 알겠습니다. 무엇이 필요할지 아세요?

남: 설탕, 버터, 그리고 계란이 필요한 건 알아요. 이미 그것들을 집에 준비해 놓았어요.

여: 잘하셨네요. 이제 가장 중요한 재료인 밀가루와 베이킹파우더를 사시기만 하면 됩니다.

남: 아, 네! 좀 추천해주시겠어요?

여: 그럼요. 이 베이킹파우더는 아주 좋은데 3달러밖에 하지 않아요. 또 이 밀가루는 봉지당 2달러로 세일 중이에요.

남: 네. 베이킹파우더 한 캔과 밀가루 두 봉지를 살게요.

여: 케이크 굽는 팬을 가지고 계세요?

남: 없는 것 같아요. 제게 필요한가요?

여: 네. 오븐용이에요.

남: 알겠습니다. 이건 얼마인가요?

여: 그건 8달러예요.

남: 네, 그걸로 할게요. 여기 20달러 지폐가 있어요.

여: 그럼 여기 잔돈이요. 케이크를 잘 만드시길 빌어요!

남: 감사합니다.

어휘 ingredient 재료 flour 밀가루 change 잔돈

문제 해설 남자는 3달러짜리 베이킹파우더 한 캔과 2달러짜리 밀가루 두 봉지, 8달러짜리 케이크 굽는 팬을 사고($3+$4+$8) 20달러짜리 지폐를 냈으므로, 남자가 받은 거스름돈은 5달러이다.

4 .... 정답 ②

남: 안녕하세요. 무엇을 도와드릴까요?

여: 안녕하세요. 오늘 밤의 심포니 공연 좌석이 아직 남아있나요?

남: 네, 오케스트라석, 일반 발코니석, 그리고 VIP 발코니석의 세 구역 모두에 좌석이 남아있어요.

여: 잘됐네요! VIP 발코니석 표는 얼마인가요?

남: VIP 발코니석은 장당 150달러예요.

여: 아, 그건 제 능력 밖이네요. 일반 발코니석은요?

남: 일반 발코니석은 80달러랍니다.

여: 그리 나쁘지 않네요. 표 두 장이 필요해요.

남: 알겠습니다. 그런데 어떻게 지불하시겠어요?

여: 신용카드를 사용할게요. [잠시 후] 여기 있습니다.

남: 아, 고객님의 신용카드 회사에서 고객들을 위해 연간 할인을 해주고 있어요. 표 한 장을 반값으로 사실 수 있답니다.

여: 정말이요? 몰랐네요.

남: 막 시작한 새로운 판촉 활동이에요. 여전히 일반 발코니석을 원하세요?

여: 음, 할인된 VIP 발코니석은 얼마인가요?

남: 총 225달러예요.

여: 그건 여전히 제게 꽤 비싸네요. 일반 발코니석으로 두 장 할게요.

어휘 available 구할 수 있는 orchestra seat 오케스트라석(1층 앞쪽 무대에 가까운 일등석) afford (~을 살 금전적) 여유[형편]가 되다 annual 매년의, 연례의 promotion 판촉 활동

문제 해설 여자는 80달러인 일반 발코니석 표 두 장을 사려고 하는데 그 중 한 장은 반값인 40달러로 구입할 수 있으므로, 여자가 지불할 금액은 120달러이다.

5 .... 정답 ①

[전화벨이 울린다.]

남: Home Shopping Saver 클럽입니다. 성함과 고객 계정 번호를 말씀해주시겠어요?

여: 네, 저는 Irene Adler이고 제 계정 번호는 347592입니다.

남: 감사합니다, Adler 씨. 오늘 무엇을 도와드릴까요?

여: 몇 분 전에 막 광고된 골프 클럽 세트를 주문하고 싶어요.

남: 네, 그 제품의 세금 포함 가격은 400달러입니다.

여: 정말이요? 제가 TV에서 본 가격은 235달러였어요.

남: 아, 죄송합니다. 전문가 세트 가격을 알려드렸네요. 세금 포함된 기초 세트는 250달러예요.

여: 그게 제가 원하는 거예요. 기초 세트 말이에요.

남: 기초 세트는 초보자용입니다. 그게 고객님이 원하시는 게 확실한가요?

여: 네. 저는 아직 초보자예요.

남: 그럼 잘 선택하신 겁니다. 계산은 어떻게 하시겠어요?

여: Saver 클럽 카드로요. 월간 10퍼센트 할인을 이용하고 싶어요.

남: 그러세요. 물건 발송 주소를 확인해주시겠어요?

여: 네, 메이플턴, 오크우드가 4416번지예요.

남: 감사합니다. 주문을 해드리고 이메일로 영수증을 보내겠습니다.

여: 감사합니다. 안녕히 계세요.

어휘 account number 계정 번호 advertise 광고하다 confirm 확인해주다 shipping address 물건 발송 주소 place one's order 발주하다 receipt 영수증

문제 해설 여자는 세금 포함 250달러인 기초 세트를 구입하면서 10퍼센트의 할인을 받으므로($250-$25), 여자가 지불할 금액은 225달러이다.

6 .... 정답 ④

[휴대전화벨이 울린다.]

남: 여보세요?

여: 안녕, David. 나 Julie야.

남: 안녕, Julie. 어떻게 지내?

여: 나쁘지 않아. 우리 과학 과제에 대해 이야기하려고 전화했어.

남: 아, 맞아. 그게 금요일까지지, 그렇지?

여: 응, 그런데 우리 아직 그걸 끝내지 않았잖아.

남: 맞아. 내일 오후에 그걸 하는 게 어때?

여: 난 내일 시간이 없어. 피아노 연습이 있거든. 수요일 괜찮니?

남: 수요일은 괜찮은데 저녁에 해야 해. 4시 30분까지 테니스 수업이 있거든.

여: 네가 집에 도착하는 데 얼마나 걸릴까?

남: 테니스 코트에서 15분 정도 걸려.

여: 그럼 4시 45분에 만날 수 있을까?

남: 음, 샤워하고 옷을 갈아입기 위해 30분 정도가 필요해.

여: 그렇구나. 너 Learning Story 스터디 카페가 어디 있는지 아니?

남: 응, 그런데 거기에 도착하려면 5분이 추가로 걸릴 거야.

여: 그럼 알겠어. 거기서 만나자. 수요일에 봐.

어휘 work on 착수하다, 작업하다 extra 추가의

문제 해설 남자는 4시 30분까지 테니스 수업을 듣고 나서 15분 거리의 집에 도착한 후 약 30분 동안 샤워를 하고 옷을 갈아입어야 한다. 그러고 나서 스터디 카페에 가려면 5분이 걸리므로 테니스 수업 후 남자에게 필요한 시간은 50분(15분+30분+5분)이다. 따라서 두 사람이 수요일에 만날 가장 빠른 시각은 5시 20분이다.

7 .... 정답 ②

여: 뭘 보고 있어요?

남: Marvin's Tech Mart의 광고예요. 이번 주말에 대대적인 세일을 한대요.

여: 좋은 가격의 세탁기는 없나요? 우리 새 세탁기가 필요해요.

남: 봅시다. [잠시 후] 이걸 300달러에 팔고 있어요. 좋아 보이네요.

여: 그렇게 싸다니 믿기지가 않아요. 그런 세탁기는 보통 500달러 정도 해요.

남: 또 어떤 물건도 25퍼센트 할인이 되는 쿠폰이 있어요.

여: 그럼 우리가 그걸 225달러에 살 수 있어요? 와! 우리 꼭 그걸 사야 해요.

남: 좋아요. 또 다른 필요한 게 있을까요?

여: 난 커피 메이커를 사고 싶어요.

남: 25달러로 세일 중인 게 있어요.

여: 음, 그건 평소보다 많이 싼 거 같지 않아요. 또 다른 할인은 없나요?

남: 없어요, 그런데 그게 그 브랜드 제품으로는 여전히 좋은 가격인 거 같아요.

여: 당신 말이 맞네요. 매진되기 전에 당장 거기 가요.

남: 그런데 며칠 전에 진공청소기에 대해 불평하지 않았어요?

여: 네, 하지만 내가 이미 그걸 고쳤어요. 새 걸 살 필요 없어요.

남: 알겠어요. 그럼 가서 그 두 개만 사요.

어휘 ad 광고 item 물품 definitely 분명히, 틀림없이 be sold out 매진되다 complain 불평하다

문제 해설 두 사람은 300달러인 세탁기를 25퍼센트 할인가인 225달러에 살 수 있고, 추가로 25달러짜리 커피 메이커를 사려고 하므로, 두 사람이 지불할 금액은 250달러이다.

8 .... 정답 ②

여: 안녕하세요. 무엇을 도와드릴까요?

남: 안녕하세요, 시카고에서 뉴욕으로 가는 왕복 항공권 세 장을 예매하고 싶어요.

여: 출발 날짜와 도착 날짜가 언제인가요?

남: 10월 16일에 출발해서 10월 24일에 돌아오고 싶습니다.

여: 네, 잠시만요. [잠시 후] 그 두 날짜에 가능한 아침 항공편이 있습니다. 일반석으로 하시겠어요, 일등석으로 하시겠어요?

남: 일등석은 얼마죠?

여: 일등석 한 장이 300달러입니다.

남: 아, 그건 제 예산을 벗어나네요. 일반석은 얼마인가요?

여: 일반석 왕복표는 장당 150달러입니다.

남: 네, 그냥 일반석으로 할게요.

여: 고객님은 표에 마일리지를 사용할 수 있으세요.

남: 제게 마일리지가 얼마나 있나요?

여: 고객님의 계정에 따르면 40,000마일이 있으시네요. 그건 무료로 일등석 왕복표 한 장을 구입하시기에 충분하세요.

남: 와, 그렇다면 일등석 표와 일반석 두 장을 살게요. 여기 제 신용카드요.

여: 네, 여기 표 있습니다. 안전한 비행 되세요.

어휘 depart 떠나다 economy 일반석 first class 일등석 out of one's budget 예산 밖인 mile (항공) 마일리지 account 계정

문제 해설 남자는 마일리지를 사용해 무료로 일등석 왕복표를 얻게 되어 장당 150달러인 일반석 왕복표를 두 장만 구입하면 되므로, 남자가 지불할 금액은 300달러이다.

↓

Dictation - Actual Test CHALLENGE

1. I'd like to reserve / traveling with / look forward to seeing you
2. would you recommend / Give me two slices of / Would you like a receipt
3. I'm planning to bake / the most important ingredients / two bags of flour / Good luck with
4. any seats available for / more than I can afford / how would you like to pay / offers an annual discount
5. that was just advertised / the price with tax / Would you please confirm
6. It's due Friday / How about working on it / shower and change my clothes / take me an extra five minutes
7. having a big sale / doesn't seem much cheaper / before they're sold out / had it fixed
8. be departing and returning / that's out of my budget / You can use your miles / That's enough to get

기출 예제 p.30

남: Debbie, 다음 주에 있는 면접에 대해 준비는 됐니?

여: 잘 모르겠어. 이게 내 첫 번째 취업 면접이라서 아주 긴장 돼.

남: 걱정하지 마. 잘할 거야. 너 말을 아주 잘하잖아.

여: 그렇게 생각해?

남: 물론이지. 그런데, 면접 질문에 대답하는 연습을 했니?

여: 응, 그냥 일반적인 질문들에 대해서는 준비했어.

남: 또 그 회사에 대해서도 조사했지, 그렇지 않니?

여: 그 회사에 대해 조사했냐고? 내가 그걸 할 필요가 있어?

남: 당연하지! 네가 할 수 있는 한 많은 정보를 알아내는 것이 중요해.

여: 음, 그 회사가 광고로 유명하다는 것을 알아.

남: 그걸로 충분하지 않아. 그 회사에 대해 더 알아봐야 해.

여: 예를 들어, 어떤 걸?

남: 예를 들면, 회사의 비전, 기본 원칙, 그리고 직업윤리에 대해 알아야 해.

여: 내가 그 모든 걸 알아야 하는 거야? 너무 많아.

남: _____

Practice p.31

1. ⑤ **2.** ④ **3.** ② **4.** ③

1 .... 정답 ⑤

남: Emma! 저기, Emma!

여: 아! 안녕, Bruce! 어떻게 지내? 전에는 널 이 버스에서 본 적이 없는데!

남: 응, 알아. 나는 보통 걸어서 집에 가는데 오늘 밤에는 영화관에 가거든. 넌 어디에 가고 있니?

여: 인도 음식을 먹으러 친구들을 만나러 가는 길이야.

남: 왜 친구들을 만난다고? 미안해, 이 버스의 음악 소리 때문에 잘 안 들려!

여: 맞아! 여기 음악이 너무 커!

남: 그러게! 버스에서 약간의 음악은 좋지만 이건 너무 심하네.

여: 응, 맞아. 기사에게 음악을 줄여달라고 부탁해야겠어.

문제 해설 남자가 버스에서 나오는 음악이 너무 커서 불평하고 있는 상황이므로, 여자가 맞장구치며 기사에게 음악을 줄여달라고 부탁하겠다고 말하는 ⑤번이 여자의 응답으로 가장 적절하다.

① 네 말이 맞아. 너무 크게 이야기하지 말자.

② 미안해, 몰랐어. 소리를 줄일게.

③ 아, 나 이 음악을 너만큼이나 많이 좋아해.

④ 신경 안 써. 나는 보통 버스에서 음악을 들어.

2 .... 정답 ④

남: 안녕하세요. 오늘 무엇을 도와드릴까요?

여: 여권 사진을 가지러 왔어요. 제 이름은 Ruth Gernstein입니다.

남: 네, Gernstein 씨. 잠시 시간을 주시면 확인해볼게요. *[잠시 후]* 여기 있네요.

여: 네, 잘 나왔네요. 사진을 파일로 가져가는 것도 가능할까요?

남: 네, 괜찮습니다. 그냥 예비용인가요?

여: 네, 그리고 취업용 파일을 제출해야 해서요.

남: 그렇군요. 잠시 파일을 찾아볼게요. *[마우스를 클릭한다.]* 네, 여기 있습니다.

여: 그것들을 이메일로 저에게 보내주신다면 정말 좋을 거 같아요. 제 이메일 주소를 알려드릴게요. gernstein90@nomail.com이에요.

남: 그럼요. 가능한 한 빨리 그것들을 보내겠습니다.

문제 해설 여자가 사진 파일을 이메일로 보내주면 좋겠다고 했으므로, 최대한 빨리 보내주겠다고 말하는 ④번이 남자의 응답으로 가장 적절하다.

① 왜 그 파일이 필요한지 여전히 이해할 수 없습니다.

② 잘됐네요. 제 이메일 주소도 알려드릴게요.

③ 그 파일이 마음에 안 드시면 새것을 만들어 드릴게요.

⑤ 이점에 대해 진심으로 죄송하지만, 어디서도 고객님의 파일을 찾을 수가 없습니다.

3 .... 정답 ②

여: 저기, 슈퍼에서 설탕을 좀 사다 주실 수 있어요? 설탕이 막 떨어졌어요.

남: 정말? 우리 지난달에 설탕 1킬로그램을 사지 않았니?

여: 그랬어요. 그런데 제가 제빵 대회를 준비하기 위해 매일 빵을 굽고 있어요.

남: 그렇구나. 음, 그건 네가 설탕을 더 많이 사용할 거라는 의미 같네.

여: 네, 대회 날까지 계속 연습해야 해요.

남: 알겠어. 이번에는 2킬로그램을 살게. 그렇게 하면, 설탕이 다 떨어지더라도 만일에 대비하여 예비품이 있을 거야.

여: 고마워요, 아빠. 아, 이 특정 설탕을 사다 주시겠어요? 그건 Organics 사에서 나온 저열량에, 입자가 아주 고운 황설탕이에요. 이게 건강에 더 좋거든요.

남: 내가 그걸 기억할 수 있을 것 같지 않구나. 너 내 기억력이 얼마나 나쁜지 알잖니.

여: 걱정하지 마세요. 아빠를 위해 써드릴게요.

문제 해설 여자가 남자에게 슈퍼에서 설탕을 사다 달라며 원하는 설탕에 대해 설명하자 남자가 기억을 못 하겠다고 하는 상황이므로, 걱정하지 말라며 써드리겠다고 말하는 ②번이 여자의 응답으로 가장 적절하다.

① 괜찮아요. 어차피 못 찾으실 거예요.

③ 다음에는 제 쿠키를 드셔 보아야 해요.

④ 그건 문제가 안 돼요. 제가 대신 외울게요.

⑤ 그게 너무 심각하면, 밖에 아예 나가시면 안 돼요.

4
정답 ③

남: 있지, Clair. 어디서도 내 전화기를 찾을 수가 없어. 지하철에 그걸 놓고 온 것 같아.

여: 아, 이런! 그걸 거기에 놓고 온 게 확실해?

남: 확실하진 않아. 아까 지하철에 있을 때 그게 주머니에서 떨어진 것 같아.

여: 분실물 취급소에 확인했어?

남: 응, 막 전화했어. 아직 어떤 전화기도 받은 게 없대.

여: 그렇구나. 너 언제 지하철에서 내렸어?

남: 20분 전쯤.

여: 음, 아마 누군가가 그것을 발견했는데 아직 분실물 취급소에 갖다 주지 않았을 거야.

남: 그러면 좋겠어. 오늘 이따 다시 전화해서 확인해봐야겠어.

문제 해설 여자가 남자의 전화기를 발견한 사람이 아직 그걸 분실물 취급소에 갖다 주지 못했을 거라고 위로하고 있으므로, 그랬으면 좋겠다며 이따 다시 전화해서 확인해보겠다고 말하는 ③번이 남자의 응답으로 가장 적절하다.
① 이 전화기를 오늘 사야 할 것 같아.
② 거기에 도착하는 데 약 20분이 걸려.
④ 지하철 대신 버스를 타야 했는데.
⑤ 괜찮아. 어쨌든 새 전화기를 살 예정이었어.

↓
Dictation-Practice

1. walk home / I can't hear you
2. pick up my passport photos / to get them in a file / let me find the files
3. ran out of / keep practicing until the competition / how bad my memory is
4. it fell out of my pocket / they haven't received / get off the subway

Actual Test

pp.33~34

1. ① 2. ③ 3. ③ 4. ③ 5. ④ 6. ① 7. ② 8. ④

1
정답 ①

남: Alana, 무슨 일이야?

여: 아빠, 다쳤어요.

남: 어떻게 하다 다쳤니?

여: 율동을 연습하다가 발목을 삔 것 같아요.

남: 네가 요즘 연습을 너무 많이 하고 있는 것 같구나. 넌 쉬어야 해.

여: 하지만 대회가 2주 후이고, 전 잘하고 싶어요.

남: 발목이 삔 채로 계속 연습하면 더 심각해질 거야.

여: 맞아요. 그러면 저는 심지어 참가하지도 못할 거예요.

남: 진찰을 받으러 우리 내일 병원에 가자. 하지만 넌 지금 발

목 위에 얼음을 올려놓아야 해.

여: 네. 그거 좋은 생각인 것 같아요.

어휘 dance routine 율동 sprain one's ankle 발목을 삐다 compete 경쟁하다; *(시합 등에) 참가하다

문제 해설 남자가 여자에게 병원은 내일 가고 지금은 발목 위에 얼음을 올려 놓는 게 좋겠다고 했으므로, 그게 좋은 생각이라고 말하는 ①번이 여자의 응답으로 가장 적절하다.
② 감사해요. 저는 더 열심히 했어야 했어요.
③ 그 병원이 오늘 문을 닫은 것 같아요.
④ 저는 계속 제 율동을 연습해야 해요.
⑤ 발목을 삐는 것은 춤추는 사람들에게 흔한 일이 아니에요.

2
정답 ③

남: Jean, 너 요즘 피곤해 보이는구나. 때때로 네가 수업 시간에 잠들어 있는 걸 본단다.

여: 죄송해요, Cannon 선생님. 제가 저녁에 카페에서 일하기 시작했어요.

남: 아, 정말? 왜 아르바이트를 구했니?

여: 저, 이번 여름에 유럽에 갈 계획이라서 제 여행을 위해 돈을 모으려고 노력 중이에요.

남: 전에 유럽에 가 봤니?

여: 네, 가 봤어요. 하지만 거기에 고작 일주일만 있었어요.

남: 그렇구나. 이번 여름에는 거기에 얼마나 오래 머무를 계획이니?

여: 정말 한 달 동안 여행하고 싶어요.

남: 카페에서 일하는 것으로만 충분한 돈을 벌 수 있다고 생각하니?

여: 아니요. 그런데 저희 부모님도 비용을 지원해주실 거예요.

남: 잘됐구나, 하지만 학교 수업을 잘 따라가야 한단다.

어휘 fall asleep 잠들다 part-time job 시간제 일자리, 아르바이트 save up (돈을) 모으다 keep up with ~을 따라잡다, 뒤지지 않다 notice 알아채다

문제 해설 피곤해서 수업에 집중하지 못하는 여자에게 여행 가는 것은 잘됐지만, 학교 수업에 충실하라고 말하는 ③번이 남자의 응답으로 가장 적절하다.
① 네 부모은 유럽에서 너와 좋은 시간을 보낼 거야!
② 너의 카페가 저녁마다 아주 바쁘다는 걸 알았어.
④ 나는 지난여름에 유럽에 가기 위해 일주일간 정말 열심히 일했어.
⑤ 아르바이트를 하는 동안 절대 잠들지 마라.

3
정답 ③

남: 안녕, Sarah. 너 오늘 밤에 뭐 할 거니?

여: 안녕, Richard. 내 로봇 작업을 할 거야.

남: 아, 정말? 그거 정말 멋지다!

여: 응, 그런데 내가 필요로 하는 부품을 다 찾을 수가 없어. 다른 어디에서 그것들을 찾아야 하는지 모르겠어.

남: 너 아마도 Mega Electronics 가게에 이미 가봤겠지, 그

렇지?

여: 응, 어제 거기에 갔는데, 내가 찾고 있는 부품이 없었어.

남: 그거 이상하네. 너 최근에 연 그 가게, Eli's Electronics에 가봤니?

여: 22번가에 있는 작은 가게 말하는 거야?

남: 응, 그곳에 특별한 로봇 부품들이 있다고 들었어.

여: <u>잘됐다! 오늘 밤에 그곳을 확인해볼게.</u>

어휘 work on 착수하다, ~에 공을 들이다   weird 이상한

문제 해설 남자가 여자에게 특별한 로봇 부품을 파는 가게를 알려주었으므로, 잘되었다며 그곳을 확인해보겠다고 하는 ③번이 여자의 응답으로 가장 적절하다.
① 괜찮아. 혼자서 그것을 찾을 수 있어.
② 난 22번가에 있는 그 가게에서 일했어.
④ 아, 잘됐네! 그가 날 위해 로봇을 만들어줄 수 있을까?
⑤ 좋아! 난 거기에서 새로운 로봇을 살 거야.

4 .... 정답 ③

여: Harry, 너 뭐 하고 있어?

남: 전 세계의 궁핍한 사람들에게 음식을 제공하고자 하는 자선단체를 위해 새로운 웹사이트를 만들고 있어.

여: 정말? 흥미롭네! 그래서 그 사람들이 실제로 어떻게 음식을 구하는 거야?

남: 방문할 때마다 방문객들은 1센트를 기부하게 돼. 자선단체가 돈을 모두 모아 그 사람들이 필요한 음식을 살 수 있도록 그들에게 주게 돼.

여: 대단하다! 어떤 계기로 이런 일을 하고 싶어졌어?

남: 학교 과제로 시작했는데, 지금은 스스로 하고 있어.

여: 멋지다. 전에 웹사이트를 만들어봤어?

남: 여러 개를 만들었어.

여: 굉장하다. 나도 시도해보고 싶어.

남: 너도 웹사이트 제작을 해보지그래?

여: 그러고 싶지만, 어디에서 시작해야 할지 모르겠어.

남: <u>들리는 것만큼 어렵지 않아. 내가 시작하도록 도와줄게.</u>

어휘 charity 자선단체   in need 궁핍한   donate 기부하다   impressive 인상 깊은, 굉장한

문제 해설 여자가 웹사이트를 제작하고 싶지만 어디서 시작해야 할지 모르겠다고 했으므로, 듣기보다 어렵지 않다며 도와주겠다고 하는 ③번이 남자의 응답으로 가장 적절하다.
① 학교 과제 하는 걸 도와줘서 고마워.
② 날 믿어. 너도 사람들을 돕는 걸 좋아하게 될 거야.
④ 너도 학교에서 웹사이트 만드는 경험을 할 수 있으면 좋겠어.
⑤ 걱정하지 마. 너는 그 웹사이트를 통해 그 사람들에게 음식을 사줄 수 있어.

5 .... 정답 ④

남: 저기, 게시판에 있는 그 포스터 봤어?

여: 아니, 무엇에 대한 건데?

남: 건강한 식사를 홍보하는 노래 만들기 대회를 열 예정이래.

여: 재미있을 것 같네. 우리가 그걸 해야 한다고 생각해!

남: 너 노래 만드는 거 잘하니?

여: 너 내가 블로그에 올린 노래 알지? 그것들을 다 내가 직접 썼어.

남: 정말? 그거 굉장한데! 사실 나에게 이 대회를 위한 좋은 아이디어가 좀 있기는 한데, 나는 전에 노래를 만들어 본 적이 없어.

여: 음, 우리 같이 작업해서 팀으로 대회에 출전하는 게 어때?

남: 좋은 생각이야! 어쩌면 우리가 우승할 수 있을지도 몰라!

여: 나도 그렇게 생각해! 다음 주 토요일까지 제출을 해야 하니까 시작해야만 해.

남: 오늘 시작하는 게 어때? 너랑 작업하게 되어서 신나!

여: <u>나도! 이따 방과 후에 만나자.</u>

어휘 promote 촉진하다, 홍보하다   post 올리다, 게시하다   awesome 굉장한, 엄청난   enter 들어가다; *참가하다   submission 항복; *제출

문제 해설 남자가 노래 만드는 작업을 오늘 시작하는 게 어떠냐며 함께 작업해서 신난다고 했으므로, 나도 그렇다며 오늘 방과 후에 만나자고 하는 ④번이 여자의 응답으로 가장 적절하다.
① 나는 함께 노래 부르는 게 신나.
② 네가 오늘 시작하면 그건 마무리되지 않을 거야.
③ 물론이지! 네가 직접 노래를 만들어야 해.
⑤ 다음 주 토요일까지 너의 블로그를 만들어주겠니?

6 .... 정답 ①

남: 실례합니다. 제가 뭘 찾는 걸 도와주시겠어요?

여: 물론이죠. 무엇을 찾으세요?

남: Lionel Messi의 포스터가 있나요?

여: 확인할 동안 잠시 기다려 주세요. [잠시 후] 여기 있습니다.

남: 감사합니다. 이 포스터가 얼마인가요?

여: 모든 Lionel Messi 포스터는 15달러예요.

남: Lionel Messi 포스터가 몇 개 있는데요?

여: 여기에는 그의 포스터가 4개 있어요.

남: 제가 그걸 모두 사면 할인을 받을 수 있나요?

여: 네, 저희 가게에서 25퍼센트 할인을 해 드릴 수 있어요.

남: <u>그거 좋네요. 그것들 모두 살게요.</u>

어휘 Would you mind v-ing ...? ~해도 괜찮겠습니까?
문제| notify 알리다

문제 해설 여자가 포스터를 모두 사면 25퍼센트 할인을 해준다고 했으므로, 좋다며 그것들을 모두 산다고 대답하는 ①번이 남자의 응답으로 가장 적절하다.
② 그러면 제가 그것들을 살 수 있을 거 같지 않네요.
③ 그것들을 할인할 때 저에게 알려주세요.
④ 왜 저에게 전혀 할인을 못 해주시나요?
⑤ 할인을 해줬다면 다 샀을 거예요.

7
정답 ②

남: Anne, 너는 여가 시간에 보통 뭘 하길 좋아하니?

여: 음, 나는 도자기 만드는 법을 배우고 있어. 그건 정말 즐거워.

남: 아, 정말? 언제부터 그걸 하고 있는 거야?

여: 5년 전쯤에 도자기를 만들기 시작했어. 우리 엄마가 도예가시거든.

남: 와! 그럼 너 정말 잘하겠네!

여: 아니야, 여전히 배울 게 많아.

남: 뭔가를 다 만들었을 때 보람이 있을 것 같아.

여: 기분이 좋지만 기술을 배우는 데 오랜 시간이 걸려.

남: 언제 도자기를 어떻게 만드는지 보여줄 수 있니?

여: 물론이지. 이번 주 언제 시간이 있니?

[어휘] pottery 도자기 enjoyable 즐거운 potter 도예가 rewarding 보람 있는

[문제 해설] 남자가 도자기를 어떻게 만드는지 보여줄 수 있는지 물었으므로, 물론이라며 이번 주 언제 시간이 되냐고 물어보는 ②번이 여자의 응답으로 가장 적절하다.
① 하지만 난 네가 훌륭한 도예가가 될 거라고 생각하지 않아.
③ 물론, 우리 엄마는 아주 좋은 선생님이셔.
④ 물론, 도자기 사는 곳을 가르쳐줄 수 있어.
⑤ 그러고 싶지만, 도자기를 만드는 건 내게 너무 어려워.

8
정답 ④

여: Alex, 너 뭐 하고 있어?

남: 또 직원을 구하고 있어서, 광고를 온라인상에 올리고 있어.

여: 너희 식당에? 다른 요리사를 고용하는 거야?

남: 아니. 출납원 중 한 명이 그만둬서 그 자리를 채워야 해.

여: 아, 정말? 음, 내 조카가 아르바이트를 구하려고 하고 있어.

남: 그녀는 낮에 수업이 있지 않아? 난 오전에 일할 사람이 필요해.

여: 잘됐네! 그녀는 이번 학기에 저녁에 수업을 듣고 있거든.

남: 경험은? 나는 현금 등록기를 사용할 줄 하는 사람을 원해.

여: 그녀는 전에 3년 동안 편의점에서 출납원으로 일했어.

남: 그러면 그녀에게 나를 보러 오라고 말해줘.

[어휘] ad 광고 hire 채용하다 cashier 출납 담당자 quit 그만두다 fill 채우다 position 자리, 직위 cash register 현금 등록기 convenience store 편의점

[문제 해설] 여자가 남자가 바라는 대로 자신의 조카가 출납원으로서의 경험이 있다고 했으므로, 그러면 그녀에게 자기를 보러 오라고 말해달라고 말하는 ④번이 남자의 응답으로 가장 적절하다.
① 너는 어떻게 출납원을 구했니?
② 난 내 광고가 정말 좋아 보인다고 생각해.
③ 너도 새로운 출납원을 채용했다고 들었어.
⑤ 미안, 편의점에 가는 걸 잊었어.

Dictation - Actual Test

1. hurt my leg / sprained my ankle / go to the doctor
2. working at a café / save up money for my trip / helping out with the costs
3. working on my robot / where else to look for / carry special robot parts
4. creating a new website / donate one cent / as a class project
5. having a songwriting contest / the songs I posted / work together and enter the contest
6. Do you have any posters / get a discount
7. how to make pottery / It must be rewarding / to learn the techniques
8. posting an ad online / fill that position / How about experience

Actual Test CHALLENGE
pp.37~38

1. ① 2. ② 3. ② 4. ③ 5. ③ 6. ④ 7. ① 8. ②

1
정답 ①

여: 안녕하세요. 저는 Lisa이고 무료 급식소의 책임자입니다. 오늘 저희 센터에 와주셔서 감사합니다.

남: 안녕하세요. 저는 Harold예요. 만나서 반갑습니다.

여: 자리에 앉으세요. 저희 센터에 도움을 주시길 원한다고 들었어요.

남: 네, 저희 자원봉사 단체와 여기에 와서 주말마다 배식을 하고 싶습니다.

여: 아주 좋네요, 하지만 뭔가를 결정하기 전에 먼저 몇 가지 질문을 드려야 해요. 괜찮겠어요?

남: 물론이죠.

여: 단체에는 자원봉사자가 몇 명 있나요?

남: 20명이 있습니다.

여: 좋네요. 여기 저희 무료 급식소에서는 자원봉사자가 더 많을수록 더 좋으니까요. 그런데 당신이나 당신의 단체가 전에 무료 급식소에서 일해본 적이 있나요?

남: 네, 저희는 몇 달 동안 저희 대학 근처의 무료 급식소에서 도왔습니다.

여: 경험이 많은 것 같네요. 언제 시작할 수 있을까요?

남: 이번 주말부터요.

여: 좋습니다, 그러면 한 달에 몇 번 여기에서 자원봉사를 할 수 있나요?

남: 아마도 한 달에 세 번에서 네 번이요.

여: 잘됐네요. 그럼 이번 일요일에 봐요!

[어휘] soup kitchen 무료 급식소 director 중역, 이사; *책임자 volunteer 자원봉사자; 자원봉사를 하다 |문제| appreciate 감사하

다; *진가를 알아보다, 인정하다　**demanding** 힘든

문제 해설 남자가 이번 주에 시작하여 한 달에 서너 번 정도 자원봉사를 할 수 있다고 했으므로, 잘됐다며 그럼 이번 주 일요일에 보자고 하는 ① 번이 여자의 응답으로 가장 적절하다.
② 여러분의 자원봉사 경력을 높이 평가합니다.
③ 이번 주에 네 번 일해주셔서 감사합니다.
④ 죄송하지만, 지금 저희는 추가적인 도움이 필요하지 않습니다.
⑤ 무료 급식소에서 배식하는 것은 힘들 수 있습니다.

2　　　　　　　　　　　　　　　　　　　　　　　　정답 ②

남: Catherine, 너 지금 뭐 하고 있니?
여: 아, 목도리를 뜨고 있어. 그걸 오늘 끝내려고 노력 중이야.
남: 그걸 나중에 끝내면 안 될까?
여: 하지만 거의 다 했어. 왜? 너 오늘 뭐 하고 싶은 거 있어?
남: 다들 강을 따라 자전거를 타러 가려고 하는 참이야.
여: 그리고 너는 그들과 함께하고 싶고?
남: 응. 같이 가자!
여: 재미있을 것 같지만, 나는 정말 이걸 오늘 끝내고 싶어.
남: 그거 오래 걸리지 않아?
여: 그렇지 않아. 아마 한 시간 정도밖에 안 걸릴 거야. 일주일 동안 이 작업을 해왔어.
남: 그거 일이 많네.
여: 맞아, 하지만 이 작업을 하면서 정말 즐거웠어.
남: 정말? 왜 그런데?
여: 왜냐하면 이걸 내 조카를 위해 만들고 있거든.
남: 아, 너 정말 다정하다.

어휘 **knit** (실 등으로 옷을) 뜨다, 뜨개질하다　**be about to-v** 막 ~하려는 참이다

문제 해설 여자가 조카를 위해 목도리를 뜨고 있다고 했으므로, 너 정말 다정하다고 말하는 ②번이 남자의 응답으로 가장 적절하다.
① 네 선물 고마워.
③ 너 그걸 당장 끝내는 게 좋겠어.
④ 나는 오래전에 하나를 다 만들었어.
⑤ 네 조카가 우리와 합류해서 함께 자전거를 탈 수 있어.

3　　　　　　　　　　　　　　　　　　　　　　　　정답 ②

[전화벨이 울린다.]
남: Clear Telecom입니다. 오늘 무엇을 도와드릴까요?
여: 안녕하세요. 제 특별 결합 요금제를 끝내고 싶어요.
남: 왜 고객님의 요금제를 취소하고 싶은지 물어봐도 될까요?
여: 네, 제가 모든 추가적인 옵션을 별로 사용하고 있지 않다는 걸 알았어요. 요금제를 제가 필요로 하는 것에 더 부합하는 저렴한 걸로 바꾸고 싶어요.
남: 그럼 옵션이 더 적은 요금제를 원하시나요?
여: 네, 저는 제 전화기로 게임을 하거나 TV를 보지 않아요.
남: 네, 고객님이 하실 수 있는 요금제가 하나 있는데, 옵션이 적어요.

여: 음, 그 요금제를 선택할 수밖에 없겠네요.
남: 네, 그런데 고객님이 지금 요금제를 취소하시면 위약금이 있습니다.
여: 취소 비용이 얼마인가요?
남: 25만원이에요.
여: 어머, 그건 좀 비싸네요. 이 요금제가 몇 달이나 남아있나요?
남: 아직 5개월이 남아있네요.
여: 이제는 제가 그걸 취소하고 싶은지 잘 모르겠네요.
남: 고객님께서 5개월 더 그 요금제를 유지하시고 나서 취소하시는 게 더 좋을 것 같아요.
여: 동의해요. 우선은 그 요금제를 유지할 것 같네요.

어휘 **assist** 돕다　**terminate** 끝내다, 종료하다　**bundle plan** 결합 요금제　**notice** 알아채다　**switch A to B** A를 B로 바꾸다　**have no choice but to-v** ~하지 않을 수 없다　**penalty** 벌금, 위약금　**cancellation** 취소　**stick with** ~을 계속하다

문제 해설 여자가 옵션이 더 적은 요금제로 바꾸면 위약금을 내야 하는 상황에서 남자가 현재 요금제를 계속 유지하고 5개월 후에 취소하는 게 좋겠다고 했으므로, 동의한다며 우선은 그 요금제를 유지한다고 말하는 ②번이 여자의 응답으로 가장 적절하다.
① 저는 그걸 5개월 전에 지불했어요.
③ 제 요금제에 모든 TV 채널을 넣어주실 수 있나요?
④ 저는 제 결합 요금제에 있는 모든 게임을 취소했어요.
⑤ 저는 그냥 제가 실제로 사용하는 옵션을 추가하고 싶어요.

4　　　　　　　　　　　　　　　　　　　　　　　　정답 ③

여: 여보, Eleanor의 가족이 이번 토요일에 마당 세일을 할 거라고 들었어요.
남: 아, 그래요? 당신 토요일에 거기에 가고 싶어요?
여: 아니요. 우리도 우리의 마당 세일을 해야 할 거 같아요.
남: 아, 그거 좋은 생각이에요. 아마 다음 주에 열 수 있을 거 같아요.
여: 우리가 어떤 걸 팔아야 한다고 생각해요?
남: 음… 아이들의 자전거 어때요? 아이들에게 그것들이 작아요.
여: 그러게요. 차고에서 먼지만 뒤집어쓰고 있어요.
남: 알겠어요. 그럼 내일 아침 그것들을 닦을게요. 그 밖에 어떤 걸 우리가 팔 수 있다고 생각해요?
여: 우리의 몇몇 오래된 옷도 처리해도 된다고 생각해요.
남: 동의해요. 우리는 옷장 치우는 걸 오늘 시작할 수 있어요.
여: 그리고 이 책들은 어때요?
남: 그것들도 처리해도 돼요. 그리고 당신 더 이상 듣지 않는 음반이 많지 않아요?
여: 그것들을 가끔 들어요! 그것들을 팔고 싶지 않아요.
남: 알겠어요, 그것들을 가지고 있어요. 우리 팔 게 더 있어야 할 것 같아요.
여: 맞아요. 내가 다락방에 가서 더 많은 물건을 골라내 볼게요.

남: 알겠어요. 나도 올라가서 도와줄게요.

yard sale 마당 세일(개인 주택의 마당에서 사용하던 물건을 파는 것) **outgrow** (옷 등에 비해 사람의 몸 등이) 너무 커져 맞지 않게 되다 **collect dust** 먼지를 뒤집어쓰다 **garage** 차고 **get rid of** ~을 제거[처리]하다 **attic** 다락방 **sort out** 골라내다

문제 해설 마당 세일에서 판매할 물건이 모자라 여자가 다락방에 가서 더 많은 물건을 골라내 본다고 했으므로, 알겠다며 자기도 올라가서 도와주겠다고 하는 ③번이 남자의 응답으로 가장 적절하다.
① 자전거는 다락방에 있어요.
② 제가 모든 걸 다락방에 둘게요.
④ 당신 마당 세일을 내일 하길 원해요?
⑤ Eleanor가 이번 주말에 마당 세일을 하는 걸 도와주러 갑시다.

5 ··· 정답 ③

남: 와, 내 모형 비행기를 만드는 걸 도와줘서 고마워.
여: 천만에. 정말 재미있어.
남: 맞아! 함께 하니까 훨씬 더 재미있네.
여: 우리 쉬는 게 어때? 두 시간이나 되었어.
남: 좋은 생각이야. 10분 동안 쉬고 그 후에 모형 비행기 제작을 끝내자.
여: 그래. 물 좀 마실 수 있을까?
남: 그럼. 내가 가져다줄게. *[잠시 후]* 여기 있어.
여: 고마워. 그런데, 모형 비행기 중 하나를 다른 곳으로 옮겨야 할 것 같아. 이걸 끝내려면 공간이 더 필요해.
남: 정말 그래. 그걸 저기에 옮겨줄 수 있니? 내가 나머지 비행기들을 밖으로 가져갈게.
여: 물론이지. *[잠시 후]* 아, 이런!
남: 무슨 일이야?
여: 정말 미안해! 실수로 이걸 떨어뜨렸어.
남: 아, 안돼! 네가 내 비행기를 떨어뜨렸어? 어쩌면 좋지?
여: 정말 미안해! 내가 그걸 다시 만드는 걸 도울게.

model plane 모형 비행기 **afterward** 그 후에 **room** 공간 **accidentally** 우연히; *잘못하여 |문제| **swear** 맹세하다 **in the first place** 우선, 첫째로

문제 해설 남자의 모형 비행기를 실수로 떨어뜨린 상황이므로 미안하다며 다시 만드는 걸 돕겠다고 말하는 ③번이 여자의 응답으로 가장 적절하다.
① 난 아무것도 안 했다고 맹세해.
② 괜찮아. 나는 어쨌든 그게 필요 없어.
④ 어떻게 할지 모르겠어! 다 너의 잘못이야.
⑤ 애초에 너는 왜 모형 비행기를 만들었니?

6 ··· 정답 ④

여: 오늘이 내 인생에서 최악의 날이야.
남: 왜? 무슨 일이 있었어?
여: 내 친구 Joan이 나한테 화가 났어.
남: 정말? 왜?

여: 내가 또 막판에 우리 계획을 취소했어.
남: 그녀와의 계획을 취소한 게 세 번째 아니야?
여: 맞지만 내 상사가 늦게까지 남아서 프로젝트를 끝내라고 해서 취소한 것뿐이야.
남: 그녀에게 그걸 말했어?
여: 응, 그런데 그녀는 그게 단지 또 다른 변명이라고 생각해.
남: 음, 너 사과는 했니?
여: 물론 했지, 그래도 그녀는 여전히 나랑 이야기를 안 해. 그녀는 내가 그녀의 시간을 존중하지 않는다고 생각해.
남: 상황이 어떻든 간에 내 약속이 세 번 취소된다면 나도 기분이 나쁠 거야.
여: 하지만 나는 그녀에게 미안하다고 하고 그녀와의 약속을 다시는 취소하지 않을 거라고 말했어. 그 밖에 내가 뭘 할 수 있어?
남: 그녀에게 말로만 하지 마. 그녀에게 약속을 지키는 걸 보여줘.
여: 그러고 싶은데, 그녀가 나와 다시는 말을 안 할까 봐 걱정돼.
남: 그녀에겐 단지 약간의 시간이 필요한 거야. 그녀는 돌아올 거야.

complete 끝내다, 마치다 **excuse** 변명 **apologize** 사과하다 **respect** 존중하다 **keep one's word** 약속을 지키다
|문제| **owe an apology** 사과할 게 있다

문제 해설 여자가 자신 때문에 화가 난 Joan이 자신과 다시는 말을 하지 않을까 봐 걱정이 된다고 했으므로, Joan에게는 시간이 좀 필요하며 Joan이 다시 돌아올 거라고 말해주는 ④번이 남자의 응답으로 가장 적절하다.
① 그게 바로 진정한 친구들의 모습이야.
② Joan이 너에게 사과해야 한다고 생각해.
③ 너는 그녀가 널 위한 시간을 내게 해야 해.
⑤ 네가 그녀에게 다시는 화를 안 내겠다고 그녀에게 약속해.

7 ··· 정답 ①

[전화벨이 울린다.]
남: 안녕, Carol? 나 Kevin이야.
여: 안녕, Kevin. 잘 지내니? 널 본지 오래됐네.
남: 그러게. 독감에 걸려서, 이번 주에 집에 있어야 했어.
여: 아, 저런. 오늘 좀 좋아졌니?
남: 좋아졌는데, 의사 선생님이 계속 쉬어야 한다고 말씀하셨어.
여: 알았어, 그건 네가 오늘도 학교에 오지 않을 거라는 의미지?
남: 응. 다음 주에도 아마 집에 있을 거야.
여: 꽤 오랜 기간이네. 수업을 많이 빼먹을 텐데.
남: 알지만 어쩔 수가 없어.
여: 학교 공부에 관련해서 필요한 거 없어?
남: 사실 그게 전화한 이유야. 네 생물 필기를 빌릴 수 있을

까? 집에서 공부하고 싶어.

여: 물론이야. 그게 언제 필요해?

남: 네가 나에게 그것을 보내줄 수 있을 때 아무 때나. 난 기말고사가 걱정돼.

여: 그러게. 나도 걱정돼. 음, 오늘 밤에 그걸 이메일로 네게 보낼 수 있어.

남: 그래 주면 좋지. 정말 고마워.

여: 천만에. 빨리 나아라!

어휘 **flu** 독감 **biology** 생물학 **appreciate** 감사하다

문제 해설 여자가 생물 필기를 오늘 밤에 이메일로 보내주겠다고 한 상황에서 남자가 고맙다고 했으므로, 별 거 아니라며 빨리 나으라고 하는 ① 번이 여자의 응답으로 가장 적절하다.
② 지금 당장은 필기한 게 없어.
③ 너는 시험을 위해 그냥 내 필기를 베끼면 안 돼.
④ 너 다음 주에 기말고사가 있는 거 모르니?
⑤ 너는 며칠 동안 쉬면서 아무것도 하지 말아야 해.

8 .... 정답 ②

[휴대전화벨이 울린다.]

여: 여보세요?

남: 안녕, Celina! 나 Joshua야.

여: 안녕, Joshua! 너 오는 길이니?

남: 응, 그런데 영화 시간에 맞춰 가지 못하겠어.

여: 아, 정말? 뭐가 잘못되었어?

남: 271번 버스를 타야 했는데, 실수로 272번 버스를 탔어.

여: 또? 넌 정말 버스 번호를 잘 확인 해야 해.

남: 그러게 말이야. 너 영화관이니?

여: 응. 5분 전에 여기 도착했어.

남: 알았어. 난 30분 후에 거기에 도착할 것 같아. 널 기다리게 해서 미안해.

여: 걱정하지 마. 네가 여기 도착했을 때 나는 그냥 로비에 있을게.

남: 우리 영화를 보지 못할 거 같아.

여: 응. 아마 다음 걸 봐야 할 거야.

남: 네가 다음 영화로 표를 교환할 수 있겠니?

여: 그럼, 내가 무엇을 할 수 있는지 알아볼게.

남: 정말 고마워. 빨리 갈게!

어휘 **make it** (시간에) 도착하다 **be supposed to-v** ~해야 하다
by mistake 실수로 **exchange** 교환하다

문제 해설 남자가 늦어서 영화를 보지 못할 것 같은 상황에서 여자가 영화 표를 교환하기 위해 무엇을 할 수 있는지 알아보겠다고 했으므로, 정말 고맙다며 빨리 가겠다고 말하는 ②번이 남자의 응답으로 가장 적절하다.
① 거기 시간 맞춰 도착할 수 있을 것 같아.
③ 사실, 272번 버스는 틀린 거야.
④ 우리 언제 다른 날 영화를 봐도 될까?
⑤ 그 표는 교환이 안 된대.

→

Dictation - Actual Test CHALLENGE

1. help out at our center / serve meals / the more the merrier / you're very experienced
2. knitting a muffler / go biking along the river / making it for my niece
3. cancel your plan / fits my needs better / has fewer options / there is a penalty
4. having a yard sale / They've outgrown them / cleaning out our closets today / sort out more things
5. Doing it together / finish the models afterward / move one of the models / dropped it
6. is angry with me / another excuse / respect her time / by keeping your word
7. had the flu / miss a lot of classes / borrow your biology notes / email them to you
8. make it in time / making you wait / exchange the tickets

유형 04 상황에 적절한 말

기출 예제 p.42

남: Peter와 Sandra는 반 친구이다. 그들은 문학 수업을 위해 책을 읽으며 주말을 도서관에서 보내고 있다. Sandra는 집중할 수가 없고 지쳐있다. 하지만 그녀는 Peter가 집중해 있고 활력으로 가득 찬 것처럼 보이는 것을 알아챘다. 사실, Peter에게는 집중력을 유지하는 비결이 있다. 집중력을 잃을 때마다, 그는 소지품을 모아 다른 장소로 이동한다. 그에게, 새로운 장소는 새로운 시작처럼 느껴진다. 다른 책상, 의자, 그리고 시야로 인해, 그는 생기를 되찾고 한두 시간 더 지속할 수 있는 기분을 느낀다. Sandra가 Peter에게 어떻게 집중력을 잃는 것을 막을 수 있는지를 물을 때, 그는 그녀에게 학습 장소를 바꿔보라고 조언하고자 한다. 이 상황에서, Peter는 Sandra에게 뭐라고 말하겠는가?

Practice ======================= p.43

1. ③ 2. ② 3. ⑤ 4. ③

1 .... 정답 ③

남: Max는 그가 은퇴하기까지 30년 동안 헌신적인 판매원이었다. 그는 지금 친구들과 함께하며 골프를 치면서 시간을 보낸다. 얼마 후에, Max는 지루해져 모험을 하러 가길 원한다. 조사를 좀 한 후에 그는 남미로 6개월간의 여행을

떠나기로 결심한다. 그는 그의 생각을 아내에게 설명하지만 그녀는 6개월 동안 홀로 여행하는 것이 아주 위험하다고 생각한다. Max는 지금이 자신이 그런 장기 여행을 할 수 있는 적기라고 그녀를 설득하려고 한다. 이 상황에서, Max는 그의 아내에게 뭐라고 말하겠는가?

Max: 이 모험은 지금이 아니면 결코 못 해요.

문제 해설 Max는 지금이 장기 여행을 할 수 있는 가장 좋은 때라고 생각하고 있으므로, Max가 그의 부인에게 할 말로 ③번이 가장 적절하다.
① 그러면 다음번에 갈 수 있을 때 갈게요.
② 내가 진짜 원하는 일자리를 찾을 수 있으면 좋겠어요.
④ 내가 원할 때마다 내 친구들을 만날 수 있어서 기뻐요.
⑤ 당신 말이 맞아요. 내가 혼자 가는 건 너무 위험할 거예요.

2 ··· 정답 ②
여: Susan은 그녀의 친구인 Walter를 방문하느라 뉴욕에 있다. 그녀는 항상 자유의 여신상을 보고 싶어 했기 때문에 들떠있다. 먼저, 그들은 브루클린 다리를 가로질러 걷는데, 이것은 멀리서 여신상의 환상적인 모습을 보여준다. Walter는 여신상이 위치한 Liberty 섬으로 페리를 타고 간 후 꼭대기까지 오르는 게 좋겠다고 생각한다. Susan은 그 섬에 가고 싶지만 올라가고 싶지는 않다. 그녀는 높은 곳이 두렵다. 이 상황에서, Susan은 Walter에게 뭐라고 말하겠는가?

Susan: 페리를 타자, 하지만 올라가고 싶진 않아.

문제 해설 Liberty 섬에는 가고 싶지만 높은 곳이 두려워 여신상의 꼭대기까지는 올라가고 싶지 않은 Susan이 Walter에게 할 말로 ②번이 가장 적절하다.
① 걱정하지 마. 우린 다음 페리를 타면 돼.
③ 너는 언제든 그 섬에 가서 여신상에 오를 수 있어.
④ 물론이야! 나는 항상 여신상을 직접 보고 싶었어.
⑤ 하지만 여신상에 대한 정보를 좀 찾아볼 필요가 있어.

3 ··· 정답 ⑤
남: Drew와 그의 두 명의 친구는 저녁을 먹으려고 식당에서 만난다. 이곳은 유명한 곳이라서 그들은 그곳이 혼잡하리라고 예상한다. 얼마 동안 기다린 후에, 그들은 한 커플이 네 명이 앉을 수 있는 테이블에서 앉아 있고, 근처에 두 명을 위한 테이블이 비어있다는 것을 알아챘다. 그들은 꽤 오랜 시간을 기다려왔고, 그래서 그들은 커플이 다른 테이블로 옮겨줄 수 있는지 물어보고 싶다. 이 상황에서, Drew는 커플에게 뭐라고 말하겠는가?

Drew: 실례합니다만, 저 테이블로 옮겨주실 수 있을까요?

문제 해설 Drew는 커플이 두 명을 위한 테이블로 옮겨주길 원하고 있으므로 Drew가 커플에게 할 말로 ⑤번이 가장 적절하다.
① 저희 셋이 합석해도 될까요?
② 감사하지만, 저희는 세 명이에요.

③ 근처에 다른 식당이 있다는 걸 아시나요?
④ 실례합니다만, 다 드시고 저희가 테이블을 쓰게 해주시겠어요?

4 ··· 정답 ③
여: 어느 날 직장에서 집에 가는 길에 Lucille은 덤불 사이에 갇힌 새끼 고양이를 본다. 그것은 고통스러워 보이고 풀려날 수가 없다. 그것은 크게 울면서 다리를 자유롭게 하려고 애쓴다. Lucille은 그 새끼 고양이가 얼마나 오래 갇혀 있었는지 궁금하다. 그녀는 새끼 고양이가 빠져나오게 도우려고 그것에 손을 뻗으려고 노력하지만 그건 너무 어렵다. 그녀는 그냥 그걸 거기에 혼자 둘 수가 없다. 그녀는 도움을 요청하기 위해 이웃을 부르기로 결심한다. 이 상황에서, Lucille은 그녀의 이웃에게 뭐라고 말하겠는가?

Lucille: 갇혀있는 새끼 고양이를 구하기 위해 당신의 도움이 필요해요.

문제 해설 Lucille은 덤불에 갇힌 고양이를 이웃과 함께 구하려고 하므로, Lucille이 이웃에게 할 말로 가장 적절한 것은 ③번이다.
① 왜 저 덤불을 치우셨어요?
② 제가 이 새끼 고양이의 주인을 찾게 도와주시겠어요?
④ 제 잃어버린 고양이를 찾는 걸 도우려고 애써주셔서 감사해요.
⑤ 당신의 도움이 필요해요! 넘어져서 다리가 부러졌어요.

↓
Dictation - Practice

1. a dedicated salesperson / catching up with / go on an adventure
2. offers a magical view / go up to the top / is afraid of heights
3. meeting for dinner / a table for four
4. trapped amongst the bushes / cannot get free / leave it there

Actual Test
pp.45~46

1. ⑤ 2. ② 3. ③ 4. ④ 5. ⑤ 6. ⑤ 7. ④ 8. ①

1 ··· 정답 ⑤
남: Jack과 Patricia는 국제 금융 회사에서 일한다. 그들은 중요한 거래를 마무리 지어야 했기 때문에 어젯밤 사무실에서 장시간의 회의에 참석해 있었다. 일단 회의가 끝나자 Jack은 고객과의 다른 회의를 위해 도쿄로 가는 비행기를 타려고 급히 떠났다. 그는 비행기를 타기 위해 매우 서두르는 바람에 여러 중요한 서류를 사무실에 놓고 왔다. 그는 고객과의 회의를 준비할 때 그 서류들이 필요하다는 것을 깨닫는다. 그 회의는 한 시간 후에 있을 예정이다. 그는 Patricia에게 전화해서 그에게 그 서류들을 보내달라고

요청해야 한다. 이 상황에서, Jack은 전화로 Patricia에게 뭐라고 말하겠는가?

Jack: 그 서류들을 스캔해서 저에게 이메일로 바로 보내줄래요?

어휘 **finance** 금융 **finalize** 마무리 짓다 **document** 서류 **client** 고객 |문제| **have no choice but to-v** ~하지 않을 수 없다 **take one's place** ~을 대신하다 **in person** 직접 **scan** (스캐너로) 스캔하다

문제 해설 한 시간 후의 회의에 필요한 서류를 보내달라고 부탁해야 하는 상황이므로, Jack이 Patricia에게 할 말로 ⑤번이 가장 적절하다.
① 당신이 그 서류들을 사무실에 놓고 왔다니 믿을 수가 없네요.
② Patricia, 저는 비행기를 타고 사무실로 돌아갈 수밖에 없네요.
③ Patricia, 당신이 날 대신해서 그 미팅을 진행해줬으면 해요.
④ 그 회의를 위해 직접 그 서류들을 내게 가져다주겠어요?

2
정답 ②

여: Jessie의 모든 자유 시간은 그녀의 어머니에 의해 통제된다. Jessie는 피아노와 바이올린 수업을 듣고, 태권도를 하고, 또한 체스 클럽의 회원이다. 그녀는 그 모든 활동을 즐기지만 때때로 아주 피곤하다고 느낀다. 그녀는 자신이 하는 모든 것을 잘하고 싶어서 아주 열심히 연습한다. 그녀는 연습할 게 너무 많아서 자신을 위한 시간이 없다. 그녀는 한 가지에만 집중하면 더 좋을 거라고 생각한다. 그렇게 하면, 그녀는 특정 한 분야에서 더 잘할 수 있고 또한 쉴 시간도 좀 생길 것이다. Jessie는 이점에 대해 어머니에게 말을 하길 원한다. 이 상황에서, 그녀는 그녀의 어머니께 뭐라고 말하겠는가?

Jessie: 엄마, 저는 오직 한 가지에만 집중해야 할 것 같아요.

어휘 **concentrate on** ~에 집중하다 **specific** 특정한 |문제| **have no interest in v-ing** ~에 흥미가 없다

문제 해설 Jessie는 여러 가지 분야 대신 한 분야에 집중하길 원하므로, Jessie가 어머니에게 할 말로 ②번이 가장 적절하다.
① 저는 새로운 것을 배울 시간을 갖고 싶어요.
③ 저는 다른 취미를 위한 시간이 없어요.
④ 저는 태권도를 연습할 시간이 더 필요해요.
⑤ 전 피아노나 바이올린을 배우는 데 흥미가 없어요.

3
정답 ③

남: Dale은 새 휴대전화 배터리를 사야 해서 인터넷을 검색하고 있다. 몇 분을 검색하고 나서, 그는 적당한 것을 발견한다. 그는 그것을 사기로 결정하고 결제를 하려고 한다. 판매자는 Dale이 온라인 뱅킹을 이용해서 돈을 보내길 원한다. 그래서 Dale은 자신의 계좌에 로그인해서 돈을 송금한다. 영수증을 보고 그는 너무 많이 보냈다는 것을 깨닫는다! 그는 30달러가 아니라 50달러를 보냈다! 그는 판매자에게 연락해서 20달러를 돌려받길 원한다. 그는 판매자의 사이트를 보고 연락 가능한 전화번호를 찾는다. 그

는 판매자에게 전화해서 상황을 설명한다. 이 상황에서, Dale은 판매자에게 뭐라고 말하겠는가?

Dale: 제 계좌로 20달러를 다시 보내주시겠어요?

어휘 **search** 검색하다 **log in** 로그인하다 **account** 계좌 **transfer** 이동하다; *송금하다, 이체하다 **receipt** 영수증 |문제| **charge** 부과하다 **refund** 환불하다

문제 해설 Dale이 실수로 판매자에게 20달러를 더 보내 그것을 돌려받고자 하는 상황이므로, Dale이 판매자에게 할 말로 ③번이 가장 적절하다.
① 제 주문을 취소하고 싶어요.
② 추가 20달러를 제 신용카드로 결제해도 될까요?
④ 당신의 사이트에서 제게 배터리값으로 너무 많은 돈을 부과했어요.
⑤ 배터리값으로 지불한 돈을 당신이 환불해줬으면 해요.

4
정답 ④

여: Peggy는 이탈리아에서 휴가를 보내고 있고 며칠 동안 차를 빌리기로 결심한다. 어느 날 저녁, 차를 몰고 자신의 호텔로 돌아가다가 그녀는 심각한 교통 체증에 걸린다. 그녀는 아직 능숙한 운전자가 아니기 때문에 길에 정체가 심할 때 운전이 자신 없다. 마침내 자신의 호텔에 도착했을 때 그녀는 차 문 하나에 큰 긁힌 자국이 난 걸 발견한다. 그녀는 다음 날 대여 회사에 차를 돌려주고, 긁힌 자국을 낸 것에 대해 그녀가 어떻게 해야 하는지 직원에게 물어보아야 한다. 이 상황에서, Peggy는 직원에게 뭐라고 말하겠는가?

Peggy: 문 하나에 긁힌 자국이 났어요. 제가 어떻게 해야 하나요?

어휘 **rent** 빌리다 **confident** 자신 있는 **skilled** 능숙한 **scratch** 스크래치, 긁힌 자국

문제 해설 Peggy가 대여한 차에 큰 긁힌 자국을 내서 대여 회사 직원에게 자신이 어떻게 해야 하는지 물어보아야 하는 상황이므로, Peggy가 직원에게 할 말로 ④번이 가장 적절하다.
① 차를 내일 반환해도 될까요?
② 차 사고가 나서 다쳤어요.
③ 제게 좋은 차를 추천해주시겠어요?
⑤ 이 차는 뭔가 이상해요. 다른 차를 대여하고 싶어요.

5
정답 ⑤

남: Barry와 Holly는 이틀 후에 생물 수업 발표를 한다. Barry는 그의 발표 준비를 거의 끝냈지만, Holly는 여전히 포스터를 꾸며야 한다. 그녀는 그에게 도와줄 수 있는지 묻고, 그는 그녀의 포스터에 사용할 수 있는 사진이 자신에게 좀 있다고 말한다. Barry는 집에서 그 사진들을 출력하지만, 다음 날 실수로 그것들을 부엌 식탁에 놔둔다. 그는 그녀에게 그 사진들을 가져오는 걸 깜빡했다고 말한다. Holly는 아무 말 안 하지만 확실히 실망한 것 같아 보

인다. Holly는 그 사진들 없이는 그날 포스터를 끝낼 수 없을 것이기 때문에 걱정을 하면서 어쩔 줄을 모른다. 이 상황에서, Barry는 Holly에게 뭐라고 말하겠는가?

Barry: 미안해. 이따가 너에게 그 사진들을 보낼게. 그러면 그걸 오늘 끝낼 수 있을 거야.

[어휘] **complete** 끝마치다 **decorate** 꾸미다, 장식하다 **accidentally** 실수로 **worry** 걱정하다

[문제 해설] Barry가 실수로 사진을 가져오지 않아 Holly가 포스터를 다 끝내지 못할까 봐 걱정하는 상황이므로, Barry가 Holly에게 할 말로 ⑤번이 가장 적절하다.
① 네 포스터를 위한 사진들은 네가 직접 구해야 해.
② 네가 내 도움 없이도 발표를 끝낼 수 있을 거라고 생각했어.
③ 애초에 네 포스터에 사진이 왜 필요하니?
④ 내 프린터가 이틀 동안 작동을 안 하는데, 그걸 고칠 수가 없어.

6 .... 정답 ⑤

여: Sarah는 대학의 마지막 학년을 막 시작하려는 참이다. 지난해 초반에, 그녀는 일부 수업에서 고전을 해서 더 많은 시간과 노력을 학업에 투자하기로 결심했다. 그녀는 수업 중 토론에 더 참여하기 시작했고 종종 질문을 하기 위해 교수들을 방문하곤 했다. 몇 주 후에, 그녀는 그녀의 전반적인 성적을 용케 올렸다. 그녀의 반 친구인 Roger는 그의 성적이 작년에 떨어져서 마지막 학년에 대해 걱정하고 있다. Roger는 Sarah가 그녀의 성적을 올렸다는 것을 알게 되어 그녀에게 조언을 청하고 싶다. Sarah는 그녀가 작년에 어떻게 했는지 설명하길 원한다. 이 상황에서, Sarah는 Roger에게 뭐라고 말하겠는가?

Sarah: 수업에 더 열심히 참여하고 교수님들에게 더 많은 질문을 해.

[어휘] **struggle with** ~로 고전하다 **invest** (시간 · 노력 등을) 투자하다 **get involved in** ~에 관여하다 **manage to-v** 용케 ~하다 **overall** 전반적인 |문제| **get through** ~을 마치다

[문제 해설] Sarah가 자신의 성적 향상 비결을 알려주려는 상황이므로, Sarah가 Roger에게 할 말로 ⑤번이 가장 적절하다.
① 네가 마지막 학년을 마치는 걸 도와줄게.
② 그냥 가능한 많은 책을 읽도록 노력해.
③ 네 성적을 올리기 위해 수업을 더 들어야 해.
④ 걱정할 필요 없어. 우린 마지막 학년에 낙제하지 않을 거야.

7 .... 정답 ④

남: Nicole은 남자친구의 생일에 그를 위해서 뭔가 멋진 걸 하고 싶었다. 그녀는 며칠 동안 그에게 무엇을 줄지에 대해 생각하다가 그와 함께 야외활동을 하러 가기로 결정했다. 그녀는 야외에 가서 운동하는 걸 좋아하지 않지만, 그가 그녀와 함께 그렇게 하는 걸 원한다는 것을 알고 있다. 그들은 시골로 향하는 버스를 타고 커다란 호수에 도착한

다. Nicole과 그녀의 남자친구는 수상스키와 카약을 탄다. 몇 시간 뒤에, Nicole은 오늘 정말 재미있었다고 생각하고 그에게 더 자주 이런 스포츠를 하고 싶다고 이야기한다. 그녀의 남자친구는 그가 좋아하는 스포츠를 그녀가 즐기는 것을 보고 행복하다. 이 상황에서, Nicole의 남자친구는 Nicole에게 뭐라고 말하겠는가?

Nicole의 남자친구: 네가 오늘 기대했던 것보다 더 재미있게 놀아서 기뻐.

[어휘] **water ski** 수상스키를 타다 **go kayaking** 카약을 타러 가다

[문제 해설] Nicole이 남자친구가 좋아하는 스포츠를 하는 걸 즐거워해서 남자친구도 기분이 좋은 상황이므로, Nicole의 남자친구가 Nicole에게 할 말로 ④번이 가장 적절하다.
① 미안하지만, 여기서는 카약을 해야 해.
② 가장 행복한 생일이 되었길 바랐어!
③ 네가 좋아하지 않는 것들을 하게 만들어서 미안해.
⑤ 오늘은 수상스키를 별로 잘 타지 못했지만, 너는 나아질 거야.

8 .... 정답 ①

여: Lesley는 긴 줄의 끝에 서 있다. 그녀는 그녀가 좋아하는 카페에서 커피를 주문하기 위해 기다리고 있다. 빨리 커피를 사지 않으면 상사와의 중요한 회의에 늦을 것이다. 그녀는 줄에 서 있는 두 번째 사람이 동료인 것을 알게 된다. Lesley는 그에게 가서 그녀에게 아메리카노를 사줄 수 있는지 묻는다. 그는 웃으면서 기꺼이 그러겠다고 말한다. 그녀는 그에게 커피값을 주려 하지만 그는 그것을 받길 거절한다. 그는 그녀에게 오늘 중요한 회의가 있다는 걸 알기 때문에 자신이 그녀에게 한턱을 내겠다고 말한다. 그녀는 그에게 고맙다고 말하고, 그가 정말 좋은 사람이라고 생각한다. 이 상황에서, Lesley는 남자에게 뭐라고 말하겠는가?

Lesley: 정말 고마워요. 다음번에 제가 살게요.

[어휘] **notice** 알아채다 **coworker** 동료 **refuse** 거부하다 **treat** 취급하다; *대접하다

[문제 해설] 남자가 Lesley에게 커피를 사주어 Lesley가 그에게 고마워하는 상황이므로, Lesley가 남자에게 할 말로 ①번이 가장 적절하다.
② 줄의 맨 마지막으로 돌아가는 게 어때요?
③ 죄송합니다. 당신이 제 동료인 줄 알았습니다.
④ 늦어서 더 이상 커피를 마시고 싶지 않아요.
⑤ 아니요, 괜찮습니다. 저는 이미 중요한 회의에 늦었어요.

↓

Dictation - Actual Test

1. finalize an important deal / to catch his flight / in such a hurry
2. is controlled by / has no time for herself / to concentrate on

3. searching online / logs in to his account / to get in touch with
4. gets caught in heavy traffic / a big scratch on
5. prints out the pictures / forgot to bring the pictures / looks disappointed
6. enter her final year / was struggling with / to get more involved / managed to raise her overall grades
7. do something nice / go on an outdoor adventure / go kayaking / enjoying his favorite sports
8. would gladly do it / refuses to take it / will treat her

Actual Test CHALLENGE

pp.49~50

1. ⑤ 2. ⑤ 3. ② 4. ③ 5. ⑤ 6. ④ 7. ① 8. ③

1
··· 정답 ⑤

남: Brian은 휴가차 미국발 유럽행 비행기를 막 타려고 한다. 그의 가방이 검색대를 통과한 후, 보안 직원이 그에게 와서 그의 짐에 액체가 있는지 묻는다. 그는 자신의 가방에 액체를 넣지 않았다고 생각해서 "아니요."라고 말한다. 그러나 보안 직원은 어쨌든 그가 가방을 확인해도 되겠냐고 묻는다. 보안 직원은 그것을 열고 몇 분을 찾더니 와인 한 병을 발견한다. Brian은 자신이 그것을 가방에 두었다는 것을 잊어버리고 있었기 때문에 너무 놀란다. 보안 직원은 그에게 비행기에는 어떤 종류의 액체도 가져갈 수 없다고 말한다. Brian은 줄을 지연시킨 것에 대해 사과를 하고 싶다. 이 상황에서, Brian은 보안 직원에게 뭐라고 말하겠는가?

Brian: 제가 완전히 잊어버리고 있었어요. 줄을 지연시켜서 죄송합니다.

어휘 be about to-v 막 ~하려고 하다 scanner 스캐너, 판독장치 security officer 보안 직원 liquid 액체 luggage 짐 search 검색하다 hold up 지연시키다

문제해설 Brian은 자신의 가방에 있는 와인 때문에 검색하는 데 시간을 지체시킨 것을 사과하려고 하므로, Brian이 보안 직원에게 할 말로 ⑤번이 가장 적절하다.
① 왜 그걸 비행기에 가져갈 수 없나요?
② 실수하셨네요. 그건 제 가방이 아닙니다.
③ 제 가방을 다시 확인해주세요.
④ 제 짐을 확인하신 것에 대해 제게 사과하세요.

2
··· 정답 ⑤

여: Julia는 신발을 사려고 온라인 쇼핑을 하고 있는데, 멋진 신발 한 켤레를 발견한다. 그녀는 색과 치수를 확인하고 그것을 주문한다. 그녀는 며칠을 기다리고, 주문한 것이 마침내 배달된다. 흥분하여, 그녀는 상자를 찢어서 개봉한다. 멋진 새 신발을 꺼내는데 그것은 사진에서보다 실물이 훨씬 더 멋져 보인다. 그녀는 행복해하며 한쪽 신을 신는데 너무 꽉 죈다. 그녀는 신발 안쪽의 치수 라벨을 확인하려고 그것을 벗는다. 라벨에는 그것이 치수 6이라고 적혀 있다! 그건 그녀가 주문한 치수가 아니다. 그녀는 착오에 대해 말하기 위해 고객 서비스 센터에 연락하기로 결심한다. 이 상황에서, Julia는 고객 서비스 직원에게 뭐라고 말하겠는가?

Julia: 제게 보내주신 신발이 치수가 잘못되었어요.

어휘 deliver 배달하다 rip 찢다 tight 꽉 조이는

문제해설 작은 신발이 배달되어 고객 서비스 센터에 연락하려는 상황이므로, Julia가 고객 서비스 직원에게 할 말로 ⑤번이 가장 적절하다.
① 제 택배를 아직 못 받았어요.
② 보내주신 신발이 더 이상 마음에 들지 않아요.
③ 당신의 가게에서 한 켤레를 더 사고 싶어요.
④ 제가 주문했던 신발은 다른 색이었어요.

3
··· 정답 ②

남: Maria는 수요일 밤에 집에서 그녀가 가장 좋아하는 책을 읽고 있다. 그녀는 갑자기 어디선가부터 큰 음악 소리를 듣는다. 그녀의 아파트 위층에서 파티를 열고 있다. 거의 자정이고 그녀는 더는 독서에 몰두할 수가 없다. 집에서 조용한 밤을 보내고 싶을 뿐인데 그럴 수가 없다. 그녀는 책을 내려놓고 TV를 켜고 파티가 끝나기를 기다린다. 파티는 두 시간 후에도 여전히 계속되고 있어서 그녀는 시끄러운 이웃에 대해 경찰을 부르기로 결심한다. 그녀는 경찰서에 전화를 하고 상황을 설명한다. 누군가가 그녀의 집에 와서 처리해 달라고 요청한다. 경찰은 그녀의 주소를 묻고 그녀는 그것을 말해준다. 이 상황에서, 경찰이 Maria에게 뭐라고 말하겠는가?

경찰: 알겠습니다. 저희가 10분 안에 거기에 도착할 겁니다.

어휘 focus on ~에 집중하다 neighbor 이웃

문제해설 늦은 밤에 계속해서 시끄럽게 파티를 열고 있는 이웃을 경찰에 신고하는 상황이므로, 경찰이 Maria에게 할 말로 ②번이 가장 적절하다.
① 저희는 이미 그곳을 확인했습니다.
③ 이웃을 방문하셔서 그들에게 조용히 하라고 요청하세요.
④ 그들은 다시는 그렇게 안 하겠다고 약속했습니다.
⑤ 정말 죄송합니다. 하지만 저희가 할 수 있는 게 정말 없습니다.

4
··· 정답 ③

여: Jess는 친구들과 함께 놀이공원에 간다. 그녀의 친구들은 귀신의 집에 가길 원한다. 그녀는 무서운 것을 좋아하지 않지만 친구들은 재미있을 거라고 말한다. 그들은 어린아

이들도 귀신의 집에 들어가니 그렇게 무서울 리 없다고 말하면서 그녀를 안심시킨다. 그들은 그녀를 설득하고, 그들은 안에 들어간다. 귀신의 집 안에서 Jess는 겁을 먹어서 계속 소리를 지르고 친구들 뒤에 숨는다. 귀신의 집에서 나온 후, Jess는 남자친구를 만나 함께 저녁을 먹는다. 식사를 끝내자 그들은 공원에 간다. 시간이 늦어지고 있고 거의 그들이 집에 갈 시간이다. Jess는 귀신의 집 안에 있었던 모든 것을 기억하기 시작해 무서워진다. 그녀의 남자친구는 작별인사를 한다. 이 상황에서, Jess는 그녀의 남자친구에게 뭐라고 말하겠는가?

Jess: 나 여전히 너무 무서워. 집까지 바래다줄 수 있어?

어휘 haunted 귀신이 나오는 reassure 안심시키다 talk ... into ...을 ~하도록 설득하다 frightened 겁먹은

문제 해설 남자친구와 헤어져 집에 가야 하는데 귀신의 집에서의 일이 생각나 무서운 상황이므로, Jess가 남자친구에게 할 말로 ③번이 가장 적절하다.
① 제발 나에게 무서운 것을 보여주는 걸 그만둬.
② 공원으로 돌아가야 할 것 같아.
④ 어떻게 귀신의 집을 무서워하지 않을 수 있어?
⑤ 귀신의 집에 들어가는 사람을 이해할 수가 없어.

5
정답 ⑤

남: Ben과 Lauren은 지난 토요일에 데이트를 했다. 그들은 스케이트를 타고, 그다음에 좋은 식당에서 저녁을 먹기로 했다. Ben은 하키 선수여서 스케이트를 잘 탄다. 한편, Lauren은 처음으로 스케이트를 타는 것이었다. 처음에, Ben은 그녀가 링크를 돌도록 도왔다. 나중에, 그녀는 혼자서 스케이트를 타보길 원해 Ben의 도움 없이 스케이트를 타기 시작했다. 그러나 몇 분 후에, 그녀는 결국 넘어져 발목을 심하게 삐었다. 그들은 저녁 예약을 취소하고 대신 병원에 갔다. Lauren은 데이트를 망쳐서 미안하다고 계속 말했지만, Ben은 기분이 전혀 나쁘지 않았다. 그는 그녀의 발목이 걱정될 뿐이다. 이 상황에서, Ben은 Lauren에게 뭐라고 말하겠는가?

Ben: 난 (저녁) 예약에 대해 신경 안 써. 그저 네가 낫길 바랄 뿐이야.

어휘 end up v-ing 결국 ~하게 되다 twist one's ankle 발목을 삐다 ruin 망치다 |문제| apparently 명백히

문제 해설 Lauren은 자신이 발목을 다쳐 식당 예약을 취소하게 되어 Ben에게 미안해하지만, Ben은 그것에 개의치 않고 Lauren의 발목만을 걱정하는 상황이므로, Ben이 Lauren에게 할 말로 ⑤번이 가장 적절하다.
① 미안해. 다시는 우리 데이트를 망치지 않을게.
② 넌 확실히 스케이트를 잘 타지 못하는구나.
③ 네 발목이 아프기 시작하면 병원에 가.
④ 걱정하지 마. 내가 어제 예약을 취소했어.

6
정답 ④

여: Naomi는 미국에서 지난 두 달 동안 영어를 공부해 온 일본 학생이다. 그녀는 현재 미국에 5년 동안 있었던 싱가포르 친구 Lin과 아파트를 함께 쓰고 있다. Naomi는 일본과 미국의 문화적인 몇몇 차이에 대해 Lin과 이야기를 한다. 예를 들어, Naomi는 식당에서 식사할 때 자신의 식사비만 계산하는 데 익숙하다. 그러나 미국에서는 사람들이 팁을 추가해야 한다. 그녀는 Lin에게 가끔은 팁을 놓아두는 걸 기억하기 어렵다고 말한다. Lin은 자신도 팁을 놓아두는 것에 익숙해지는 데 여러 달이 걸렸기 때문에, 조금 있으면 그것에 익숙해질 거라고 Naomi에게 말해주고 싶다. 이 상황에서, Lin은 Naomi에게 뭐라고 말하겠는가?

Lin: 맞아, 하지만 조금 지나면 기억하기 더 쉬워질 거야.

어휘 currently 현재 get used to ~에 익숙해지다

문제 해설 팁 문화를 어려워하는 Naomi에게 Lin은 자신도 그랬지만 시간이 지나면 익숙해진다고 말해주려는 상황이므로, Lin이 Naomi에게 할 말로 ④번이 가장 적절하다.
① 우린 정말 다른 문화를 가지고 있는 것 같아.
② 싱가포르에서도 팁을 남기는 게 일반적이야.
③ 나는 혼자 먹는 것에 익숙해지는 데 시간이 걸렸어.
⑤ 너는 더 배우기 위해 식당에서 일하기 시작해야 해.

7
정답 ①

남: Jack은 토요일에 여자친구인 Becca에게 청혼하길 원했다. 그는 친구들에게 그녀를 놀라게 하는 걸 도와달라고 부탁했다. Jack은 야구 경기장에서 그녀에게 청혼하길 원했다. 그의 친구 중 한 명이 경기장에서 일하기 때문에 Jack은 공짜 야구 표를 구할 수 있었다. Jack은 토요일에 Becca의 집에서 그녀를 태워 경기장에 데려갔다. 그들이 거기에 도착했을 때 Becca는 근처 식당에서 점심을 먹고 싶다고 말했다. 그들이 식당에 들어갔을 때 Jack은 친구들이 거기에서 기다리고 있는 것을 보고 놀랐다. 그들은 Jack과 Becca를 식당이 아니라, 경기장에서 기다리기로 되어 있었다. Jack이 깜짝 놀라 서 있는 동안 친구들이 그들을 위해 노래를 부르고 Becca가 그에게 청혼했다. 그는 놀랐지만, 정말 행복했다. 이 상황에서, Jack은 그들의 친구들에게 뭐라고 말하겠는가?

Jack: 와, 너희들 정말 나를 놀라게 했어!

어휘 be supposed to-v ~하기로 되어있다 completely 완전히 startled 놀란

문제 해설 Jack은 원래 야구 경기장에서 여자친구에게 청혼을 하려고 했는데, 친구들의 준비로 도리어 식당에서 자신이 청혼을 받아 깜짝 놀란 상황이므로, Jack이 친구들에게 할 말로 ①번이 가장 적절하다.
② 너희의 도움 없이는 이걸 하지 못했어.
③ 너희를 경기장에서 기다리고 있었어.
④ 이걸 받을 수 없어. 경기장에 가자.

⑤ 그녀를 경기장에 데려와 줘서 고마워.

8
정답 ③

여: Lara는 집 근처의 중고품 가게에 몇 개의 오래된 가구를 기부했다. 며칠 후에, 그녀의 남편인 Mike가 자신의 오래된 책상에 대해 물었다. Lara는 그에게 그것을 기부했다고 말했다. Mike는 Lara에게 자기가 그 안에 돈을 숨겨 놨다고 했다. 깜짝 놀라서, Lara는 그 책상을 돌려받기 위해 그 가게에 즉시 전화를 했다. 가게 책임자가 그녀에게 그것이 이미 팔렸고 그것을 산 사람을 찾을 방법이 없다고 말했다. 일주일 후에, 그 책임자가 전화를 했고 Lara에게 가게로 오라고 했다. 그녀가 거기에 도착했을 때 Lara는 그 책상을 산 고객을 만났다. 그 고객은 숨겨진 돈을 발견했고 그 돈을 Lara에게 돌려줄 수 있게 그것을 가게에 가져왔다. 이 상황에서, Lara는 그 고객에게 뭐라고 말하겠는가?

Lara: 돈을 돌려주셔서 감사합니다.

어휘 donate 기부하다   charity shop 중고품 가게

문제 해설 책상을 산 고객이 책상에 숨겨진 돈을 발견하고 Lara에게 돌려주는 상황이므로, Lara가 고객에게 할 말로 ③번이 가장 적절하다.
① 곧 돈을 갚을게요.
② 돈을 어디에 숨겼나요?
④ 다음번에 돈을 기부할 때는 조심해요.
⑤ 오실 필요 없었는데요. 집에서 제 돈을 찾았어요.

↓
Dictation - Actual Test CHALLENGE

1. is about to take a flight / put any liquids / cannot take any kind of liquid / holding up the line
2. her order is finally delivered / even better in real life / it feels too tight / decides to contact customer service
3. cannot focus on reading / waits for the party to finish / call the police on / take care of it
4. talk her into it / hiding behind her friends / starts remembering everything
5. is good at ice skating / ended up falling / cancelled their dinner reservation / for ruining their date
6. sharing an apartment with / cultural differences between / have to add a tip / get used to it in time
7. propose to his girlfriend / ask her to marry him / were supposed to wait / completely startled
8. donated some old furniture / hidden money inside it / brought it to the store

---

유형 05　세트 문항

기출 예제 p.54

여: 안녕하세요, 여러분. Thompson 박사의 Family Center에 오신 것을 환영합니다. 여러분 중 많은 분들이 갈등을 겪은 이후에 가족 구성원들과의 상황을 진정시키는 방법을 알지 못할 수도 있습니다. 오늘, 저는 말다툼을 벌인 이후에 가족 구성원들과 화해하는 몇 가지 방법에 대해서 이야기하려고 합니다. 우선, 여러분의 진정한 감정을 보여주세요. 그들에게 편지를 써 주는 것이 한 가지 선택 사항입니다. 때때로 여러분이 원하는 모든 것을 직접 말하는 것은 어렵습니다. 글을 쓰는 것은 여러분에게 말하고 싶은 내용에 대해 생각해 볼 시간을 줍니다. 여러분이 글쓰기에 능숙하지 않다면, 그들에게 여러분이 그린 그림을 줄 수도 있습니다. 그것도 여러분의 감정을 전달할 수 있습니다. 대단히 잘 그린 그림이 아닐 수도 있지만, 그것은 감동을 줄 것이고 그들을 미소 짓게 할 것입니다. 그들이 좋아하는 것에 관심을 보이는 것이 또 다른 해결책입니다. 예를 들어, 여러분의 여자 형제가 귀걸이를 좋아한다면, 한 쌍의 새 귀걸이를 주어 그녀를 놀라게 하십시오. 비싼 것일 필요는 없습니다. 중요한 것은 생각이지 비용이 아닙니다. 여러분의 어머니가 꽃을 좋아하시면, 그녀에게 꽃을 좀 드려보세요. 여러분이 관심을 보일 때, 여러분의 가족은 여러분이 신경을 쓰고 있다는 것을 알게 되고 상황이 개선될 것입니다. 여러분의 가족이 여러분의 가장 큰 자산이라는 점을 기억하세요. 그러므로 다음에 여러분이 그들과 말다툼을 벌이게 되면, 이것들 중의 하나를 시도해보세요.

Practice
p.55

1. ④   2. ③   3. ①   4. ⑤

1~2
정답 1 ④ 2 ③

남: 대부분의 사람들은 가끔 코를 곱니다. 그런데 자주 코를 골게 되면, 그것은 수면의 질과 사람들과의 관계에 영향을 끼칠 수 있습니다. 저는 30대 후반에 코를 골기 시작했고 그것이 사람들과의 관계에 나쁜 영향을 끼쳤습니다. 그래서 저는 코를 골지 않도록 도움을 주는 몇몇 치료법을 조사했고, 그것들은 다음과 같습니다. 옆으로 자도록 노력하십시오. 등을 대고 자는 것은 여러분의 혀가 목구멍 뒤쪽으로 떨어지게 하는데, 이것이 코를 골게 합니다. 목 주변에 살이 찐 사람들이 때때로 코를 골기 시작하니, 체중 감량 또한 도움이 될 수 있습니다. 여러분을 너무 지치게 만들지 않는 것도 중요합니다. 기진맥진한 채로 잠자리에 들면, 여러분의 목 근육이 더 부드러워지는데, 이것이 코골

이를 초래합니다. 마지막으로, 많은 양을 물을 드세요. 수분이 부족할 때, 여러분 코에 있는 액체들이 더 끈끈해져 코를 더 골게 합니다. 이 치료법들이 저에게 도움이 된 것처럼, 여러분이 코를 골지 않게 하는 데 도움이 되었으면 합니다.

문제 해설 1. 남자는 코를 골지 않게 해주는 방법에 대해 이야기하고 있다.
① 밤에 숙면을 취하는 방법
② 여러분이 밤에 시도해야 하는 건강 관리에 관한 조언
③ 왜 코를 고는지에 대한 심리학적 이유
④ 여러분이 밤에 코를 골지 않도록 도와주는 방법
⑤ 좋은 수면 자세를 취하는 것의 중요성
2. 코를 골지 않게 해주는 방법으로 옆으로 누워서 자기, 체중 감량하기, 너무 피곤하게 하지 않기, 물을 많이 마시기에 대해서는 언급했지만, 몸을 따뜻하게 하는 방법으로 제시되지 않았다.

3~4
정답 3 ① 4 ⑤

여: 안녕하세요, 여러분. 최근에 '글램핑'이라는 용어를 들어보셨을 겁니다. 그것은 자연과 침대, 전기, 그리고 여러분만의 화장실 시설 같은 호화스러움을 결합합니다. 글램핑은 매력적으로 들리지만 그것에는 (매력적으로) 들리는 것 이상의 것이 있습니다. 우선, 글램핑은 값비싼 야외 활동입니다. 여러분은 이것들이 이미 설치가 되어 있기 때문에 텐트를 치거나 여러분만의 불을 피울 필요가 없을 테지만, 그것 모두에 대해 돈을 지불해야만 할 겁니다. 또한, 편안한 침대와 멋진 텐트는 훌륭해 보일지도 모르지만 그것들이 항상 위생적이지는 않습니다. 글램핑은 새로운 트렌드이기 때문에 그 시설을 깨끗이 유지하거나, 심지어는 안전하게 유지하게 하는 충분한 규칙과 규정이 없습니다. 많은 글램핑 장소들은 승인을 받지 않았는데, 이것은 그곳들이 안전시설을 결여하고 있다는 것을 의미합니다. 그러니 글램핑을 하러 간다면 너무 높은 기대를 하지 마십시오. 그것은 여러분이 전에 경험했던 전통적인 캠핑 경험만큼 실망스러울지도 모릅니다.

문제 해설 3. 여자는 비싼 비용, 비위생적인 환경, 안전시설 결여 등 글램핑의 부정적인 면에 대해 이야기하고 있다.
① 글램핑의 부정적인 면
② 숲 속에서 안전하게 글램핑 하는 방법
③ 글램핑이 환경에 끼치는 영향
④ 글램핑이 인기가 높은 이유
⑤ 글램핑 장소를 호화스럽게 유지하는 방법
4. 글램핑이 부정적인 이유로 비싼 가격, 위생 관리 소홀, 대다수가 허가받지 않은 시설인 점, 안전시설 미비에 관해서는 언급했지만, 환경에 나쁜 영향을 미친다는 이야기는 없었다.

↓
Dictation - Practice

Actual Test
pp.57~58

1. ③ **2.** ① **3.** ④ **4.** ② **5.** ③ **6.** ④ **7.** ① **8.** ②

1~2
정답 1 ③ 2 ①

남: 요즘에는 올림픽 종목의 우승자들에게 메달이 수여됩니다. 그런데 고대의 올림픽에서 우승자들이 무엇을 받았는지 아십니까? 고대 올림픽에는 금, 은, 또는 동메달이 없었습니다. 고대 올림픽에서는 각 종목에 올리브 관이 주어지는 한 명의 우승자만이 있었습니다. 그리스어로 'kotinos'라고 불리는 그것은 올림피아의 제우스 신전 근처에 있는 신성한 올리브 나무의 야생 나뭇가지로 만들어졌습니다. 우승자가 올리브 관을 쓰고 집으로 돌아올 때, 그는 영웅으로 받아들여졌습니다! 그의 고향 사람들은 그에게 많은 돈과, 커다란 올리브유 통을 포함한 다른 선물들을 주곤 했습니다. 이는 고대 그리스인들에게 올리브유가 지혜와 평화의 상징으로 간주되었기 때문입니다. 일부 조각가들은 때때로 우승자들의 승리를 축하하기 위해 심지어 그들의 조각상을 만들곤 했습니다.

어휘 event 행사; *(운동 경기의) 종목 ancient 고대의 olive crown 올리브 관 sacred 신성한 temple 신전, 절 regard 간주하다 symbol 상징 wisdom 지혜 sculptor 조각가 statue 조각상 congratulate 축하하다 |문제| athlete 운동선수 influence 영향

문제 해설 1. 남자는 고대 올림픽의 우승자에게 수여된 상에 대해 이야기하고 있다.
① 운동선수로서 성공하는 방법
② 고대 그리스 운동선수들의 신념
③ 고대 올림픽에서 우승자에게 준 상
④ 고대 그리스에 끼친 올림픽의 영향
⑤ 고대 올림픽이 성공적이었던 이유
2. 고대 올림픽의 우승자에게 수여된 것으로, 올리브 관, 돈, 올리브유, 조각상은 언급되었지만 트로피는 언급되지 않았다.

3~4
정답 3 ④ 4 ②

여: 퀴노아는 수천 년 동안 남미에서 재배되어 온 곡식으로 잉카 사람들의 주식의 일부였습니다. 음식 전문가들은 그것을 쌀의 더 건강한 대안으로 추천했습니다. 그것은 쌀 단백질 함량의 두 배를 가지고 있고 칼슘이나 마그네슘과 같은 중요 무기질의 아주 훌륭한 원천입니다. 여러 비타민과 많은 양의 식이성 섬유를 가지고 있어서, 그것은 소화에 좋습니다. 퀴노아는 여러분의 심장에 좋은 소량의 오메가-3 기름을 함유하고 있고, 다른 곡류보다 더 건강에

좋은 지방을 가지고 있습니다. 조리될 때, 퀴노아 씨는 크림같이 되지만, 여러분은 여전히 씹을 때 아삭하는 소리를 들을 수 있습니다. 견과류 맛이 나기 때문에 보통 그것을 아침용 시리얼이나 점심용 샐러드로 먹습니다. 그러나 높아지고 있는 퀴노아의 인기에 한 가지 단점이 있습니다. 생산비가 높아져 퀴노아 농부들이 그것을 감당하기 어렵게 만든 것입니다.

어휘 **quinoa** 퀴노아(명아주속의 일년초) **grain** 곡물 **the Incas** 잉카족 **alternative** 대안 **protein** 단백질 **source** 원천 **dietary fiber** 식이성 섬유 **crunch** 으드득 (소리) **nutty** 견과 맛이 나는 **flavor** 풍미, 맛 **drawback** 단점 **unaffordable** 입수 불가능한; (가격이) 비싼

문제 해설 3. 여자는 퀴노아가 쌀의 더 건강한 대안이 될 수 있다며 퀴노아 장점을 홍보하고 있다.
① 곡물을 먹는 것의 이점
② 세계에서 가장 인기 있는 곡물
③ 새로운 종류의 곡물에 관한 논의
④ 쌀의 더 건강한 대안과 그것의 이점
⑤ 곡물을 과다 섭취하면 안 되는 이유
4. 퀴노아에 들어있는 영양소로 단백질, 칼슘, 비타민, 지방이 언급되었지만 탄수화물은 언급되지 않았다.

5~6
정답 5 ③ 6 ④

남: 옛날 중세 시대에 사람이 40세를 넘도록 사는 것은 흔치 않았습니다. 그 당시, 질병에 대한 이해는 아주 기초적이었고 약은 한정되어 있었습니다. 의사들은 무엇이 지독한 병을 일으키는지 몰랐습니다. 가톨릭 교회는 병이 나쁜 행동에 대한 신의 처벌이라고 생각했습니다. 항생제가 없었고, 중세 시대의 많은 약은 허브, 향신료로 만들어져 음료수, 알약, 그리고 연고에 사용되었습니다. (약의) 이해 부족 외에, 미신으로부터 생겨난 많은 치료법이 있었습니다. 예를 들어, 내출혈은 말린 두꺼비를 든 자루를 목에 매는 것으로 치료된다고 여겨졌습니다. 또, 만약 누군가가 천식이 있으면 그를 위한 치료법은 어린 개구리를 먹은 것이었습니다! 이 중 어떤 방법도 지금은 효과적이라고 생각되지 않지만, 그 당시에 사람들이 무엇을 믿었는지 아는 것은 흥미롭습니다.

어휘 **the medieval era** 중세 시대 **limited** 제한된, 한정된 **sinful** 나쁜 **antibiotics** 항생제 **spice** 향신료 **apply** 사용하다, 쓰다 **ointment** 연고 **superstition** 미신 **internal bleeding** 내출혈 **asthma** 천식 |문제| **aloe vera** 알로에 베라(알로에에서 추출한 물질로 화장품 같은 데 씀)

문제 해설 5. 남자는 중세 시대에 쓰였던 여러 가지 병 치료 방법들에 대해 이야기하고 있다.
① 과거의 여러 가지 질병
② 고대 의학의 전통
③ 중세 시대의 치료법
④ 현대 의학에 끼치는 마술의 영향

⑤ 병에 대한 우리의 인식이 바뀐 방식
6. 중세 약의 재료로 허브, 향신료, 말린 두꺼비, 어린 개구리가 언급되었지만 알로에 베라(aloe vera)는 언급되지 않았다.

7~8
정답 7 ① 8 ②

여: 신사 숙녀 여러분, 연례 건강과 운동 박람회에 오신 걸 환영합니다! 오늘 여기에서 모든 대회 참가자와 건강 전문가, 그리고 방문객들을 만나게 되어 반갑습니다. 이 사흘 간의 박람회에는 달리기, 건강, 그리고 운동에 대한 최신 정보와 기술을 보여주는 수백 개의 부스가 있습니다. 금요일에, 여러분은 공식 경기복, 최신 운동화, 그리고 최신 운동 기구를 판매할 부스들을 방문하실 수 있습니다. 그날 늦게, 올림픽 메달 수여자에게 당신의 박람회 포스터를 사인받을 수 있는 특별 부스가 마련되오니 그들을 만날 기회를 놓치지 마십시오. 토요일에는 달리기 전의 스트레칭 기술에 관한 더 심도 있는 정보를 얻을 수 있는 많은 안내 부스가 마련될 겁니다. 여러분은 또한 그런 안내 부스 중 하나에서 훈련하는 가장 좋은 방법에 대해 물리치료사가 이야기하는 것을 들으실 수 있습니다. 그리고 올해, 여러분을 위해 새로운 경험을 준비했습니다. 역사적인 경기에서 가장 감동적인 모든 순간을 보실 수 있는 3D 비디오 부스를 꼭 방문하십시오.

어휘 **expo** 박람회 **participant** 참가자 **specialist** 전문가 **exhibition** 전시회 **feature** 특별히 포함하다 **equipment** 장비 **in-depth** 철저하고 상세한 **physical therapist** 물리치료사 **inspiring** 고무적인 |문제| **register for** ~에 등록하다

문제 해설 7. 여자는 건강과 운동 엑스포의 요일 별 행사를 상세히 소개하고 있다.
① 운동 박람회의 세부 사항
② 올해 박람회의 차별점
③ 운동선수들이 박람회를 방문해야 하는 이유
④ 건강과 운동 박람회에 등록하는 방법
⑤ 새로운 운동 장비를 구입할 수 있는 장소
8. 여자는 박람회에서 제공하는 것으로 운동기구 판매 부스, 사인회, 스트레칭 정보, 3D 영상에 대해서는 언급했지만 의약제품 샘플에 대해서는 언급하지 않았다.

↓
Dictation-Actual Test

1~2. given an olive crown / greeted as a hero / regarded as a symbol of
3~4. a healthier alternative to rice / good for your heart / making it unaffordable
5~6. live beyond forty years old / the lack of understanding / believed to be effective
7~8. feature the latest information / miss out on your chance / hear physical therapists talk

Actual Test CHALLENGE

1. ⑤ **2.** ② **3.** ④ **4.** ⑤ **5.** ③ **6.** ④ **7.** ② **8.** ④

1~2
정답 1 ⑤ 2 ②

남: 안녕하십니까, 저는 Max Schrader이고, 오늘 밤 저는 멕시코 시티 외곽 70킬로미터 밖에서 보도하고 있습니다. 심지어 여기에서도, 저는 제 뒤쪽으로 분출을 시작하고 있는 화산 El Popo를 볼 수 있습니다. 이 화산의 마지막 거대한 분출이 있은 지 50년이 넘었습니다. 화산 전문가들은 화산으로부터 나온 재 구름이 다음 며칠 동안 계속해서 더 커질 것이라고 경고하고 있습니다. 그들은 바람이 재를 멕시코 시티의 남부 지역으로 옮기면 상황이 훨씬 더 심각해질 거라고 생각합니다. 그들은 화산 근처에 사는 시민들을 대피시키고 있고 다른 사람들에게는 항상 문과 창문을 닫아두도록 권고하고 있습니다. 재 구름이 없어질 때까지 여러분은 일정을 취소하고 실내에 계시는 것이 좋습니다. 외출을 해야 한다면 너무 많은 화산재를 들이마시지 않도록 안면 마스크를 착용하셔야 합니다. 전문가들의 권고로, 정부는 멕시코 시티 국제공항을 오고 가는 비행 편들을 취소시켰습니다. 새로운 정보가 더 들어오는 대로 알려 드릴 테니, 4번 채널 뉴스에 (채널을) 고정해주십시오.

어휘 volcano 화산 erupt 분출하다 eruption 분출 expert 전문가 ash cloud 재 구름 evacuate 대피시키다 inhale 숨을 들이마시다 update 최신 정보 keep ... posted ~에게 계속 알려주다

문제 해설 1. 남자는 분출하고 있는 화산의 상황에 대해 알려주며 시민들에게 경고를 하고 있다.
① 화산재를 막는 방법
② 화산이 분출하는 이유
③ 먼지 흡입이 위험한 이유
④ 화산이 일으킨 피해
⑤ 화산 분출로부터 안전하게 지내는 방법
2. 화산의 이름, 마지막 분출 시점, 안전을 위한 대처 방법, 공항 정보에 대해서는 언급되었지만, 화산이 분출하는 원인에 대해서는 언급이 없었다.

3~4
정답 3 ④ 4 ⑤

여: 안녕하세요, 학우 여러분. 현 학생회장으로서, 저는 올해 초부터 성원해 주신 점을 여러분 모두에게 감사드리고 싶습니다. 오늘 저는 다가오는 선거에서 다시 한 번 여러분의 표를 부탁드리고 싶습니다. 다시 저에게 투표하는 것에 회의가 드시는 분들께, 저는 자랑스럽게 제가 지금까지 이룬 모든 개선사항들에 대해 말씀드리고 싶습니다. 첫째로, 제가 시작한 혁신적인 재활용 프로그램 때문에 저희 대학은 가장 환경친화적인 대학 상을 받았습니다. 또한, 제가 여는 데 도움을 준 학생 과일 시장이 이 상을 받는 데 기여했습니다. 두 번째로, 우리 공대는 제가 장비들이 개선되도록 열심히 싸웠기 때문에 현재 세계적인 수준으로 여겨

집니다. 마지막으로, 제가 지방 정부로부터 추가적인 자금 지원을 받았기 때문에 우리 대학에는 지금 다른 대학보다 많은 동아리가 있습니다. 제가 선출된 이후 지금까지 이 대학을 위해 제가 한 일을 말씀드렸지만, 이건 단지 시작일 뿐입니다. 저는 우리를 위해 아주 많은 계획을 가지고 있습니다. 저에게 투표하셔서 다시 여러분을 위해 일하도록 해주십시오. 함께, 우리는 이 대학을 계속 더 좋게 만들 수 있습니다! 감사합니다!

어휘 support 지지, 성원 vote 표, 투표; 투표하다 forthcoming 다가오는 election 선거 innovative 혁신적인 initiate 착수시키다 contribute to ~에 기여하다 equipment 장비, 기기 upgrade 개선하다 funding 자금; 자금 제공 elect 선출하다

문제 해설 3. 여자는 현 학생회장인 자신을 재선시켜 달라고 부탁하고 있다.
① 재선거 캠페인과 그 포스터
② 대학이 이뤄낸 발전상
③ 대학교 학부들을 발전시키는 방법들
④ 현 학생회장의 재선 캠페인
⑤ 정부로부터 더 많은 자금을 받는 방법
4. 자신의 공헌으로 재활용 프로그램 시작, 학생 과일 가게 개점, 공학 장비 개선, 동아리 수 확충에 대해서는 언급했지만, 캠퍼스 재설계에 대해서는 이야기하지 않았다.

5~6
정답 5 ③ 6 ④

남: 편두통은 여러분의 일이나 삶에 지장을 줄 정도로 충분히 심각한 두통입니다. 편두통을 겪는 사람들은 보통 머리의 한쪽에 극심한 통증이 있다고 말합니다. 다른 증상으로 메스꺼움, 구토, 또는 빛과 소리에 민감해지는 것이 있습니다. 통증을 줄이는 데 도움이 되는 약이 있지만 부작용이 있을지 모릅니다. 이러한 약물의 대안으로, 편두통을 일으킨다고 알려진 특정 음식을 피하도록 하십시오. 일부 치즈 종류와 레드 와인에는 뇌의 혈관을 압박하는 물질이 있습니다. 줄어든 혈류량이 뇌로 하여금 그 혈관을 넓히도록 하는데, 이것이 두통을 일으킵니다. 초콜릿을 좋아하는 많은 분들은 이 달콤한 것이 또한 혈관을 좁히는 화학물질을 함유하고 있다는 것을 알면 실망할 것입니다. 커피의 경우에, 카페인에 민감한 일부 사람들은 그것을 마시고 나서 편두통을 겪습니다. 그러나 카페인은 편두통이 일어나는 것을 막는 데도 사용될 수 있으니, 그것에 대한 여러분의 반응을 시험해보십시오. 이런 음식들을 안 먹는 것은 어렵겠지만 두통에 대해 걱정할 일이 더 적어질 겁니다!

어휘 migraine 편두통 severe 심각한, 극심한 disrupt 방해하다, 지장을 주다 symptom 증상 nausea 메스꺼움 vomiting 구토 sensitivity to ~에 대한 민감함 side effect 부작용 alternative 대안 medication 약물 trigger 촉발시키다 substance 물질 squeeze 압박하다 blood vessel 혈관 widen 넓히다 tighten 조이다 reaction 반응 |문제| combat 싸우다

문제 해설 5. 남자는 편두통을 없애는 데 피해야 할 음식에 대해 이야기

하고 있다.
① 편두통의 흔한 증상
② 여러 종류의 두통과 그 치료법
③ 편두통과 싸우기 위해 피해야 할 음식
④ 당신이 시도해보아야 할 여러 종류의 편두통 약
⑤ 당신이 편두통약을 멀리해야 하는 이유
6. 편두통을 유발하는 음식으로 치즈, 와인, 초콜릿, 커피가 언급되었지만, 사탕에 대한 언급은 없었다.

7~8
정답 7 ② 8 ④

여: 우수 기업들에 대한 최근의 조사에서 대부분의 고용주가 새로운 직원을 고용할 때 특정 자질을 가진 사람을 찾는다는 것이 밝혀졌습니다. 고용주들이 입사지원자에게서 특별히 높이 평가하는 자질들 중 일부는 다음과 같습니다. 가장 중요하게, 고용주들은 도전을 극복할 때까지 도전을 계속하는 전문적인 직원을 높이 평가합니다. 그래서 다른 사람들보다 열정이 적어 보이는 지원자들은 보통 고려 대상이 되지 못하는데, 그것은 기업들이 열정적이고, 프로 근성을 가지고 있으며, 긍정적인 태도를 가진 직원을 원하기 때문입니다. 자신감은 신입 사원에게서 고용주들이 찾는다고 말하는 다른 중요한 특질입니다. 입사지원자들은 모두 만남의 첫 몇 분 만에 인사부장에 의해 평가될 수 있기 때문에 이러한 첫인상을 좌우하는 자질들에 준비가 되어 있어야 합니다. 고용주가 원하는 마지막 자질은 적응력입니다. 여러분은 새로운 생각에 열려있습니까? 여러분은 독립적으로, 혹은 팀의 일원으로 모두 일할 수 있습니까? 필요시 중압감 속에서도 일을 할 수 있습니까? 여러분의 개인적인 자질과 그것들을 이력서에 그리고 면접 중에 표현하는 방법을 아는 것은 성공적인 구직의 필수적인 부분입니다.

어휘 survey 조사 rate 평가하다 candidate 지원자 stick with ~을 계속하다 overcome 극복하다 passionate 열정적인 overlook 간과하다; *(일자리·직책에 대해) 고려 대상으로 삼지 않다 professionalism 프로 근성 evaluate 평가하다 adaptability 적응력 independently 독립적으로 résumé 이력서 |문제| ensure ~을 보장해주다 sociability 사교성

문제 해설 7. 여자는 고용주들에 의해 가장 높은 평가를 받는 성격 특성에 대해 이야기하고 있다.
① 성공하기 위해 필요한 경험
② 고용주들에 의해 가장 높이 평가받는 성격 특성
③ 구직 면접 통과를 보장해주는 기술
④ 특정 성격 특성이 특정 직업과 맞는 방식
⑤ 다음 구직 면접을 위해 준비해야 할 것
8. 고용주들이 높이 평가하는 성격적 특성으로 프로 근성, 긍정적인 태도, 자신감, 적응력은 언급되었지만, 사교성(sociability)은 언급되지 않았다.

1~2. continue to get bigger / keep doors and windows closed / protect you from inhaling / keep you posted
3~4. those who have doubts / the innovative recycling program I initiated / extra funding from the local government
5~6. severe enough to disrupt / are known to trigger migraines / causes the brain to widen / a chemical that tightens blood vessels
7~8. employers rate particularly highly / stick with challenges / have a positive attitude / open to new ideas

PART2

1

정답 ⑤

M: Joey, we're going to the children's hospital on Thursday, right?

W: Yes. Do you know what they want us to do there?

M: Maybe play some games with the kids or make some crafts with them.

W: What do you think about playing some board games? Do you think the kids there would like to do that?

M: I think so. I've played games like chess with them before and they loved it.

W: Okay, do you want me to bring my chess set?

M: That's okay. I'm bringing mine, so you don't have to bring yours. Can you bring some other games other than chess?

W: Of course. I also have some cards and blocks at home.

M: Cool. And I think we can make some Christmas cards after playing games. I'll bring some things for it, like colored paper, scissors, and crayons.

W: Good idea. I think they'll really like making cards, too.

남: Joey, 우리 목요일에 어린이 병원에 가는 거 맞지?

여: 응. 거기에서 그들이 우리에게 해주기를 바라는 게 뭔지 알아?

남: 아마 아이들과 게임을 하거나 만들기를 좀 하는 거겠지.

여: 보드 게임을 하는 게 어때? 거기 아이들이 하고 싶어 할 것 같니?

남: 그럴 것 같아. 그 애들과 전에 체스 게임을 해봤는데 굉장히 좋아했어.

여: 알았어, 내가 체스 세트를 가져갈까?

남: 괜찮아, 내가 내 것을 가져가니까, 넌 가져갈 필요 없어. 체스 말고 다른 게임을 좀 가져올래?

여: 물론이야. 집에 카드와 블록도 좀 있어.

남: 좋아. 그리고 게임을 한 후에 크리스마스카드를 만들 수 있을 것 같아. 색종이, 가위, 크레파스와 같이 필요한 것들을 내가 좀 가져갈게.

여: 좋은 생각이야. 아이들이 카드 만드는 것도 정말 좋아할 것 같아.

어휘 craft (수)공예　board game 보드 게임(판을 놓고 그 위에서 말을 이동시켜 가며 하는 모든 게임)

문제 해설 남자는 여자에게 체스 말고 다른 게임을 가져와 달라고 부탁했다.

① 병원 방문을 위해 체스 세트를 사기

② 그와 함께 어린이 병원을 방문하기

③ 병원에 있는 아이들과 게임을 하기

④ 아이들을 위해 크리스마스카드를 만들기

⑤ 아이들을 위해 병원에 게임을 가져오기

2

정답 ②

W: I just checked the mail. We got renewal forms for our magazine subscriptions. Do you want to keep getting yours?

M: The technology news magazine? Sure, I always like their content.

W: Okay. The form says each issue is $6 per month if you subscribe for six months, or $4 if you subscribe for a full year.

M: I'll get the year then. How much is it for your science magazine?

W: The yearly subscription is $48, but I'm not sure I'm going to keep reading it. The articles aren't as good as they used to be.

M: I see. Do they have a shorter option?

W: Yes, they have a three-month subscription for $18. I think I'm going to get that.

M: Sounds like a good idea. Hopefully the articles will improve.

W: I hope so, too. I'll fill out the forms and pay for the renewal fees.

M: Thanks, dear. Don't forget to pay for mine.

여: 우편물을 방금 확인했어요. 우리가 잡지 구독 갱신 양식을 받았네요. 당신은 잡지를 계속 구독하길 원해요?

남: 과학기술 뉴스 잡지요? 물론이에요. 난 언제나 그 잡지의 내용이 좋아요.

여: 알았어요. 6개월을 구독하면 한 호가 한 달에 6달러, 1년을 구독하면 4달러라고 양식에 쓰여 있네요.

남: 그러면 1년을 구독하겠어요. 당신 과학 잡지는 얼마예요?

여: 1년 구독료는 48달러인데, 그걸 계속 읽을지 잘 모르겠어요. 기사들이 예전만큼 좋지 않아요.

남: 그렇군요. 기간이 더 짧은 선택사항이 있나요?

여: 네, 18달러에 3개월 구독이 있어요. 그걸로 해야 할 것 같

아요.

남: 좋은 생각인 것 같네요. 기사가 좋아지길 바라요.

여: 저도 그래요. 내가 양식들을 작성하고 갱신료를 지불할게요.

남: 고마워요, 여보. 잊지 말고 내 것도 지불해줘요.

어휘 renewal 갱신, 연장 subscription 구독(료) content (책 등의) 내용 issue 문제; *(잡지·신문 같은 정기 간행물의) 호 subscribe 구독하다 article 기사 fill out ~을 작성하다

문제 해설 남자는 한 달에 4달러인 잡지를 1년 구독한다고 했고($4× 12), 여자는 18달러를 내고 3개월간 잡지를 구독하려고 하므로, 여자는 총 66달러를 지불해야 한다.

3 ————————————————— 정답 ③

[Telephone rings.]

M: Hi, this is Matt from Chief Telecommunications. What can I do for you today?

W: Hi. I think there's a problem with my phone bill.

M: Okay. What seems to be the problem?

W: I think I was overcharged. I didn't go over my data limit, so it has to be a mistake.

M: I see. Could you please give me your full name and address?

W: Angela Brink. And I live at 74 Meryl Road.

M: Please wait a moment while I check. *[Pause]* It appears that you didn't pay the bill two months ago, so we added a late fee.

W: Oh, so this bill is for the past two months?

M: Yes. It's for January and February.

W: (I'm sorry. I forgot that I didn't pay the bill in January.)

[전화벨이 울린다.]

남: 안녕하세요, 저는 Chief Telecommunications의 Matt입니다. 오늘 무엇을 도와드릴까요?

여: 안녕하세요. 제 전화 요금 고지서에 문제가 있는 것 같아요.

남: 알겠습니다. 무엇이 문제인 것 같으세요?

여: 요금이 더 많이 부과된 것 같아요. 제가 데이터 한도를 넘기지 않았으니 착오가 있는 게 분명해요.

남: 알겠습니다. 성함과 주소를 알려주시겠어요?

여: Angela Brink입니다. 그리고 저는 Meryl로 74번지에 살아요.

남: 제가 확인할 동안 잠깐만 기다려 주세요. *[잠시 후]* 두 달 전에 요금을 납부하지 않으셔서, 저희가 연체료를 부과한 것 같네요.

여: 아, 그래서 고지서가 지난 두 달 치라고요?

남: 네. 1월과 2월 겁니다.

여: 죄송해요. 제가 1월에 요금을 내지 않은 걸 잊고 있었네요.

어휘 overcharge (금액을) 많이 청구하다 limit 한도, 한계 appear ~인 것 같다 late fee 연체료

문제 해설 여자가 두 달 전 요금을 내지 않은 걸 잊고 있던 상황이므로, 여자의 응답으로 ③번이 가장 적절하다.
① 저는 매니저에게 항의하고 싶어요.
② 제 데이터 한도는 1월과 2월에 동일해요.
④ 부디 다음 달에는 요금이 많이 부과되지 않도록 해주세요.
⑤ 연체료를 피하기 위해 요금을 제때에 내는 걸 잊지 마세요.

4 ————————————————— 정답 ③

M: Mary, are you ready for your play next week?

W: I'm not sure. It's my first performance, so I'm quite nervous.

M: Don't worry. You'll do great.

W: Do you think so?

M: Yes, definitely. How often have you practiced your lines?

W: Almost every day.

M: And have you done enough rehearsals?

W: Rehearsals? Not really. I've missed a few because of school.

M: I think it's important that you rehearse with the other actors.

W: Well, like I said, I practice almost every day and I've read my lines many times by myself.

M: That's not enough. You need to work together with them.

W: Why?

M: Well, when you rehearse with people, you'll act more natural and get into character more.

W: Do I really need to do that? That sounds like too much work.

M: (The more you rehearse, the better you'll perform.)

남: Mary, 다음 주에 있는 연극 준비는 다 됐니?

여: 모르겠어. 처음 공연하는 거라 아주 긴장이 돼.

남: 걱정하지 마. 넌 잘할 거야.

여: 그렇게 생각해?

남: 그럼, 물론이지. 얼마나 자주 네 대사를 연습했니?

여: 거의 매일.

남: 그리고 예행연습도 충분히 했니?

여: 예행연습? 별로 못했어. 학교 때문에 몇 번 빠졌어.

남: 다른 배우들과 예행연습을 하는 게 중요하다고 생각해.

여: 있지, 내가 말했다시피, 난 거의 매일 연습했고 내 대사를 혼자 많이 읽었어.

남: 그걸로 충분치 않아. 그들과 함께 연습을 해야 해.

여: 왜?

남: 음, 사람들과 예행연습을 할 때 더 자연스럽게 연기를 하고 역할에 더 빠져들게 될 거야.

여: 내가 정말 그걸 해야 해? 할 일이 너무 많은 것 같아.

남: 예행연습을 많이 하면 할수록, 더 연기를 잘할 거야.

어휘 performance 공연 definitely 분명히, 확실히 line 선; *(연극·영화의) 대사 rehearsal 리허설, 예행연습 rehearse 리허설 하다, 예행연습하다 perform 공연[연기]하다

문제 해설 여자가 왜 예행연습을 많이 해야 하는지 모르겠다고 말하는 상황이므로, 남자의 응답으로 ③번이 가장 적절하다.

① 네 일을 줄이도록 노력해.

② 대사 연습을 해, 그렇지 않으면 더 긴장하게 될 거야.

④ 다른 배우들과 더 좋은 친구가 될 거야.

⑤ 다음번에는 역할에 더 자연스럽게 빠져들 거야.

5 ·· 정답 ⑤

W: Matthew is preparing to make some dinner for his girlfriend, but he is missing a few key ingredients. He decides to quickly visit the supermarket. He only needs to pick up a couple of items, so he will be able to use the express lane at the checkout for people with a few items. When he gets there, he sees that a woman in front has a basketful of things. She shouldn't be using the express lane! Matthew is already running a bit late now. In this situation, what would Matthew most likely say to the woman in front of him?

Matthew: (Excuse me, but this checkout lane is only for people with a few items.)

여: Matthew는 그의 여자친구를 위해 저녁을 하려고 준비 중인데, 몇 가지 주요 재료가 없다. 그는 빨리 슈퍼마켓에 가기로 한다. 그는 몇 가지 물품만을 사면 되므로, 그는 소량의 물품을 사는 사람들을 위한 신속 처리 계산대를 이용할 수 있을 것이다. 거기에 도착하자 그는 앞에 있는 여자가 한 바구니 가득 물건을 가지고 있는 것을 본다. 그녀는 신속 처리 계산대를 사용해서는 안 된다! Matthew는 이미 지금 좀 늦었다. 이 상황에서, Matthew는 그의 앞에 있는 여자에게 뭐라고 말하겠는가?

Matthew: 죄송하지만, 이 계산대 줄은 오직 소량의 물품을 구입하는 사람들을 위한 거예요.

어휘 key 중요한 ingredient 재료 item 물품 express lane 신속 처리 계산대 checkout 계산대 basketful 한 바구니 가득

문제 bother 귀찮게 하다

문제 해설 Matthew가 빨리 계산을 하려고 소량 계산을 위한 신속 처리 계산대에 갔는데, 앞에 있는 여자가 물건을 한 바구니 가지고 있으므로, Matthew가 여자에게 할 말로 ⑤번이 가장 적절하다.

① 제가 얼마나 오래 기다려야 하는지 말씀해주시겠어요?

② 방해해서 죄송하지만, 제 자리 좀 봐주시겠어요?

③ 빨리 가서 빵을 좀 가져다주시겠어요?

④ 가장 가까운 슈퍼마켓이 어디에 있는지 알려주시겠어요?

6~7 ·· 정답 6 ③ 7 ①

M: The 10th annual Pier to Pier race will take place on the fourth Sunday in July. Thousands of runners from across the country will take part in the six-mile race. The race begins at 8 a.m. from Ocean St car park and ends at the main pier on Beach St. This year, we have more live entertainment than any road race on the planet! More than fifty bands, singers, and dancers will line up along the six-mile race route. This will provide a festive atmosphere for both runners and spectators! It's a fantastic event that supports local businesses, putting more than eight million dollars into the economy annually. If you want to run, make sure to register online first! If not, you can still get in to watch the runners and the shows. Or, you can join the Pier to Pier Volunteer Team and work for the race! We welcome you to be a part of the Pier to Pier Race in any way, so come and have fun with us!

남: 10번째 연례 Pier to Pier 경주가 7월의 네 번째 일요일에 열립니다. 전국에서 온 수천 명의 주자들이 6마일의 경주에 참여하게 됩니다. 경주는 오션 가 주차장에서 오전 8시에 시작하여 비치 가의 메인 부두에서 끝이 납니다. 올해, 지구 상의 어떤 도로 경주보다 더 많은 라이브 공연이 펼쳐집니다! 50팀이 넘는 밴드, 가수, 그리고 댄서들이 6마일의 경주 노선을 따라 늘어서 있을 겁니다. 이는 주자와 관중 모두에게 축제 분위기를 조성해줄 겁니다! 이것은 매년 (지역) 경제에 8백만 달러 이상을 벌어주어, 지역 업체를 지원해주는 멋진 행사입니다. 경주를 원하시면 꼭 먼저 온라인상에서 등록하세요! 그렇게 하시지 않더라도, 주자들과 쇼를 보러 오실 수 있습니다. 혹은, Pier to Pier 자원봉사팀에 합류하셔서 경주를 위해 일해주실 수 있습니다! 저희는 어떤 식으로든 여러분이 Pier to Pier 경주의 일원이 되시는 걸 환영하니, 오셔서 저희와 함께 즐기세요!

어휘 pier 부두 live entertainment 라이브 공연 route 경로 festive 축제의 atmosphere 분위기 spectator 관중 support

지원[후원]하다   local 지역의, 현지의   register 등록하다

6. 남자는 Pier to Pier 경주에 대한 정보를 제공해주고 있다.
① 축제의 자원봉사자들
② 경주에 참가하는 방법
③ 경주에 관한 자세한 정보
④ 관중을 위한 라이브 음악 공연
⑤ 지역 업체들이 버는 돈
7. 경주 거리, 경주 시작 장소, 경주 내 오락 프로그램, 경주의 경제적 효과에 대해서는 언급했지만, 총 경주 시간에 대한 언급은 없었다.

Mini Test 2회
pp.68~69

1. ③ 2. ④ 3. ⑤ 4. ⑤ 5. ⑤ 6. ① 7. ②

1
정답 ③

M: Hey, Cathy. How is your job hunt going?
W: Hello, Bill. It's not going great, but I have another interview tomorrow.
M: You do? I'm sure you'll do great.
W: I don't know. I'm anxious about it. I really want to get this job.
M: Have you researched about the company? You'll need to know a lot of information for the interview.
W: I did. I'm more concerned about questions than other things. I get too nervous in interviews.
M: Why don't you practice it with somebody? It will make you feel better.
W: Would you rehearse it with me? You can be the interviewer and ask me questions.
M: Of course. You can come by this afternoon if you want to practice it today.
W: That would be fantastic. Thanks.

남: 안녕, Cathy. 일자리 찾는 건 어떻게 돼가?
여: 안녕, Bill. 아주 잘 되어가진 않지만, 내일 또 다른 면접이 있어.
남: 그래? 네가 잘할 거라고 확신해.
여: 모르겠어. 걱정이 돼. 이 일자리를 정말 얻고 싶어.
남: 그 회사에 대해서 조사를 했니? 면접을 위해 많은 정보를 아는 것이 필요할 거야.
여: 했어. 다른 것보다 질문이 더 걱정돼. 난 면접을 볼 때 너무 긴장하거든.
남: 누군가와 함께 그걸 연습하는 게 어때? 그러면 기분이 나아질 거야.
여: 네가 나와 예행연습을 해줄래? 네가 면접관이 되어서 나한

테 질문을 하면 돼.
남: 물론이야. 오늘 연습하고 싶으면 오후에 들러도 돼.
여: 그거 정말 좋을 것 같아. 고마워.

job hunt 구직 활동   be anxious about ~에 대해 걱정하다
be concerned about ~에 대해 걱정하다

여자는 남자에게 함께 면접 연습을 해달라고 부탁했다.
① 그녀를 위해 일자리를 찾기
② 그녀와 함께 면접에 가기
③ 그녀와 함께 면접을 연습하기
④ 그 회사에 대한 정보 찾기
⑤ 그녀를 위해 면접 질문을 만들기

2
정답 ④

[Telephone rings.]
W: Mobile Metro Taxis. How may I help you?
M: Hi. I'm calling to find out how much it costs to put advertisements on your taxis.
W: We charge $15 per week for each taxi. How many taxis would you like to put your ads on?
M: I'm thinking twenty taxis.
W: Actually, we only have advertising space available on ten taxis right now. Would that be okay?
M: That's fine. I think ten is still enough.
W: How long would you like your ads to run?
M: I'm opening a new restaurant in five weeks, so I'd like to run the ads for it until then.
W: I see. Well, since we only have ten taxis available now, I'm going to give you an extra week for free. That way more people will find out about your restaurant.
M: Oh, thanks!

[전화벨이 울린다.]
여: Mobile Metro Taxis입니다. 무엇을 도와드릴까요?
남: 안녕하세요. 귀사의 택시에 광고를 하는 게 비용이 얼마나 드는지 알아보려고 전화 드렸어요.
여: 택시 한 대에 한 주당 15달러를 부과합니다. 몇 대의 택시에 광고를 부착하려고 하시나요?
남: 20대의 택시를 생각하고 있어요.
여: 사실, 현재 10대의 택시에만 이용 가능한 광고 공간이 있어요. 괜찮으시겠어요?
남: 괜찮습니다. 10대도 여전히 충분할 것 같네요.
여: 얼마나 오래 광고를 싣고 싶으세요?
남: 제가 5주 후에 새 식당을 개장해서, 그때까지 그걸 위한 광고를 싣고 싶어요.
여: 알겠습니다. 음, 가능한 택시가 현재 10대밖에 없어서 추가 일주일을 무료로 해 드릴게요. 그렇게 하면 더 많은 사

람들이 식당에 대해서 알게 될 거예요.

남: 아, 감사합니다!

어휘 advertisement(=ad) 광고   advertise 광고하다   available 이용 가능한

문제 해설 남자는 택시 한 대에 한 주당 15달러인 택시 광고를 택시 10 대에 5주 동안(10×($15×5)) 게시하려고 하는데, 여자가 추가 1주는 무료로 광고를 게시해주겠다고 했다.

3 ·· 정답 ⑤

[Telephone rings.]

W: Hello, Energy Electronics. How may I help you today?

M: Hi. Is it possible for someone to come fix my refrigerator?

W: Could you tell me what problems you're having with it?

M: Well, the freezer isn't cold enough.

W: I see. Have you checked the temperature control?

M: Yes, I have. I think something is wrong with the control.

W: Okay. I can get a technician to come by sometime today. What's your address?

M: Actually, I have somewhere I have to be today, so I don't think that will work.

W: (How about having the technician come tomorrow then?)

[전화벨이 울린다.]

여: 안녕하세요, Energy Electronics입니다. 오늘 무엇을 도와드릴까요?

남: 안녕하세요. 누가 와서 제 냉장고를 수리하는 게 가능한가요?

여: 그것에 무슨 문제가 있는지 말씀해주시겠어요?

남: 음, 냉동고가 충분히 차갑지 않아요.

여: 알겠습니다. 온도 제어기를 확인하셨나요?

남: 네, 했어요. 제어기에 무슨 문제가 있는 것 같아요.

여: 네. 오늘 기술자가 방문하게 해 드릴게요. 주소가 어떻게 되세요?

남: 사실, 제가 오늘 갈 데가 있어서, 그렇게는 안 될 것 같아요.

여: <u>그러면 기술자를 내일 방문하게 하는 건 어떠세요?</u>

어휘 freezer 냉동고   temperature control 온도 제어기   technician 기술자   work 일하다; *작동하다

문제 해설 남자가 오늘은 갈 데가 있어 냉장고를 고치러 오면 안 된다고 하는 상황이므로, 여자의 응답으로 ⑤번이 가장 적절하다.

① 온도 제어기는 괜찮은 것 같아요.

② 그러면 오늘로 약속을 정할게요.

③ 오늘 그 냉장고와 관련하여 당신께 전화할게요.

④ 스스로 온도 제어기를 교체하는 게 어떠세요?

4 ·· 정답 ⑤

M: Mia, are you busy right now?

W: No, I'm not busy. What's up?

M: Are you doing okay? You don't seem as happy at work as before.

W: You're right. Actually, I've been thinking a lot about quitting these days.

M: But you're our best computer programmer. Is there something I can do to change your mind?

W: There's nothing wrong with the company or my job. I just want to do something different.

M: What if we increased your salary?

W: That's nice of you to offer, but money isn't the problem.

M: Is there anything that would make you reconsider?

W: I'm sorry. I think I just need more time to think about my next step.

M: (Okay, please let me know when you make up your mind.)

남: Mia, 지금 바빠요?

여: 아니요, 안 바빠요. 무슨 일이세요?

남: 당신 괜찮아요? 직장에서 전만큼 만족해 보이지 않아요.

여: 맞아요. 사실, 요즘 그만둘까 많이 생각하고 있어요.

남: 하지만 당신은 우리의 최고 컴퓨터 프로그래머예요. 당신의 마음을 바꾸기 위해 내가 할 수 있는 게 있을까요?

여: 회사나 제 일에는 아무 문제가 없어요. 저는 단지 뭔가 다른 걸 하길 원해요.

남: 우리가 월급을 올려주면 어떨까요?

여: 제안해주셔서 감사하지만, 돈이 문제가 아니에요.

남: 당신을 재고하게 만들 수 있는 게 있을까요?

여: 죄송해요. 전 저의 다음 단계에 대해 생각할 시간이 더 필요할 뿐이에요.

남: 알겠어요, 결정을 하면 알려주세요.

어휘 quit 그만두다   salary 봉급   offer 제안하다   reconsider 재고하다 |문제| raise 임금 인상

문제 해설 여자가 회사에서 제공하는 어떤 제안도 자신의 생각을 바꾸게 할 수는 없다고 하는 상황이므로, 남자의 응답으로 ⑤번이 가장 적절하다.

① 당신이 새로운 일자리를 찾도록 기꺼이 도울게요.

② 높은 임금 인상이 저를 재고하게 만들었어요.

③ 당신의 현재 실적에 아주 만족해요.

④ 당신은 새로운 프로그래머 고용에 대해 우리에게 말해줬어야 해요.

5

M: Dale is in a rush this morning. He overslept and missed his school bus. So he decides to take the subway instead. When he gets to the station, he realizes he has left his wallet at home. He knows he is going to be late, but he has no choice but to go back home to get it. While he is running back home, he bumps into a neighbor coming into the station. Dale wants to ask his neighbor if he could borrow some money. In this situation, what would Dale most likely say to his neighbor?

Dale: (Could you lend me some money for the subway?)

남: Dale은 오늘 아침 아주 바쁘다. 그는 늦잠을 자서 통학 버스를 놓쳤다. 그래서 그는 대신 지하철을 타기로 결정한다. 역에 도착했을 때, 그는 집에 지갑을 놓고 온 걸 깨닫는다. 그는 늦을 걸 알지만 그것을 가지러 집에 돌아갈 수밖에 없다. 집으로 다시 뛰어가는데, 역으로 들어오고 있는 이웃과 마주친다. Dale은 돈을 좀 빌릴 수 있는지 이웃에게 묻길 원한다. 이 상황에서, Dale은 그의 이웃에게 뭐라고 말하겠는가?

Dale: 지하철을 타게 돈을 좀 빌려주실 수 있나요?

어휘 in a rush 아주 바쁘게 oversleep 늦잠을 자다 have no choice but to-v ~하지 않을 수 없다 bump into 마주치다 neighbor 이웃 |문제| owe 빚지고 있다

문제 해설 Dale은 지하철을 탈 수 있게 이웃에게 돈을 빌리길 원하므로, Dale이 이웃에게 할 말로 ⑤번이 가장 적절하다.
① 혹시 제 지갑을 봤나요?
② 함께 지하철을 타는 게 어때요?
③ 제가 어디에서 통학 버스를 탈 수 있는지 아세요?
④ 제가 지하철 표 값으로 당신에게 얼마를 빚졌나요?

6~7

W: Social networking is popular for many reasons. But there exist a few disadvantages of social networking that people don't often consider. Firstly, using social networks reduces the amount of time we spend talking face-to-face. Studies have shown that reduced face-to-face communication can lead to problems such as depression and anxiety. Secondly, it is very easy to get distracted and waste time when using social networking sites. Many students spend too much time posting their pictures or chatting instead of focusing on their school work. Thirdly, social networking is flooded with information. The problem is that much of it is from unknown sources or simply wrong, so it causes people to make bad decisions. Lastly, people could face more serious problems like identity theft, which is a crime related to online privacy. Identity thieves gather your personal information to access your banking system in order to steal your money without you knowing it. Despite these downsides, there are also many advantages social networking provides. Keep these drawbacks in mind so that you can enjoy the benefits of social networking.

여: 소셜 네트워크는 많은 이유로 인기가 있습니다. 그러나 사람들이 때로 고려하지 않는 소셜 네트워크의 몇 가지 단점이 있습니다. 첫째로, 소셜 네트워크를 이용하는 것은 대면하여 말하는 데 쓰는 시간의 양을 줄입니다. 연구에 따르면 얼굴을 보고 하는 의사소통이 감소하는 것이 우울증, 불안감 같은 문제를 초래할 수 있습니다. 둘째로, 소셜 네트워크 사이트를 이용할 때 정신이 산만해지고 시간을 낭비하기가 매우 쉽습니다. 많은 학생들이 학업에 몰두하는 대신 자신의 사진을 올리거나 채팅을 하는 데 너무 많은 시간을 보냅니다. 셋째로, 소셜 네트워크는 정보로 넘쳐납니다. 문제는 그것의 대다수가 알려지지 않은 출처에서 나오거나 단순히 잘못되어 있어서, 사람들로 하여금 잘못된 결정을 하게 만든다는 것입니다. 마지막으로, 사람들은 인터넷상의 사생활과 관련된 범죄인 신원 도용과 같은 더 심각한 문제들에 직면할 수 있습니다. 신원을 도용하는 사람들은 여러분이 그것을 알지 못하는 상황에서 여러분의 돈을 훔치기 위해 여러분의 은행 시스템에 접속하려고 개인 정보를 수집합니다. 이러한 부정적인 면들에도 불구하고, 소셜 네트워크가 제공하는 많은 장점도 있습니다. 여러분이 소셜 네트워크의 혜택을 누릴 수 있도록 이러한 문제점을 기억하십시오.

어휘 disadvantage 약점, 단점 reduce 줄이다 depression 우울증 anxiety 걱정 get distracted (정신이) 산만해지다 focus on ~에 집중하다 be flooded with ~로 넘쳐나다 source 원천, 출처 identity theft 신원 도용 privacy 사생활 access 접속하다, 접근하다 downside 부정적인 면, 단점 drawback 문제점 keep ... in mind ~을 명심하다 |문제| shut down 폐쇄하다 pros and cons 찬반양론

문제 해설 6. 여자는 소셜 네트워크의 단점에 대해 이야기하고 있다.
① 소셜 네트워크의 단점
② 소셜 네트워크가 인기 있는 이유
③ 소셜 네트워크 서비스를 폐쇄해야 하는 이유
④ 소셜 네트워크 사용의 장단점
⑤ 일부 사람들이 더 이상 소셜 네트워크를 사용하지 않는 이유

7. 소셜 네트워크의 문제점으로 대면 시간의 단축, 학업 소홀, 신뢰성 없는 정보, 개인 정보 도난에 대해서는 언급되었지만, 관리의 피로함은 언급되지 않았다.

1 ·· 정답 ⑤

W: Wow! That was a great party!

M: It was really fun. It seemed like everyone enjoyed themselves.

W: Yes, I'm glad you had the party. I'll help you clean up before I go.

M: That'd be great, thanks. I'll start cleaning up the kitchen.

W: Okay. Should I sweep up the floor then?

M: No, it's okay. I'll do that later. Would you sort out the trash instead? We need to recycle.

W: Okay. I'll put bottles and cans in separate bags.

M: Great. And then just put the bags by the door.

W: You don't want me to take them out? I can take them out to the yard.

M: No, we have many bottles, so they will be very heavy. I'll do it.

W: Okay. Then I'll help you clean up the kitchen after.

M: You're so nice. Thank you.

여: 와! 굉장한 파티였어!

남: 정말 재미있었어. 모든 사람들이 즐거워하는 것 같았어.

여: 응, 난 네가 파티를 해서 기뻐. 가기 전에 청소하는 거 도와줄게.

남: 그러면 좋겠어, 고마워. 난 부엌을 치우기 시작할게.

여: 그래. 그러면 내가 바닥을 쓸까?

남: 아니, 괜찮아. 이따가 내가 할게. 대신 쓰레기를 분류해줄래? 재활용을 해야 해.

여: 알았어. 병과 캔을 다른 봉지에 담을게.

남: 좋아. 그리고 나서 봉지들을 문 옆에 두기만 하면 돼.

여: 내가 그것들을 가지고 나가길 원하지 않니? 내가 그것들을 마당에 가져다 놓을 수 있어.

남: 아니야, 병이 많아서 아주 무거울 거야. 내가 할게.

여: 알았어. 그러면 이따가 부엌 청소를 도와줄게.

남: 넌 정말 착해. 고마워.

어휘 sweep (방 등을 빗자루로) 쓸다   sort out 분류하다   trash 쓰레기   separate 분리된, 따로 떨어진   yard 마당

문제 empty 빈; *비우다

문제 해설 남자는 여자에게 재활용을 위해 쓰레기를 분류해 달라고 부탁했다.
① 쓰레기를 내다 놓기
② 더러운 접시 닦기
③ 바닥을 쓸기
④ 쓰레기통 비우기
⑤ 재활용을 위해 쓰레기를 분류하기

2 ·· 정답 ④

[Telephone rings.]

W: Holly's Bike Shop. How may I help you?

M: Hi, this is Jake Wallace. I'm calling about the two bicycles I brought in for repair last week.

W: Hi, Mr. Wallace. We just finished working on both of them. Your mountain bike just needed some adjustments, so there is only a service fee of $5.

M: Okay, great. What about my racing bike?

W: The racing bike had a few more problems. We replaced the chain and the front wheel. The total cost for the two parts is $65, and the fee for installation is $15.

M: No problem.

W: Are you ready to come pick up the bikes?

M: Actually, can you deliver them to my home?

W: Yes, we can. There's normally a $10 delivery fee, but you're a regular customer, so I won't add that to your bill.

M: Thanks! I appreciate that. I'll have the money ready.

[전화벨이 울린다.]

여: Holly의 자전거 가게입니다. 무엇을 도와드릴까요?

남: 안녕하세요, 저는 Jake Wallace라고 합니다. 지난주에 수리 때문에 갖다 놓은 자전거 두 대 때문에 전화드려요.

여: 안녕하세요, Wallace 씨. 막 두 대 모두 수리를 마쳤어요. 산악자전거는 약간의 조정만 하면 되었기 때문에 서비스 비용으로 5달러만 주시면 됩니다.

남: 네, 좋아요. 경주용 자전거는요?

여: 경주용 자전거는 문제가 좀 더 많았어요. 체인과 앞바퀴를 교체했어요. 두 개 부품의 총비용이 65달러이고 설치비는 15달러예요.

남: 알겠습니다.

여: 와서 자전거를 가져가시겠어요?

남: 저, 자전거를 저희 집으로 배달해주실 수 있나요?

여: 네, 그럴 수 있어요. 보통 10달러의 배달료가 있는데, 단골 고객이시니 계산서에 그건 포함하지 않을게요.

남: 고맙습니다! 감사해요. 돈을 준비해 놓을게요.

어휘 adjustment 조정[수정] replace 교체하다 wheel 바퀴
installation (장비·가구의) 설치 deliver 배달하다 delivery 배
달 regular customer 단골 고객 appreciate 고마워하다

문제 해설 남자는 수리 비용으로 산악자전거는 5달러, 경주용 자전거는
부품비 65달러와 설치비 15달러를 합하여 85달러를 지불해야 한다.

3 ·· 정답 ③

M: Well, I'm all set for my backpacking trip.

W: Are you sure? Don't you think you need to double
check?

M: I did already.

W: What's your itinerary for the trip?

M: I didn't schedule everything. I've just booked my
train tickets and hostels.

W: Haven't you planned what famous places you are
going to visit?

M: Not yet. I'll figure it out when I get there.

W: I think you should plan where to go before you
leave. It'll save you time.

M: But I'm leaving tomorrow. I don't have enough
time to look up information now.

W: (Then you should get a good guidebook at least.)

남: 음, 배낭여행 준비가 다 되었어요.
여: 확실해? 다시 한 번 확인해야 하지 않니?
남: 이미 했어요.
여: 여행 일정이 어떻게 되니?
남: 모든 걸 정하진 않았어요. 제 기차표와 호스텔만 예약했어
요.
여: 어떤 명소를 가려고 하는지 계획하지 않았어?
남: 아직 이요. 거기에 도착하면 알아볼 거예요.
여: 출발하기 전에 갈 곳을 계획해야 할 것 같아. 그렇게 하면
시간이 절약될 거야.
남: 하지만 저 내일 출발해요. 지금은 정보를 찾아볼 시간이
충분치 않아요.
여: 그러면 적어도 좋은 여행책자를 사야 해.

어휘 be set for ~할 준비가 되다 backpacking trip 배낭여행
double check 재확인하다 itinerary 일정 hostel 호스텔, 쉼터
figure out 알아내다 look up 찾아보다 |문제| confirm 확인하다
relieved 안도하는

문제 해설 남자가 여행지 정보를 찾아볼 시간이 충분치 않다고 했으므
로, 여자의 응답으로 ③번이 가장 적절하다.
① 나도 없어. 내가 명소 리스트를 만들었어.
② 네 기차표도 다시 한 번 확인해야 해.
④ 너는 또한 지금 호스텔 예약을 확인해야 해.
⑤ 네가 여행 준비를 잘해서 마음이 놓여.

4 ·· 정답 ①

W: Why don't we go snowboarding this winter?

M: I've never tried it, but it does look fun. Where
should we go to snowboard?

W: Let's go to the Alps. I've heard it's beautiful there.

M: I think we'd have a great time there.

W: Me, too. Snowboarding in the Alps would be
really cool.

M: How long do you want to stay there?

W: I'm thinking five days. We might be able to stay in
a cabin for four nights if we make a reservation.

M: That sounds like an amazing idea!

W: I know. We should probably reserve the cabin
online today.

M: You're right. The earlier we book, the better room
we will get.

W: So while I check the plane tickets, can you reserve
the room?

M: (Sure. I'll try to book one right now.)

여: 이번 겨울에 스노보드 타러 가는 게 어때?
남: 한 번도 안 타봤지만 정말 재미있을 것 같아. 스노보드 타
러 어디로 가야 할까?
여: 알프스에 가자. 거기가 아름답다고 들었어.
남: 우리는 거기서 즐거운 시간을 보낼 것 같아.
여: 나도 그렇게 생각해. 알프스에서 스노보드를 타는 건 정말
멋질 거야.
남: 거기에 얼마나 머무르고 싶어?
여: 5일을 생각하고 있어. 예약을 하면 오두막에서 4박을 머물
수 있을지도 몰라.
남: 훌륭한 생각인 것 같아!
여: 맞아. 오늘 인터넷으로 오두막을 예약해야 할 거야.
남: 네 말이 맞아. 더 빨리 예약할수록, 더 좋은 오두막을 얻을
거야.
여: 그러니 내가 비행기 표를 확인할 동안 오두막을 예약해 줄
래?
남: 물론이지. 내가 당장 오두막을 예약해 볼게.

어휘 cabin 오두막 reservation 예약 reserve 예약하다

문제 해설 여자가 자신이 비행기 표를 확인하는 동안 오두막을 예약해
달라고 부탁했으므로, 남자의 응답으로 ①번이 가장 적절하다.
② 이번에 너와 함께 가지 못할 것 같아.
③ 음, 우리가 호텔에 묵는 게 나을 것 같아.
④ 오두막에 4일 있는 건 나한테 너무 긴 것 같아.
⑤ 응, 나 대신 예약을 해줘서 고마워.

5

W: Don and Ian are university roommates. Their daily class timetables are very similar. They both leave the apartment at the same time, and get home roughly at the same time. When Don gets home, he usually spends some time cleaning up the place before making dinner. When Ian gets home, he just sits on the sofa and plays computer games. Don is unhappy about this. Ian doesn't help out around the apartment and almost never cooks dinner. Don thinks it would be better if they both shared household chores equally. In this situation, what would Don most likely say to Ian?

Don: (You need to do half of the household chores.)

여: Don과 Ian은 대학 룸메이트이다. 그들의 매일의 수업 시간표는 아주 유사하다. 그들 둘 다 같은 시간에 아파트를 떠나고 거의 동시에 집에 돌아온다. Don이 집에 오면 그는 저녁을 준비하기 전에 집을 청소하는 데 약간의 시간을 보낸다. Ian은 집에 오면 그냥 소파에 앉아 컴퓨터 게임을 한다. Don은 이게 마음에 들지 않는다. Ian은 집안일을 돕지 않고 저녁을 거의 하지 않는다. Don은 그들 둘이 똑같이 집안일을 나누면 더 좋을 거라고 생각한다. 이 상황에서, Don은 Ian에게 뭐라고 말하겠는가?

Don: 너는 집안일의 절반을 해야 해.

어휘 timetable 시간표, 일정표 roughly 대략 household chore 집안일

문제 해설 Don은 Ian이 자신과 집안일을 반반씩 나누어서 하길 원하므로, Don이 Ian에게 할 말로 ④번이 가장 적절하다.
① 나는 이사 가는 걸 생각 중이야.
② 네가 모든 일을 하는 걸 그만할 때야.
③ 우리는 허드렛일 하는 걸 도와줄 누군가가 필요해.
⑤ 나는 이제부터 어떤 집안일도 안 할 거야.

6~7

정답 6 ③ 7 ①

M: Throughout history there have been many reports of animals behaving strangely before a natural disaster strikes. There are stories of hens not laying eggs, cows not producing milk, or bees abandoning hives before a tornado, hurricane, or earthquake hits. These behaviors happen minutes, hours, or even days before the disasters. Some animals have senses that are more developed than human senses. Such senses are sensitive to weather change. Before the Indian Ocean tsunami hit the coast, flamingos were seen abandoning their nests and flying to higher ground. Likewise, ten minutes before the giant waves met the shore, antelope rushed to safety. It is undeniable that many animals can detect certain natural signals, long before humans can. But this doesn't mean that they are able to predict approaching disaster. It just means they have the opportunity to react before we can.

남: 역사를 통틀어 자연재해가 일어나기 전에 이상 행동을 하는 동물에 대한 보고가 많았다. 토네이도, 허리케인, 또는 지진이 일어나기 전에 알을 낳지 않는 암탉들, 우유를 만들지 않는 소들, 또는 벌집을 버리고 떠나는 벌들의 이야기가 있다. 이러한 행동들은 자연재해가 발생하기 몇 분, 몇 시간, 심지어 며칠 전에 일어난다. 일부 동물들은 인간의 감각보다 더 발달된 감각을 가지고 있다. 그러한 감각은 날씨의 변화에 민감하다. 인도양의 쓰나미가 해안을 강타하기 전에, 홍학들이 자신들의 둥지를 버리고 높은 지역으로 날아가는 것이 목격되었다. 이와 유사하게, 그 거대한 파도가 해변에 몰아치기 10분 전에, 영양들은 안전한 곳으로 몰려갔다. 많은 동물들이 인간이 감지하기 훨씬 전에 특정 자연 신호를 감지할 수 있다는 것은 부인할 수 없다. 하지만 이것은 동물들이 다가오는 재해를 예측할 수 있다는 것을 의미하지는 않는다. 그것은 동물들이 우리보다 먼저 반응할 기회를 가지고 있다는 걸 의미할 뿐이다.

어휘 natural disaster 자연재해 strike 치다; *(재난·질병 등이 갑자기) 발생하다[덮치다] abandon 버리다 hive 벌집 earthquake 지진 sensitive 민감한 tsunami 쓰나미 flamingo 홍학 antelope 영양 undeniable 부인할 수 없는 detect 감지하다 signal 신호 predict 예측[예견]하다 approaching 다가오는 react 반응하다

문제 해설 6. 남자는 자연재해가 일어나기 전에 보이는 동물들의 이상 행동에 대해 이야기하고 있다.
① 동물이 자연재해를 예측하는 방법
② 발달한 감각을 지닌 것의 단점
③ 자연재해 전의 동물의 이상 행동
④ 동물의 감각이 더 발달된 이유
⑤ 날씨가 생명체들의 감각에 영향을 끼치는 방식
7. 남자는 암탉, 소, 벌, 홍학에 대해 언급했지만, 개는 언급하지 않았다.

Mini Test 4회

1. ④ 2. ④ 3. ③ 4. ④ 5. ① 6. ② 7. ⑤

1

M: Hey, Cassie. What are you up to?

40 | PART 2

W: Oh, hey. I'm trying to organize things for my friend's baby shower.

M: A baby shower?

W: Yeah. It's a party for a mother who is expecting a baby soon. Her friends will bring lots of baby related gifts to the shower.

M: I see. It's very nice of you to throw a party for your friend. Is there anything I can do to help?

W: Well, I've covered almost everything, but I'm still looking for a place to hold the shower. It's hard to find a good place for it.

M: What about the Italian restaurant on Fifth Avenue? It has rooms it rents out for special occasions.

W: I know that restaurant, but wouldn't it be too expensive?

M: Well, I know the owner of the restaurant. If you want, I could give him a call. He might rent you a room at a low rate.

W: That'd be fantastic. Could you ask him if I can make a reservation for Sunday afternoon?

M: Okay. I'll give him a call now.

남: 안녕, Cassie. 뭐 하고 있니?

여: 아, 안녕. 내 친구의 베이비 샤워를 위해 여러 가지를 준비하는 중이야.

남: 베이비 샤워라고?

여: 응. 곧 아기가 태어나는 엄마를 위한 파티야. 그녀의 친구들이 아기와 관련된 선물을 베이비 샤워에 많이 가져올 거야.

남: 그렇구나. 친구를 위해서 파티를 열다니 너 정말 멋지다. 내가 도와줄 수 있는 게 있을까?

여: 음, 내가 거의 모든 걸 했지만, 베이비 샤워를 열 장소를 여전히 찾고 있는 중이야. 그걸 위한 좋은 장소를 찾는 게 힘들어.

남: 5번가에 있는 이탈리아 식당은 어때? 특별 행사를 위해 대여하는 방이 있어.

여: 그 식당 아는데, 거긴 너무 비싸지 않을까?

남: 있지, 내가 그 식당 주인을 알아. 네가 원하면 그에게 전화를 해볼 수 있어. 그가 낮은 가격에 방을 빌려줄지도 몰라.

여: 그거 정말 좋다. 일요일 오후에 예약을 할 수 있는지 그에게 물어봐 줄래?

남: 알았어. 지금 그에게 전화할게.

어휘 organize 준비하다 baby shower 베이비 샤워, 출산 축하 파티 related 관련된 occasion 행사 rate 요금

문제 해설 여자는 남자에게 식당 주인에게 전화해서 자신이 방 예약하는 걸 도와달라고 부탁했다.

① 그의 친구에게 파티에 와달라고 전화하기
② 그의 친구에게 파티 준비를 해달라고 부탁하기
③ 그녀 친구의 베이비 샤워를 위한 선물 사기
④ 그녀가 식당에서 방 예약하는 걸 도와주기
⑤ 베이비 샤워를 위한 식당 선택을 도와주기

2
정답 ④

M: Melissa, will you help me with something?

W: Sure, what is it?

M: I want to check how much we spent on our vacation last week. I have all the receipts here.

W: Oh, you kept all of them! Okay, let's see. The hotel receipt says our room was $60 per night, and we stayed there two nights.

M: Right. And the car we rented for three days was $25 per day.

W: That leaves all these receipts from going out to eat. I'll add them up. [Pause] Oh, no!

M: What? How bad is it?

W: We spent $240 total on food!

M: Really? That's too much for only three days!

W: I know. We should follow a food budget next time we travel.

남: Melissa, 뭐 좀 도와줄래요?

여: 물론이에요, 뭔데요?

남: 우리가 지난주에 휴가에서 얼마를 썼는지 확인하고 싶어서요. 여기 모든 영수증이 있어요.

여: 아, 그걸 모두 가지고 있었네요! 좋아요, 같이 봐요. 호텔 영수증에는 우리 방이 하룻밤에 60달러인데, 우리가 이틀을 거기에서 묵었다고 쓰여있네요.

남: 맞아요. 그리고 우리가 사흘 동안 빌렸던 차는 하루에 25달러였어요.

여: 그러면 남은 이 모든 영수증은 외식한 거네요. 내가 그것들을 합산할게요. [잠시 후] 아, 이런!

남: 왜요? 얼마나 심각한데요?

여: 음식에 총 240달러를 썼어요!

남: 정말이요? 사흘 치로는 너무 과하네요!

여: 그러게요. 다음에 여행할 때 식비 예산을 따라야겠어요.

어휘 receipt 영수증 add up 합산하다 budget 예산

문제 해설 두 사람은 60달러인 호텔 방에서 이틀을 묵었고($60×2), 하루에 임대료가 25달러인 차를 사흘간 사용했으며($25×3), 음식값으로 240달러를 지출했으므로, 두 사람이 사용한 총 금액은 435달러이다.

3
정답 ③

M: Could we stop by that store across the street?

W: Sure. What do you need to get?

M: Well, I don't think I'm feeling well.

W: Oh, really? What's the problem?

M: I think I ate too much during dinner. My stomach hurts.

W: Oh, do you need some medicine?

M: No, I don't need medicine. I just need some sparkling water.

W: Are you sure? Will that help you digest your food?

M: Yes, I drink it when I have an upset stomach.

W: It can make you feel better temporarily, but in fact, it doesn't help you digest.

M: I tried it a few times and it really helped me feel better. It's just one bottle. It should be okay.

W: (I still don't think it's good for your stomach.)

남: 우리 길 건너편에 있는 저 가게에 들러도 될까?
여: 그럼. 뭘 사야 하는데?
남: 음, 몸이 좋지 않은 것 같아.
여: 아, 정말? 뭐가 문제인데?
남: 저녁에 너무 많이 먹은 것 같아. 배가 아파.
여: 아, 약이 필요하니?
남: 아니, 약은 필요 없어. 그냥 탄산수가 좀 필요해.
여: 확실해? 그게 음식을 소화하는 데 도움이 될까?
남: 응, 난 배탈이 났을 때 그것을 마셔.
여: 그게 일시적으로 나아진 것처럼 만들 수 있지만 사실, 소화작용을 돕지는 못해.
남: 그걸 여러 번 해봤고 그게 정말 내가 괜찮아지는 데 도움을 주었어. 한 병일 뿐이야. 괜찮을 거야.
여: 난 여전히 그게 네 위에 좋을 것 같지 않아.

어휘 medicine 약 sparkling water 탄산수 digest 소화시키다, 소화하다 upset stomach 배탈 temporarily 일시적으로

문제 해설 남자는 탄산수를 마시는 게 소화에 도움이 된다고 생각하지만, 여자는 그게 도움이 안 된다고 생각하는 상황이므로, 여자의 응답으로 ③번이 가장 적절하다.
① 물론이야. 이 알약이 네가 낫는 데 도움이 될 거야.
② 저녁에 너무 술을 많이 마셔서는 안 돼.
④ 내가 가게에서 감기약을 사다 줄게.
⑤ 탄산수 몇 병 마시는 것은 괜찮을 거야.

4 .... 정답 ④

W: Are you watching a soccer game?

M: Yes, the game just began a few minutes ago. Do you want to watch it with me?

W: Sure. I love soccer. [Pause] Oh, I didn't know you like La Liga.

M: Yes, I'm a big Real Madrid fan.

W: Oh, really? I like watching the Premier League actually.

M: Premier League is great too, but I think La Liga is better.

W: Why is that?

M: I think there are many talented players in La Liga.

W: There are, but Premier League players are also very talented.

M: That's true. But La Liga's games are just better to watch.

W: I don't agree with that. La Liga doesn't have the energy and excitement of the Premier League.

M: (Well, everyone has the right to their own opinion.)

여: 너 축구 경기 보고 있니?
남: 응, 경기가 몇 분 전에 막 시작했어. 나랑 같이 볼래?
여: 응. 난 축구를 좋아해. [잠시 후] 아, 네가 라 리가를 좋아하는지 몰랐어.
남: 응, 나는 레알 마드리드 열성 팬이야.
여: 아, 정말? 난 사실 프리미어 리그를 보는 걸 좋아해.
남: 프리미어 리그도 굉장하지만, 나는 라 리가가 더 낫다고 생각해.
여: 왜 그런데?
남: 라 리가에 재능 있는 선수들이 많이 있는 것 같아.
여: 그렇지만, 프리미어 리그 선수들 또한 기량이 뛰어나.
남: 그건 맞아. 하지만 라 리가 경기가 보기에 더 나아.
여: 동의 못 해. 라 리가에는 프리미어 리그에 있는 에너지와 흥이 없어.
남: 음, 누구나 자신의 의견을 가질 수 있지.

어휘 La Liga 라 리가(스페인의 축구 리그) Real Madrid 레알 마드리드(스페인의 프로 축구팀) Premier League 프리미어 리그(잉글랜드 프로 축구 1부 리그)

문제 해설 남자는 라 리가 경기가, 여자는 프리미어 리그 경기가 더 훌륭하다고 생각하며 서로의 의견에 동의를 못 하는 상황이므로, 남자의 응답으로 ④번이 가장 적절하다.
① 하지만 축구는 미국이 가장 좋아하는 스포츠가 아니야.
② 응, 하지만 축구는 사실 그렇게 신나지 않아.
③ 맞아! 전적으로 동의해.
⑤ 오늘 밤 가서 프리미어 리그 경기를 보자.

5 .... 정답 ①

M: Ruben has been working at the same insurance company for the past ten years. His job pays well and he has great coworkers, but he feels something is missing. Ruben wants to try something different.

When he was in university, he wanted to run his own food truck with his best friend, Sam. Ruben and Sam had lunch together recently. As they talked about how they didn't feel challenged at their jobs any more, Ruben suddenly recalled their dream about owning a food truck. In this situation, what would Ruben most likely say to Sam?

Ruben: (I think it's time we follow our dream.)

남: Ruben은 지난 10년 동안 같은 보험 회사에서 일해왔다. 그의 일자리는 월급이 많고 그에게는 훌륭한 동료들이 있지만, 그는 뭔가 허전하다고 느낀다. Ruben은 다른 것을 해보길 원한다. 대학에 있을 때 그는 가장 친한 친구인 Sam과 자신만의 음식 트럭을 운영하길 원했었다. Ruben과 Sam은 최근에 함께 점심을 먹었다. 그들은 자신들의 일에 더 이상 도전의식이 생기지 않는다고 이야기하면서, Ruben이 갑자기 음식 트럭을 가지는 그들의 꿈을 기억해 냈다. 이 상황에서, Ruben이 Sam에게 뭐라고 말하겠는가?

Ruben: 지금이 우리의 꿈을 좇을 때라고 생각해.

어휘 insurance company 보험 회사 coworker 동료 recall 기억해 내다 |문제| stable 안정적인

문제 해설 Ruben과 Sam은 모두 현재의 일에 회의를 느끼고 있고, 이 상황에서 Ruben이 음식 트럭을 운영하던 Sam과의 옛꿈을 기억해 냈으므로, Ruben이 Sam에게 할 말로 ①번이 가장 적절하다.
② Sam, 우리 회사에서 같이 일하자.
③ 네 가족을 위해 안정적인 직장을 가져야 해.
④ 내 동료들은 우리 대학의 음식 트럭을 소유했어.
⑤ 지금쯤은 그 보험 회사를 경영할 수 있어야 해.

6~7
정답 6 ② 7 ⑤

W: A flight can be painful, especially when it is a long one. As travel experts, we at Explorers, have some advice for you to make your flight less painful. The most important thing to do to make your flight as painless as possible is to get some sleep on the plane. Here are some things you can do to get some sleep during your flight. Get online and select your seat. Choose a window seat because this gives you something to lean on when you sleep. It's also a good idea to get yourself a few things to help you feel more comfortable before going to the airport. Make sure you have a sleeping mask, ear plugs, and a neck pillow; these things make it much easier to get proper sleep.

When you get on the plane, ask for another blanket. The more soft things you have, the cozier you will be. On the day of your flight, you should avoid tea, coffee, and any other drinks that contain caffeine.

여: 비행은, 특히 장거리일 때 고통스러울 수 있습니다. 여행 전문가로서, 저희 Explorers에게 여러분의 비행이 덜 고통스러워지도록 할 수 있는 조언이 있습니다. 여러분의 비행이 가능한 한 고통스럽지 않게 하기 위해 할 가장 중요한 일은 비행기에서 수면을 취하는 것입니다. 비행 중에 잠을 자기 위해 여러분이 할 수 있는 일은 다음과 같습니다. 인터넷에 들어가서 여러분의 좌석을 고르십시오. 잠을 잘 때 기댈 것을 제공하므로 창가 자리를 선택하십시오. 공항에 가기 전에 여러분이 더 편안하게 느낄 수 있도록 도와주는 몇 가지 물건을 사는 것도 좋은 생각입니다. 수면 마스크, 귀마개, 그리고 목 베개를 꼭 가지고 계십시오. 이러한 것들은 제대로 된 잠을 취하는 걸 훨씬 수월하게 해줍니다. 비행기에 탑승할 때, 담요를 하나 더 달라고 하십시오. 부드러운 것들을 많이 가지고 있을수록 여러분은 더 편안할 겁니다. 비행 당일에는 차, 커피, 그리고 카페인이 든 기타 음료를 피하십시오.

어휘 painful 고통스러운 expert 전문가 painless 고통이 없는 lean on ~에 기대다 ear plug 귀마개 proper 적절한, 제대로 된 cozy 편안한 |문제| keep A from v-ing A가 ~하지 못하게 하다

문제 해설 6. 여자는 장거리 비행을 편안하게 만드는 여러 가지 방법에 대해 이야기하고 있다.
① 비행 중 수면이 고통스러운 이유
② 장거리 비행을 편안하게 만드는 방법
③ 비행 전에 사야 하는 물품
④ 장거리 여행이 당신을 지치게 하는 이유
⑤ 비행기에서 당신을 잠들지 못하게 하는 것
7. 장거리 비행을 편안하게 하는 데 도움이 되는 것으로 창가 자리, 수면 마스크, 목 베개, 담요는 언급되었지만, 편안한 옷에 대한 언급은 없었다.

Mini Test 5회
pp.74~75
1. ③ 2. ① 3. ① 4. ④ 5. ① 6. ③ 7. ⑤

1
정답 ③

W: Ryan, the talent show is in three weeks!
M: Yeah, I know. We should start practicing together soon.
W: Have you finished writing the song?
M: Yes, I finally finished it last night.
W: Good. So when do you want to start rehearsing?
M: How about tomorrow?

W: Tomorrow's good for me, too. I think we need a place to rehearse.

M: Yeah, we do. Can you reserve the school's music room for us?

W: Sure. I'll ask Mr. Hardy if we can use it on Monday and Wednesday nights.

M: Perfect. And I'll ask the organizers about the music equipment they will have at the talent show.

W: Okay. I think we have a good chance of winning.

M: I think so, too. We just have to practice a lot.

여: Ryan, 탤런트 쇼가 3주 후야!

남: 응, 알아. 우리 곧 함께 연습하기 시작해야 해.

여: 곡 쓰는 걸 끝냈어?

남: 응, 마침내 어젯밤에 끝마쳤어.

여: 잘됐다. 그래서 언제 예행연습을 시작하고 싶어?

남: 내일이 어때?

여: 나도 내일이 좋아. 우리가 예행연습을 할 장소가 필요한 거 같은데.

남: 그래, 그렇지. 우리를 위해 교내 음악실을 예약해줄래?

여: 물론이지. Hardy 선생님께 월요일과 수요일 밤에 거길 사용할 수 있는지 물어볼게.

남: 완벽해. 그리고 내가 주최 측에 탤런트 쇼에 갖춰 놓을 음악 장비에 대해 물어볼게.

여: 알았어. 난 우리가 우승할 가능성이 충분하다고 생각해.

남: 나도 그렇게 생각해. 우린 연습만 많이 하면 돼.

어휘 rehearse 예행연습하다　**organizer** 주최자　**equipment** 장비
문제 organize 준비하다

문제 해설 남자는 여자에게 예행연습을 할 장소인 교내 음악실의 예약을 부탁했다.
① 탤런트 쇼에 참가하기
② 쇼를 위한 노래를 정하기
③ 예행연습 할 장소를 예약하기
④ 음악 장비를 준비하기
⑤ 그를 빼고 예행연습을 시작하기

2
정답 ①

[Telephone rings.]

M: Good morning. Astral Travel. How can I help you today?

W: Hi. I'm calling you to see about changing my flight date.

M: Sure. Do you have your reservation code?

W: It's IMB367.

M: Give me a second. *[Pause]* Okay. Did you get this ticket as part of a special promotion?

W: What do you mean?

M: Well, you got the ticket for $400 on a deal. To change the date there's a fee of 20% of the ticket price.

W: That's fine.

M: Okay. What date do you want to fly?

W: The 24th, please.

M: Okay. There is one seat available, but it's slightly more expensive. It's $450, and you'll need to pay the difference. Is that okay?

W: That's fine.

[전화벨이 울린다.]

남: 안녕하세요. Astral Travel입니다. 오늘 무엇을 도와드릴까요?

여: 안녕하세요. 제 비행 날짜를 변경할 수 있는지에 대해 알아보려고 전화드렸어요.

남: 네. 예약 번호를 가지고 있으세요?

여: IMB367이에요.

남: 잠시만요. *[잠시 후]* 네. 특별 판촉 활동의 일환으로 이 표를 받으셨어요?

여: 무슨 말씀이세요?

남: 음, 거래하실 때 400달러에 표를 구입하셨어요. 날짜를 변경하기 위해서는 표 가격의 20퍼센트에 해당하는 수수료가 있습니다.

여: 괜찮아요.

남: 네. 며칠에 비행하길 원하세요?

여: 24일이요.

남: 알겠습니다. 한 좌석이 가능하지만 약간 더 비싸네요. 450달러라서 차액을 내셔야 합니다. 괜찮으세요?

여: 괜찮습니다.

어휘 promotion 판촉 활동, 홍보　**deal** 거래　**available** 이용할 수 있는　**slightly** 약간, 조금

문제 해설 여자는 표 가격 400달러의 20퍼센트인 80달러를 수수료로 내야 하고, 변경된 날짜의 표는 450달러로 원래 표 값보다 50달러가 비싸므로, 추가로 130달러를 지불해야 한다.

3
정답 ①

W: How are you feeling today, Steven?

M: I feel great! My leg feels much better after you took off the cast, Doctor.

W: That's good to hear, but you should still use your crutches for the next couple of weeks.

M: I know I should. Don't worry.

W: Good. Just wait until the end of next month to start running again.

M: Okay. I talked with my coach, and we've decided to start training again slowly.

W: I remember that you were going to be in the relay race for the national championships. I'm sorry that you won't be able to participate in it this year.

M: Well, it is upsetting, but I can still participate in another way.

W: What are you planning to do?

M: I can't run, but I can sit in the stands and cheer for my teammates.

W: (Of course. That sounds like a good plan.)

여: Steven, 오늘 몸이 어떤가요?

남: 아주 좋아요! 선생님, 선생님이 깁스를 벗겨주신 후에 다리가 훨씬 더 좋아졌어요.

여: 반가운 소리지만 다음 몇 주 동안 여전히 목발을 사용해야 해요.

남: 그래야 하는 거 압니다. 걱정하지 마세요.

여: 좋아요. 다시 뛰는 것을 시작하는 건 다음 달 말까지 기다리세요.

남: 네. 제 코치와 이야기했고, 저희는 훈련을 다시 시작하는 걸 천천히 하기로 결정했어요.

여: 당신이 전국 선수권대회의 계주에 나가려고 했던 걸 기억해요. 올해에는 당신이 거기에 참가하지 못할 것 같아 유감이네요.

남: 음, 속상하지만 전 여전히 다른 방식으로 참가할 수 있어요.

여: 뭘 하려고 계획 중인가요?

남: 저는 달릴 수 없지만, 관중석에 앉아서 제 팀 동료들을 응원할 수 있잖아요.

여: 물론이죠. 그거 좋은 계획인 것 같네요.

어휘 cast 깁스 crutch 목발 relay race 계주 **participate in** ~에 참가하다 upsetting 속상하게 하는 stand 관중석 **|문제|** heal 치유되다

문제 해설 다리를 다쳐 전국 선수권대회에 참가할 수 없는 올해는 대신 동료들을 응원할 거라고 했으므로, 이에 대한 여자의 응답으로 ①번이 가장 적절하다.
② 아니요, 당신이 달리기에 적당한 때가 아니에요.
③ 이번에 당신의 팀 동료들이 당신이 달리도록 도울 수 있어요.
④ 당신의 부러진 다리가 곧 나을 것 같지 않네요.
⑤ 당신은 어찌 되었건 계주를 연습해야 해요.

4 .... 정답 ④

W: You seem busy lately, Eric. What have you been up to?

M: Oh, I've been working at a restaurant on the weekends.

W: Really? And you're still working for the marketing company, too?

M: I am, but I'm thinking of changing careers.

W: But you have such a stable job. Why do you want to change it?

M: I want to open my own restaurant. I would get to meet and talk with the customers as well as create my own dishes.

W: How long have you been working at this restaurant?

M: For the past three months.

W: Are you sure you have enough experience to open your own restaurant?

M: I used to work as a waiter for three years in university to pay my tuition.

W: Opening your own restaurant will be a lot different. I think it will be very hard.

M: (I know it will be challenging, but I want to take it on.)

여: Eric, 너 요즘 바빠 보여. 뭐하며 지냈어?

남: 아, 주말에 식당에서 일하고 있어.

여: 정말? 거기다 계속 마케팅 회사에서도 일하고?

남: 응, 그렇지만 직업을 바꿀까 생각하고 있어.

여: 하지만 넌 정말 안정적인 일자리를 가지고 있잖아. 왜 그걸 바꾸고 싶니?

남: 나만의 식당을 열고 싶어. 내가 나만의 요리를 만들 뿐만 아니라 손님들과 만나고 이야기도 하고 싶어.

여: 이 식당에서 얼마나 일했니?

남: 지난 3개월 동안 일했어.

여: 네 식당을 열만큼 충분한 경험이 있다고 확신해?

남: 등록금을 내려고 대학 다닐 때 3년 동안 종업원으로 일했었어.

여: 네 식당을 여는 건 많이 다를 거야. 몹시 어려울 것 같아.

남: 어려울 거라는 걸 알지만 그걸 감수하고 싶어.

어휘 stable 안정적인 tuition 등록금 **|문제|** take on (일 등을) 맡다, (책임을) 지다

문제 해설 남자가 자신의 식당을 열겠다고 하자 여자가 식당을 여는 것은 어려울 거라며 걱정을 하는 상황이므로, 남자의 응답으로 ④번이 가장 적절하다.
① 그러게. 그게 정확히 내가 직업을 바꾼 이유야.
② 거기에서 주말에만 일하겠다고 약속할게.
③ 사실이야. 그래서 먼저 너희 식당에서 일하고 싶어.
⑤ 아주 쉬워 보이게 말을 하네. 지지해주어 고마워.

5 .... 정답 ①

W: Gus is on his way home for the Christmas holidays. He had some problems buying a train ticket online, so he decides to go to the station and buy one there. He uses an automated ticket machine and is eventually able to purchase his ticket. He heads to the platform, gets on the train, and looks for his seat. A man is already sitting there. Gus looks at his ticket again to make sure he has the correct seat number and it is surely his seat. In this situation, what would Gus most likely say to the man?

Gus: Excuse me, (but I think you're sitting in my seat.)

여: Gus는 크리스마스 연휴를 위해 집으로 가고 있는 중이다. 그는 인터넷에서 기차표를 사는 데 문제가 좀 있었기 때문에, 역으로 가서 거기에서 표를 사기로 결심한다. 그는 자동 표 판매기를 이용하여 결국 표를 살 수 있게 된다. 그는 플랫폼으로 가서, 기차를 타고, 자신의 좌석을 찾는다. 한 남자가 이미 거기에 앉아있다. Gus는 맞는 좌석 번호를 가지고 있는지 확실히 하기 위해 다시 그의 표를 보는데, 그것은 확실히 그의 좌석이다. 이 상황에서, Gus는 그 남자에게 뭐라고 말하겠는가?

Gus: 실례합니다만, 당신이 제 좌석에 앉아계신 것 같아요.

어휘 automated 자동화된 make sure ~을 확실히 하다

문제 해설 Gus의 좌석에 남자가 앉아있는 상황이므로, Gus가 남자에게 할 말로 ①번이 가장 적절하다.
② 옆에 앉아도 괜찮을까요?
③ 이 표를 구하기가 힘들었어요.
④ 제 좌석을 찾게 도와주시겠어요?
⑤ 표를 인터넷에서 사셨어야 했어요.

6~7
정답 6 ③ 7 ⑤

M: We, "Energize," are a new restaurant that wants to help people live healthier and longer by providing healthy food. Our aim is to provide fresh and nutritious meals that give energy to busy people. To achieve this aim, we focus on making food that you should eat more of. Our menu includes custom-made green wraps, sandwiches, soups, and fresh pressed juices. Or you can simply fill your plate up with what you want to eat from our buffet bar. It offers a huge variety of food, including tofu, beans, and vegetables. Besides, everything is organic! You'll feel great after you eat our food, we promise! By now, you probably think that our meals are expensive, but they're not! Our lunch menu is so cheap that it'll make you want to visit us every day. And there's more! Since we don't use lots of packaging, we also contribute to a cleaner environment. We hope our food helps you live your best life. Check out Energize, and get energized!

남: 저희 'Energize'는 건강식을 제공함으로써 사람들이 더 건강하고 오래 사는 데 도움이 되고자 하는 새로운 식당입니다. 저희의 목표는 바쁜 사람들에게 에너지를 주는 신선하고 영양가 높은 식사를 제공하는 겁니다. 이 목표를 달성하기 위해 저희는 여러분이 더 많이 드셔야 하는 음식을 만드는 데 초점을 둡니다. 저희 메뉴에는 고객 맞춤 채소 랩 샌드위치, 샌드위치, 수프, 그리고 신선한 압착 주스가 있습니다. 혹은 간단하게 저희 뷔페 바에서 먹길 원하시는 것으로 접시를 채우실 수 있습니다. 그것은 두부, 콩, 그리고 채소를 포함한 아주 다양한 음식을 제공합니다. 게다가 모든 것이 유기농입니다! 저희 음식을 드신 후 기분이 좋아질 거라고 약속드립니다! 지금쯤 아마 저희 식사가 비쌀 거라고 생각하시겠지만 그렇지 않습니다! 점심 메뉴는 아주 저렴해서 여러분이 저희 가게를 매일 방문하고 싶게 만들어 드릴 겁니다. 그리고 또 있습니다! 포장재를 많이 사용하지 않기 때문에, 저희는 또한 더 깨끗한 환경에 기여합니다. 저희 음식이 여러분이 최고의 삶을 영위하시는 데 도움이 되기를 바랍니다. Energize에 와 보시고 기운을 얻으세요!

어휘 aim 목표 nutritious 영양분이 많은 custom-made 고객 맞춤의 wrap 랩 샌드위치 (토르티야(tortilla) 안에 고기 · 채소를 넣어 싼 것) pressed 압착한 organic 유기농의 packaging 포장재 contribute to ~에 기여하다 energize 기운을 북돋우다

문제 해설 6. 남자는 새로 개업한 건강한 음식을 판매하는 식당을 홍보하고 있다.
① 식습관을 개선하는 방법
② 유기농 음식이 매우 비싼 이유
③ 이 새로운 식당에서 먹는 것의 좋은 점
④ 건강한 식습관을 갖는 것의 중요성
⑤ 건강한 음식 섭취가 더 많은 에너지를 제공하는 이유
7. 식당의 장점으로 다양한 음식, 유기농 재료, 저렴한 가격, 깨끗한 환경에 기여한다는 말은 언급되었지만, 천연조미료 사용에 대해서는 언급하지 않았다.

PART3

실전 모의고사 1회   pp.78~81

1. ④ 2. ④ 3. ④ 4. ② 5. ① 6. ② 7. ③ 8. ②
9. ⑤ 10. ④ 11. ② 12. ② 13. ⑤ 14. ① 15. ④
16. ① 17. ③

---

1   정답 ④

M: Wow! The parking lot is full. There aren't any places to park.
W: That's because it's the weekend. Everyone goes shopping.
M: Right. Driving to the mall can be a headache.
W: (Why don't we take the bus next time?)

남: 와! 주차장이 꽉 찼네. 주차할 곳이 없어.
여: 주말이라서 그래. 다들 쇼핑하러 가니까.
남: 맞아. 쇼핑몰에 차를 몰고 가는 건 머리 아픈 일이야.
여: 우리 다음번에는 버스를 타는 게 어때?

어휘 headache 두통; *두통거리 **|문제|** painkiller 진통제 spot 장소

문제 해설 남자가 쇼핑몰에 차를 몰고 간 것을 후회하고 있으므로, 여자의 응답으로 ④번이 가장 적절하다.
① 우리 오늘 밤에 쇼핑 갈래? ② 진통제를 좀 먹는 게 좋겠어.
③ 이 주차 공간을 찾아서 기뻐. ⑤ 주말이 항상 가장 좋은 시간이야.

---

2   정답 ④

W: Has anyone visited me while I was out?
M: No. But there was a call for you, and it seemed to be a bit urgent.
W: Do you know who called?
M: (It was a man, but he didn't give his name.)

여: 제가 외출한 동안 누가 저를 찾아왔나요?
남: 아니요. 하지만 전화 한 통이 왔고 좀 긴급한 것 같았어요.
여: 누가 전화했는지 아세요?
남: 남자였는데 이름을 알려주지 않았어요.

어휘 urgent 긴급한 **|문제|** just in case 만일의 경우를 위하여 on duty 근무 중인

문제 해설 여자가 누가 전화를 했는지 물었으므로, 남자의 응답으로 ④번이 가장 적절하다.
① 만일의 경우를 대비하여 메시지를 남길게요.
② Floyd 선생님은 현재 근무 중이세요.
③ 나가신 후 10분쯤이었어요.
⑤ 네, 그리고 제가 다시 전화를 드리려고 하고 있었어요.

---

3   정답 ④

W: This message is for all residents of the building. Recently, some people have been complaining that they have been having trouble sleeping at night. So from now on, we will have evening quiet hours. From eleven o'clock p.m., please do not use your washing machine or wash dishes in your kitchen. You may watch television, but we ask that you keep the volume low. Don't slam your door when you enter or exit your apartment, and please make sure that children are not running around in your apartment. If everyone follows these simple rules, it will be more comfortable for everyone. Thank you for your cooperation.

여: 건물의 모든 주민들께 드리는 메시지입니다. 최근에 몇몇 분들이 밤에 수면을 취하는 데 어려움이 있다고 불만을 표시해 왔습니다. 그래서 지금부터, 야간 정숙 시간을 가지려고 합니다. 밤 11시부터 세탁기를 사용하거나 부엌에서 설거지를 하지 말아 주십시오. 텔레비전을 시청해도 좋지만 소리를 작게 유지해 주시기 바랍니다. 아파트에 들어가거나 나갈 때 문을 꽝 닫지 마시고, 아파트에서 아이들이 뛰어다니지 않게 해주십시오. 모든 사람들이 이 간단한 규칙을 지킨다면 모든 사람들에게 더 편안한 곳이 될 것입니다. 협조에 감사드립니다.

어휘 resident 거주자 complain 불평하다 slam 꽝 닫다 cooperation 협조

문제 해설 여자는 야간에 소음을 내지 않도록 조심해 달라고 부탁하고 있다.

---

4   정답 ②

W: Tony, you look depressed these days. What's up?
M: I just feel bad all the time. I don't want to do anything.
W: Maybe it's because of your work. You're stressed.
M: I don't think so. I think it's because of the cold weather.
W: Are you saying winter is making you feel bad?
M: Yes, it's so cold and gloomy all the time and it makes me depressed.
W: I'm sorry. Look, I just read this article. It said that people sometimes become depressed during certain seasons.

M: Did it say what I should do?

W: It said you need to eat well and spend some time with your friends when you feel sad.

M: Is that all?

W: Starting a new hobby and keeping yourself busy are also good ways to overcome it.

M: I'll keep that in mind.

여: Tony, 너 요즘 우울해 보여. 무슨 일이야?

남: 그냥 항상 기분이 나빠. 아무것도 하고 싶지가 않아.

여: 아마 네 일 때문일 거야. 스트레스를 받고 있잖아.

남: 그런 것 같지 않아. 추운 날씨 때문인 것 같아.

여: 겨울이라서 네 기분이 안 좋다는 거야?

남: 응, 항상 너무 춥고 어두침침한 게 나를 우울하게 해.

여: 안됐다. 있지, 나 막 이 기사를 읽었어. 거기에 사람들이 특정 계절에 때때로 우울해진다고 나와 있어.

남: 내가 어떻게 해야 하는지 쓰여있었어?

여: 식사를 잘해야 하고 슬플 때는 친구들과 시간을 보내야 한다고 했어.

남: 그게 다야?

여: 새로운 취미를 시작하고 바쁘게 지내는 것도 그것을 극복하는 좋은 방법들이래.

남: 명심할게.

어휘 depressed 우울한 gloomy 어둑어둑한 article 기사 overcome 극복하다 keep ... in mind ~을 명심하다

문제 해설 두 사람은 계절로 인한 우울증을 어떻게 해소해야 하는지에 대해 이야기하고 있다.

5
정답 ①

[Cell phone rings.]

M: Hello, Ms. Kim. This is James from MS Car. I'm calling to see if your new car is working all right.

W: Oh, James. I was about to call you. Unfortunately, there is a problem with my car.

M: Really? What is the problem?

W: The air conditioner doesn't work properly.

M: Could you be more specific?

W: I have to turn off the engine to stop it.

M: I'm very sorry about that. You must be very upset.

W: Yes, I am. It worked well the day I bought it.

M: It sure did. I checked everything on that day.

W: So how can I solve the problem?

M: You have to go to our service center. For a new car like yours, they will fix it for free.

W: I see. I hope there will be no further problems with my car.

M: I apologize for the inconvenience again.

[휴대전화벨이 울린다.]

남: 안녕하세요, Kim 선생님. 저는 MS Car의 James입니다. 새 차가 잘 작동하고 있는지 확인해보려고 전화드렸습니다.

여: 아, James. 막 전화하려던 참이었어요. 유감스럽게도, 제 차에 문제가 있어요.

남: 정말이요? 문제가 뭔가요?

여: 에어컨이 제대로 작동하지 않아요.

남: 더 구체적으로 말씀해주시겠어요?

여: 그걸 멈추려면 엔진을 꺼야만 해요.

남: 그 점에 대해 정말 죄송합니다. 기분이 몹시 상하셨겠네요.

여: 네, 그래요. 제가 그걸 산 날에는 잘 작동했어요.

남: 정말 그랬었죠. 그날 제가 모든 것을 확인했었습니다.

여: 그래서 제가 문제를 어떻게 해결해야 할까요?

남: 저희 서비스 센터에 가셔야 해요. 고객님의 것과 같은 새 차의 경우에는 무료로 수리해줄 거예요.

여: 알겠어요. 제 차에 더는 문제가 없기를 바랄게요.

남: 다시 한번 불편을 끼쳐 죄송합니다.

어휘 properly 적절히, 제대로 specific 구체적인 inconvenience 불편

문제 해설 여자가 차를 산 날 남자가 그 차를 확인한 점, 그리고 남자가 새 차의 문제에 대해 듣고 해결 방안을 이야기해주는 것으로 보아 두 사람은 자동차 판매원과 구매자의 관계임을 알 수 있다.

6
정답 ②

W: Let's look in this lost and found box for your missing watch. It might be in here.

M: Okay. What do we have in here? There's a shoe with no laces. That's weird. Who would lose just one shoe?

W: There's even a tennis racket with broken strings. That belongs in a garbage can, not a lost and found box.

M: I know. This yellow mug, too. It's too dirty. Nobody will want it back.

W: Look! Whoever lost these sunglasses must be so upset. They're black, square, and really pretty.

M: And this baseball glove here, I don't think it's ever been used. The price tag is still attached to it.

W: It also has the owner's name on it. It says "Will Gardner."

M: He's my classmate. He said he lost his glove the other day. I should take it to him.

W: Hey, I don't think there are any watches in here.

M: Me, neither. There's only a square clock.

W: There's another lost and found box over there. Let's look in there.

M: Good idea.

여: 이 분실물 보관 상자에 네 잃어버린 시계가 있나 보자. 여기 있을지도 몰라.

남: 그래. 여기 뭐가 있지? 끈이 없는 신발이 하나 있네. 이상하다. 누가 신발을 한 짝만 잃어버렸을까?

여: 줄이 끊어진 테니스 라켓도 있어. 그건 분실물 보관 상자가 아니라, 쓰레기통에 있어야 하는데 말이야.

남: 그러게. 이 노란 머그잔도 그래. 너무 더러워. 아무도 그걸 다시 가져가고 싶지 않을 거야.

여: 봐! 이 선글라스를 잃어버린 게 누구든지 정말 속이 상할 거야. 검은색에 정사각형이고, 정말 예뻐.

남: 그리고 여기 야구 글러브 말이야, 한 번도 사용된 적이 없는 것 같아. 가격표가 여전히 붙어 있어.

여: 거기에 주인의 이름도 있어. 'Will Gardner'라고 쓰여 있어.

남: 그는 우리 반 친구야. 요전 날 글러브를 잃어버렸다고 말했어. 그에게 그걸 가져다줘야겠다.

여: 있지, 여기에 (손목) 시계는 없는 것 같아.

남: 그런 것 같아. 네모난 시계만 있네.

여: 저쪽에 다른 분실물 보관 상자가 있어. 그걸 보자.

남: 좋은 생각이야.

어휘 **lost and found box** 분실물 보관 상자 **lace** 신발 끈 **string** 줄 **garbage can** 쓰레기통 **price tag** 가격표 **attach** 붙이다

문제 해설 분실물 보관 상자에 줄이 끊어진 테니스 채가 있다고 했으므로, ②번이 대화의 내용과 일치하지 않는다.

7 ⸺ 정답 ③

[Telephone rings.]

W: Hi, Matthew. What's up?

M: You didn't forget that we're going to go to a musical tonight, did you?

W: Of course not. I am so excited.

M: Yes, it's going to be a great musical. But the thing is I left the tickets in my room.

W: And you're not at home now?

M: No. You know I work on Saturday. I'm at the coffee shop.

W: Oh, that's right. Can't you stop by your house before the musical?

M: I can't. There won't be enough time. Can you go and get them for us?

W: I can, but you know you can print out the tickets on the website if you log in with your account, right? Your order records should be there.

M: Oh, you're right! But I'm really busy here. Could you print them out? I'll text you my account and password.

W: Sure. I'll do that. Let's meet at the theater.

M: Okay, thanks. See you!

[전화벨이 울린다.]

여: 안녕, Matthew. 무슨 일이야?

남: 우리 오늘 밤에 뮤지컬 보러 가는 거 잊지 않았지?

여: 물론 잊지 않았어. 나 정말 신나.

남: 응, 굉장한 뮤지컬이 될 거야. 그런데 실은 표를 내 방에 놔두었어.

여: 근데 너는 지금 집에 없고?

남: 응. 알다시피 내가 토요일에 일하잖아. 나 커피숍에 있어.

여: 아, 맞다. 뮤지컬을 보러 가기 전에 너희 집에 들를 수 없어?

남: 못해. 시간이 충분치 않을 거야. 네가 대신 가서 가져올 수 있니?

여: 할 수 있지만, 네가 네 계정에 로그인하면 웹사이트에서 표를 인쇄할 수 있는 거 알지, 그렇지? 네 주문 기록이 거기 있을 거야.

남: 아, 네 말이 맞아! 그런데 내가 여기서 정말 바빠. 네가 그걸 인쇄해줄래? 내 계정과 비밀번호를 문자 메시지로 보낼게.

여: 그래. 할게. 극장에서 만나자.

남: 그래, 고마워. 이따가 봐!

어휘 **stop by** ~에 들르다 **log in** 로그인하다 **account** 계정 **order** 주문 **text** 문자를 보내다 **password** 비밀번호

문제 해설 남자는 여자에게 뮤지컬 표를 인쇄해 달라고 부탁했다.

8 ⸺ 정답 ②

M: Hey, Theresa. Are you doing okay?

W: Oh, hi. I'm really tired. I went to the basketball game last night with my brother and got home late.

M: You did? I didn't know you liked basketball.

W: I don't. The game was so boring!

M: Then did you go just for your brother?

W: No. I went there to work. I needed to take photographs of the players for my article.

M: Oh, that's how you got the tickets! I tried to buy one, but it was too hard to get a ticket.

W: Yeah. My company got me two, so I took my brother.

M: Did he enjoy the game at least?

W: He sure did. He's a huge fan.

M: He's lucky. I would have loved to go to that game.

W: I didn't know you were such a fan. I can take you to the next one.

M: Would you? That would be so great!

남: 안녕, Theresa. 너 괜찮니?

여: 아, 안녕. 나 정말 피곤해. 어젯밤에 남동생과 농구 경기를 보러 가서 집에 늦게 왔어.

남: 그랬어? 네가 농구를 좋아하는지 몰랐네.

여: 좋아하지 않아. 경기는 정말 지루했어!

남: 그러면 남동생만을 위해서 간 거야?

여: 아니. 거기에 일하러 갔어. 내 기사를 위해 선수들의 사진을 찍어야 했어.

남: 아, 그렇게 표를 구했구나! 나는 표를 구하려고 애썼지만 구하기 너무 어려웠어.

여: 맞아. 회사에서 두 장을 주어서 남동생을 데려갔어.

남: 그 애라도 경기를 즐겼니?

여: 정말 그랬어. 그 애는 열렬한 팬이야.

남: 운이 좋았네. 그 경기를 보러 갔다면 정말 좋았을 거야.

여: 네가 그렇게 팬인 줄 몰랐어. 다음 경기에는 너를 데려갈게.

남: 그래 줄래? 그럼 정말 좋을 거야!

어휘 at least 적어도

문제 해설 여자는 기사를 위해 선수들의 사진을 찍으려고 농구 경기장에 갔다.

9 .... 정답 ⑤

W: Hello. May I help you?

M: Yes, today is my mom's birthday. I'd like to buy a gift for her.

W: What about this sunscreen? It is a must-have item for the summer.

M: How much is it?

W: It's $50. Or you can get a double-sized one for only $70.

M: The double-sized one is a little big. I'll take the smaller one.

W: Do you need anything else?

M: Yes, sunscreen doesn't seem to be enough. Can you recommend another item?

W: Hmm… What about lipstick? Orange is the best-selling color this season.

M: Yeah, my mom loves lipstick. How much is that one?

W: It's $30. But if you buy two, you can get a ten-dollar discount for each.

M: I'll take two of them then, one orange and one pink.

W: Good choice. I'm sure your mom will love them.

여: 안녕하세요. 도와드릴까요?

남: 네, 오늘이 저희 엄마의 생신이에요. 엄마를 위해 선물을 사고 싶어요.

여: 이 자외선 차단제는 어떠세요? 여름에 꼭 있어야 하는 제품이에요.

남: 얼마인가요?

여: 50달러예요. 아니면 70달러에 크기가 두 배인 제품을 구입할 수 있으세요.

남: 크기가 두 배인 제품은 좀 크네요. 작은 걸로 할게요.

여: 다른 것도 필요하세요?

남: 네, 자외선 차단제로 충분치 않을 거 같아요. 다른 제품을 추천해주시겠어요?

여: 음… 립스틱은 어떠세요? 주황이 이번 시즌에 가장 잘 팔리는 색이에요.

남: 네, 저희 엄마는 립스틱을 좋아하세요. 저게 얼마인가요?

여: 30달러예요. 그런데 두 개를 구입하시면 각각 10달러 할인을 받으실 수 있어요.

남: 그러면 두 개를 살게요, 주황색 하나와 분홍색 하나로요.

여: 잘 선택하셨어요. 어머니께서 정말 좋아하실 거예요.

어휘 sunscreen 자외선 차단제   must-have item 하나쯤은 꼭 있어야 하는 물품

문제 해설 남자는 작은 크기의 50달러짜리 자외선 차단제와 30달러짜리 립스틱 두 개를 구매했는데, 립스틱은 각각 10달러 할인이 되므로 ($50+$20+$20), 남자는 90달러를 지불해야 한다.

10 .... 정답 ④

W: Hi, Mark. Look at you! You're sweating a lot.

M: I know. This shirt makes me so hot.

W: Why don't you try wearing something made of rayon?

M: What is rayon?

W: It's a kind of synthetic fiber. It doesn't trap body heat, so it is usually used for summer clothes. It's really smooth and cool.

M: That's interesting. Do they make men's clothing with rayon, too?

W: Of course. Your shirt can be made of rayon, too. It's used for lots of things, like dresses, jackets, underwear, ties, and socks.

M: Oh, that material is used for so many things. What

other features does it have?

W: It is strong and can easily be dyed many colors.

M: Great. Can it be machine-washed?

W: No, it's better to wash it by hand or to dry-clean it.

M: Thanks for telling me all of this. You know a lot about it.

여: 안녕, Mark. 너 좀 봐! 땀을 많이 흘리고 있네.

남: 알아. 이 셔츠 때문에 너무 더워.

여: 레이온으로 만든 걸 입어보지 그래?

남: 레이온이 뭐야?

여: 합성 섬유의 일종이야. 그건 몸의 열을 가둬 놓지 않아서 보통 여름용 옷에 사용돼. 정말 부드럽고 시원해.

남: 흥미롭네. 레이온으로 남성용 옷도 만드니?

여: 물론이지. 네 셔츠도 레이온으로 만들어질 수 있어. 그건 드레스, 재킷, 속옷, 타이, 그리고 양말같이 많은 것들에 사용돼.

남: 아, 그 소재가 아주 많은 것들에 사용되는구나. 그것이 가지고 있는 다른 특징은 뭐야?

여: 강하고 여러 색으로 쉽게 염색될 수 있어.

남: 굉장하네. 세탁기로 빨아도 돼?

여: 아니, 손으로 빨거나 드라이클리닝을 하는 게 좋아.

남: 이 모든 걸 알려줘서 고마워. 그것에 대해 많이 아는구나.

어휘 sweat 땀을 흘리다 rayon 레이온, 인조견 synthetic 합성의 fiber 섬유 trap 가두다 feature 특징 dye 염색하다 machine-wash 세탁기로 빨다 dry-clean 드라이클리닝 하다

문제 해설 두 사람은 레이온의 특징, 촉감, 용도, 세탁 방법에 대해서는 언급했지만, 제조 과정에 대해서는 언급하지 않았다.

11 ··· 정답 ②

M: Students, may I have your attention? This is your principal. I have an announcement to make. Our school's first English debate contest will be held on November 20. Any student who wants to participate can apply to be in the contest. But there are some things you should remember. First of all, you should make a team of four. Members don't need to be from the same grade. And you have until the end of this month to apply. You can email the application form to your English teacher or print the application form and submit it in person. The topic of the debate will be announced on the school homepage in the morning on the day of the contest. If you are good at English, don't miss this opportunity.

남: 학생 여러분, 주목해주시겠어요? 저는 교장입니다. 알려 드릴 게 있습니다. 우리 학교의 첫 번째 영어 토론 대회가 11월 20일에 열립니다. 참가를 원하는 학생은 누구라도 대회에 지원할 수 있습니다. 그러나 기억하셔야 할 몇 가지가 있습니다. 우선, 4명으로 구성된 팀을 만들어야 합니다. 구성원은 같은 학년일 필요가 없습니다. 또한 이번 달 말까지 지원해야 합니다. 영어 선생님께 지원서를 이메일로 보내거나 지원서를 출력해서 직접 제출하시면 됩니다. 토론의 주제는 대회 당일 아침에 학교 홈페이지에 발표될 겁니다. 영어를 잘한다면 이 기회를 놓치지 마세요.

어휘 announcement 발표, 소식 debate 토론 participate 참가하다 apply 지원하다 application form 지원서 submit 제출하다 in person 직접 announce 발표하다

문제 해설 영어 토론 대회에 참여할 팀은 같은 학년으로 구성될 필요가 없다고 했으므로, 일치하지 않는 것은 ②번이다.

12 ··· 정답 ②

[Telephone rings.]

W: Hello, this is Hankuk Hospital. What can I do for you?

M: I'd like to make an appointment to see Dr. Brian.

W: How about tomorrow at 9 a.m.?

M: Hmm… Tuesday morning is not good for me. I may have to attend a business meeting around that time. Do you happen to have an opening on any other day?

W: Okay. Umm… how about Wednesday at 2 p.m.?

M: Uh, do you have anything earlier, like at 8:30?

W: On Monday and Wednesday you can see a doctor at that time. But you would be seeing Dr. Ronald instead and paying extra because it is outside regular office hours.

M: Can't I make an appointment to see Dr. Brian at that time?

W: Let me see. Is it possible for you to come here Friday morning at 9?

M: It would be too late by then. Well, I guess there is no other choice but tomorrow.

[전화벨이 울린다.]

여: 안녕하세요, 한국 병원입니다. 무엇을 도와드릴까요?

남: Brian 선생님께 진찰을 받게 예약을 하고 싶어요.

여: 내일 아침 9시는 어떠세요?

남: 음… 화요일 아침은 좋지가 않아요. 그 시간쯤에 업무 회의에 참석해야 할지 몰라요. 혹시 다른 날에 빈자리가 있나요?

여: 네. 음… 수요일 오후 2시는 어떠세요?

남: 저, 8시 30분처럼 더 이른 게 있나요?

여: 월요일과 수요일에는 그 시간에 진찰을 받으실 수 있어요. 하지만 대신 Ronald 선생님께 진찰을 받으셔야 하고, 정규 근무 시간이 아니라서 추가로 돈을 내셔야 합니다.

남: 그 시간에는 Brian 선생님에게 진찰을 받게 예약을 할 수는 없나요?

여: 봅시다. 금요일 아침 9시에 여기 오시는 게 가능하세요?

남: 그때는 너무 늦어요. 음, 내일밖에 다른 대안이 없는 것 같네요.

어휘 **make an appointment** (진료·상담 등을) 예약하다 **opening** 구멍; *빈자리

문제 해설 남자는 결국 내일 화요일 아침 9시에 Brian 선생님께 진료를 받기로 했다.

13 .... 정답 ⑤

M: There are so many cars to choose from here.

W: I agree. I'm surprised by the selection. I've never seen so many used cars before.

M: Yeah, and it's much cheaper than buying a new car.

W: I guess it could be a good deal if you find the right car.

M: What about this one?

W: You're kidding, right? It's so old that it looks like it's going to fall apart.

M: But look at how cheap it is! I can always get it fixed.

W: Yes, but the cost of repair will be very expensive.

M: Well, I guess that's true.

W: Plus, it could break down again later.

M: (You're right. I haven't given it much thought.)

남: 여기에 선택할 수 있는 차가 너무 많네요.

여: 맞아요. 선택할 수 있는 게 많아서 놀랐어요. 전에 이렇게 많은 중고차를 본 적이 없어요.

남: 그래요, 또 새 차를 사는 것보다 훨씬 싸요.

여: 적합한 차를 찾으면 저렴하게 살 수 있을 거 같네요.

남: 이건 어때요?

여: 농담하는 거죠? 그건 너무 낡아서 부서질 것 같아요.

남: 하지만 얼마나 싼지 봐요! 언제라도 내가 수리를 할 수 있어요.

여: 네, 하지만 수리 비용이 아주 비쌀 거예요.

남: 음, 맞는 말인 것 같네요.

여: 거기다가, 나중에 또다시 고장 날 거예요.

남: <u>당신이 맞아요. 내가 깊이 생각 못 했네요.</u>

어휘 **selection** 선택 가능한 것들(의 집합) **fall apart** 다 부서질 정도이다 **break down** 고장 나다 |문제| **mechanic** 정비사

문제 해설 남자가 선택한 차가 너무 낡아 수리 비용이 많이 들 거라는 여자의 말에 남자도 동의했고, 여자가 수리를 해도 또 고장 날 거라고 말한 상황이므로, 남자의 응답으로 ⑤번이 가장 적절하다.
① 그걸 그냥 팔아야 할 것 같아요.
② 그게 내가 중고차를 절대 사지 않는 이유예요.
③ 알지만, 나는 항상 이 차를 사용했어요.
④ 당신 정비사가 그 일을 잘하지 못했어요.

14 .... 정답 ①

M: What's wrong, Chloe? You look worried.

W: I'm having a hard time making this song.

M: Why is that?

W: I just can't find the right lyrics for it.

M: I know what you mean. Sometimes it's hard to find the right words to express yourself.

W: I've been trying to write it for the past few weeks. I think I have writer's block.

M: I had the same problem last month.

W: You did? So what did you do?

M: I just made myself write everything I could think of every day. In the end, I was able to write a good song.

W: (I should start trying your method.)

남: Chloe, 무슨 일 있어? 걱정이 있는 것 같아 보여.

여: 이 곡을 만드는 데 어려움을 겪고 있어.

남: 왜 그런데?

여: 내 노래에 적합한 가사를 찾을 수가 없어.

남: 무슨 말인지 알아. 때때로 너 자신을 표현하기에 알맞은 단어를 찾는 건 어려워.

여: 지난 몇 주 동안 이 곡을 쓰려고 노력해왔어. 슬럼프에 빠진 것 같아.

남: 나도 지난달에 같은 문제가 있었어.

여: 그랬어? 그래서 어떻게 했어?

남: 그냥 매일 내가 생각해낼 수 있는 모든 것을 썼어. 결국에, 난 좋은 노래를 쓸 수 있었어.

여: <u>네 방법을 시도해 보는 걸 시작해봐야겠어.</u>

어휘 **lyrics** 노랫말 **express** 표현하다 **writer's block** 글 길이 막힘(작가들이 글을 쓸 내용이나 아이디어가 떠오르지 않아서 애를 먹는 상황) |문제| **method** 방법

문제 해설 남자가 자신이 슬럼프에 빠졌을 때의 해결 방법을 제시해 준 상황이므로, 여자의 응답으로 ①번이 가장 적절하다.
② 그게 네게 효과가 있었던 것 같지 않아.
③ 곡을 만드는 건 내게 쉬웠어.
④ 힘을 내. 그건 모든 작사가에게 있는 일이야.

⑤ 나는 내 가사가 잘못된 생각을 표현하는 걸 원치 않아.

15
정답 ④

W: William returns home from work one day looking upset. His wife asks him what's wrong. He says that he had a disagreement with his boss earlier, and he ran out of the office because he got so angry with his boss. He thinks he shouldn't have run out of the office, but his boss has made a few bad decisions recently, and that has made William upset. William's wife is worried that William will lose his job if he doesn't apologize to his boss. In this situation, what would his wife most likely say to William?

William's Wife: (Why don't you apologize and express your concerns?)

여: William은 어느 날 화가 나 보이는 채로 일터에서 집으로 돌아온다. 그의 아내는 그에게 무슨 일이냐고 묻는다. 그는 아까 상사와 의견 충돌이 있었는데 상사에게 너무 화가 나서 사무실을 뛰쳐나왔다고 말한다. 그는 자신이 사무실을 뛰쳐나오지 말았어야 했다고 생각하지만 그의 상사가 최근에 잘못된 결정을 몇 번 했고, 그게 William을 화가 나게 했다. William의 아내는 William이 상사에게 사과하지 않으면 그가 직장을 잃을까 봐 걱정이다. 이 상황에서, 그의 아내는 William에게 뭐라고 말하겠는가?

William의 아내: 사과하고 당신의 걱정을 말하는 게 어떨까요?

어휘 disagreement 의견 충돌 decision 결정 |문제| stand up for ~을 지지하다 run out on ~을 저버리다 concern 걱정, 염려

문제 해설 William의 아내는 남편이 상사와 싸우고 사무실을 뛰쳐나와 직장을 잃게 될까 봐 걱정이므로, William의 아내가 William에게 할 말로 ④번이 가장 적절하다.
① 당신이 자신을 옹호한 건 잘한 거예요.
② 그렇게 그를 저버려서는 안 돼요.
③ 직장에서 무슨 일이 있었는지 내게 말하는 게 좋을 거예요.
⑤ 당신은 더 이상 실수를 하지 않음으로써 상사를 도와줘야 해요.

16~17
정답 16 ① 17 ③

M: Good morning. I'm Mike Newman and welcome to Business World. Last year, the soft drinks company Bliss launched its newer and sweeter product, New Bliss. In taste tests, consumers preferred New Bliss over the original flavor, so the company decided to stop producing its original drink and replaced it with a new one. A few months after its launch, however, the company noticed that New Bliss was not being bought by consumers. It seems like they preferred the original flavor. On top of that, the company received lots of complaints about how hard it is to hold the bottle. Some people didn't even know that New Bliss had been released due to the company's poor marketing. Industry experts also believe that a competitor's new soft drink, Delight Clear, may be one of the reasons why consumers don't want New Bliss. After careful consideration, the company has announced that they will stop manufacturing New Bliss and bring back original Bliss with a new name, Classic Bliss.

남: 안녕하세요. 저는 Mike Newman이고, Business World 시간입니다. 작년에, 청량음료 회사인 Bliss가 더 새롭고 달콤한 제품인 New Bliss를 출시했습니다. 미각 시험에서 소비자들은 원래의 맛보다 New Bliss를 선호해서, 회사는 원래의 음료 생산을 중단하고 그것을 새로운 것으로 대체하기로 결정했습니다. 그러나 출시 몇 달이 지난 후, New Bliss를 소비자들이 구매하고 있지 않다는 것을 회사가 알게 되었습니다. 그들은 원래의 맛을 좋아했던 것 같습니다. 그 외에, 회사는 그 병을 쥐기가 몹시 어렵다는 많은 불만 사항을 접수했습니다. 일부 사람들은 회사의 형편 없는 마케팅으로 인해 New Bliss가 출시되었다는 것조차 몰랐습니다. 업계 전문가들은 또한 경쟁사의 새로운 청량음료인 Delight Clear가 소비자들이 New Bliss를 원하지 않는 이유 중 하나일 것이라고 생각합니다. 신중하게 고려한 후, 회사는 New Bliss 생산을 중단하고 Classic Bliss라는 새 이름으로 원래의 Bliss를 되돌리겠다고 발표했습니다.

어휘 launch 개시; 개시하다 product 제품 consumer 소비자 flavor 맛, 풍미 replace A with B A를 B로 대체하다 on top of that 그 밖에 release 출시하다 industry 산업 competitor 경쟁자 consideration 사려, 숙고 manufacture 제조하다

문제 해설 16. 남자는 새로운 청량음료인 New Bliss가 실패한 원인에 대해 이야기하고 있다.
① 새로운 청량음료가 실패한 원인
② 청량음료 업계의 문제점
③ 새로운 제품의 성공을 보장하는 방법
④ 새로운 청량음료의 감소하는 인기
⑤ 한 청량음료 회사의 실패한 마케팅 캠페인
17. New Bliss의 판매 부진 이유로 이전 제품 선호, 불편한 디자인, 마케팅 부진, 경쟁 제품 출시에 대해서는 언급되었지만, 높은 가격에 대해서는 언급이 없었다.

1. ⑤　2. ④　3. ①　4. ③　5. ②　6. ⑤　7. ①　8. ④
9. ⑤　10. ③　11. ④　12. ②　13. ④　14. ③　15. ⑤
16. ③　17. ④

1

정답 ⑤

M: I booked a plane ticket yesterday, but I have a problem with my travel plans.
W: I see. Do you need to cancel your reservation?
M: No, I just need to change the return date. It should be one day earlier.
W: (I'll check if there's a seat available on that day.)

남: 제가 어제 비행기 표를 예약했는데 여행 계획에 문제가 생겼어요.
여: 알겠습니다. 예약을 취소하셔야 하나요?
남: 아니요, 돌아오는 날짜를 바꾸기만 하면 돼요. 하루 일찍이어야 해요.
여: 그날 가능한 표가 있는지 확인해보겠습니다.

어휘 cancel 취소하다   **|문제|** cancellation fee 취소 요금, 해약금 available 이용 가능한

문제 해설 남자가 여행에서 돌아오는 날짜를 바꾸고 싶다고 했으므로, 여자의 응답으로 ⑤번이 가장 적절하다.
① 알겠습니다. 어디에 가고 싶으신가요?
② 1달러를 바꿔드릴 잔돈이 없습니다.
③ 하지만 저는 아무것도 바꾸고 싶지 않습니다.
④ 그러면 취소 요금을 내셔야 합니다.

2

정답 ④

W: Is there any pizza left? I only had one slice.
M: Actually, I was so hungry that I ate the rest. I hope you don't mind.
W: I do mind. I can't believe you didn't save any for me.
M: (Sorry. I'll order another one for you.)

여: 피자 남은 게 있어요? 한 조각밖에 못 먹었어요.
남: 사실, 내가 너무 배가 고파서 나머지를 먹었어요. 괜찮으면 좋겠는데요.
여: 안 괜찮아요. 날 위해 아무것도 남겨놓지 않았다니 믿을 수가 없네요.
남: 미안해요. 당신을 위해 피자를 더 주문할게요.

어휘 slice 조각   rest 나머지   save 남겨놓다

문제 해설 남자가 피자를 남겨놓지 않아 여자가 화가 난 상황이므로, 남자의 응답으로 ④번이 가장 적절하다.
① 괜찮아요. 난 이미 배불러요.

② 당신이 나머지를 먹어도 괜찮아요.
③ 날 위해 남겨둔 피자가 없었어요.
⑤ 한 조각만 더 먹겠다고 약속해요.

3

정답 ①

M: You'll be surprised when you find out how good a spa is for you. As soon as you step inside, it helps your tired body relax and relieve your stress. If you are in Busan and looking for the perfect spa, you must check out Sea Spa Land. Located downtown, we offer 22 different kinds of spas and two types of natural spring water baths. In addition to our great spas, there are also two kinds of saunas–Roman and Finnish style–which you'll find surprisingly exotic. In our artificial forest, we have open-air foot spa booths that allow you to soothe your feet while enjoying the fresh air. On top of all of that, we have a great restaurant and a movie theater you can enjoy. Sea Spa Land offers the perfect relaxing experience for individuals, couples, and even whole families!

남: 스파가 여러분에게 얼마나 좋은지 알면 놀라실 겁니다. 안으로 들어오자마자 여러분의 피곤한 몸이 이완되고 스트레스를 푸는 데 도움을 줍니다. 당신이 부산에 있고 완벽한 스파를 찾고 있다면 Sea Spa Land를 확인해보셔야 합니다. 시내에 위치한 저희 스파는 22종의 다양한 스파와 두 종류의 자연 온천수 탕을 제공합니다. 훌륭한 스파뿐만 아니라, 아주 이국적이라고 느끼게 되실 로마와 핀란드 스타일의 두 가지 종류의 사우나도 있습니다. 저희의 인공 숲에는 상쾌한 공기를 즐기면서 발의 긴장을 풀게 해주는 옥외 족욕 공간이 있습니다. 그 모든 것 이외에, 여러분이 즐길 수 있는 멋진 식당과 영화관이 있습니다. Sea Spa Land는 개인, 커플, 그리고 심지어 전 가족들에게도 완벽하게 편안한 경험을 제공해 드립니다!

어휘 relax 긴장을 풀다   relieve 완화하다   check out 살펴보다 artificial 인공적인   exotic 이국적인   open-air 옥외   soothe 누그러뜨리다, 완화시키다   individual 개인   **|문제|** advertise 광고하다 encourage 촉구하다   tourist attraction 관광 명소

문제 해설 남자는 사람들이 부산에 있는 Sea Spa Land에 오도록 광고를 하고 있다.
① 부산의 한 스파를 광고하기 위해서
② 사람들이 스파를 더 방문하도록 촉구하기 위해서
③ 부산의 관광 명소를 소개하기 위해서
④ 스파가 제공하는 건강상의 이점을 설명하기 위해서
⑤ 여러 종류의 외국 스파를 방문하도록 권하기 위해서

4

W: Did you watch the news? We're having a severe electricity shortage this summer.

M: Yeah. I can see why. We use a lot of electronic devices and forget that energy is limited.

W: I heard some southern cities are recommending that homeowners install solar panels on their houses.

M: That can be a way to save electricity.

W: I agree. And some big cities have also come up with their own plans to reduce electricity usage.

M: Like what?

W: For example, some districts are initiating a 'No Air Conditioner Time Zone,' and during that time, people are encouraged to use fans, instead of air conditioners.

M: That's a really good idea, but do people actually do that?

W: They should. Otherwise there might be no air conditioners at all in the near future.

M: That sounds horrible.

W: I know. I guess it only works when everybody participates.

M: You're right. I'll keep that in mind.

여: 너 뉴스 봤어? 올여름에 우리가 심각한 전기 부족을 겪고 있대.

남: 응. 왜 그런지 알 것 같아. 우린 많은 전자 기기를 사용하면서 에너지가 한정되어 있다는 것을 잊고 있잖아.

여: 일부 남부 도시에서는 집주인들에게 집에 태양 전지판을 설치하도록 권고하고 있다는 말을 들었어.

남: 그거 전기를 절약하는 한 방법이 될 수 있겠네.

여: 맞아. 그리고 몇몇 큰 도시에서도 전기 사용을 줄이는 자신들만의 계획을 세웠나 봐.

남: 예를 들면?

여: 예를 들어, 어떤 지역에서는 '에어컨 사용 중지 시간대'를 시작해서 그 시간 동안에 사람들은 에어컨 대신 선풍기를 사용하도록 장려돼.

남: 그거 정말 좋은 생각이지만, 사람들이 실제로 그렇게 할까?

여: 그래야만 해. 그렇지 않으면 가까운 미래에는 아예 에어컨이 없어질지 몰라.

남: 그거 끔찍하다.

여: 그러게 말이야. 모든 사람들이 참여해야 효과가 있을 거야.

남: 네 말이 맞아. 그걸 명심할게.

어휘 severe 심각한 shortage 부족 electronic device 전자 기기 limited 한정된, 제한된 install 설치하다 solar panel 태양 전지판 come up with ~을 생각해내다 usage 사용 district 지역 initiate 착수시키다 participate 참여하다 keep … in mind ~을 명심하다

문제 해설 두 사람은 일부 도시에서 전기 사용을 줄이기 위해 시행하고 있는 방법들에 대해 이야기하고 있다.

5

W: How are you doing today, Peter?

M: Not so good. I'm having a hard time adjusting here.

W: It's common for people who have moved to a new environment to take some time to adjust. Did you make some new friends?

M: Not really. I haven't talked to anyone here yet.

W: Why not?

M: I don't know. I just wish I could go back to my old school.

W: I'm sorry you feel that way, but you know you can't. Why don't you try reaching out to more people here?

M: I don't know anyone here. I don't know what to do.

W: I know you're feeling overwhelmed right now. But you will feel better in time.

M: What do you think I should do?

W: You don't have to do a lot of work. Just try to be nice.

M: Okay. I think I can do that.

여: Peter, 오늘은 어떠니?

남: 그리 좋지 않아요. 여기에 적응하느라 힘든 시간을 보내고 있어요.

여: 새로운 환경으로 이사한 사람들이 적응하기 위해서 시간이 좀 필요한 건 일반적인 거야. 새로운 친구를 좀 사귀었니?

남: 아니요. 아직 여기에서 누구와도 말을 하지 않았어요.

여: 왜 안 했는데?

남: 모르겠어요. 전 그냥 제 예전 학교로 되돌아가고 싶어요.

여: 네가 그렇게 느껴서 유감이지만, 그럴 수 없다는 걸 알잖니. 여기의 더 많은 사람들과 소통하려고 노력하는 게 어떠니?

남: 여기에서는 아무도 몰라요. 어떻게 해야 할지 모르겠어요.

여: 네가 지금 스트레스를 받고 있는 거 알아. 하지만 시간이 지나면 나아질 거야.

남: 제가 어떻게 해야 한다고 생각하세요?

여: 많은 일을 할 필요는 없어. 그저 친절하려고 노력해봐.
남: 네. 그건 할 수 있을 것 같아요.

어휘 adjust 적응하다　environment 환경　reach out ~에게 관심을 보이다[접근하다]　overwhelmed 압도된

문제 해설 남자가 학교에 새로 적응하느라 힘든 상황을 여자에게 말하고 여자가 해결 방안을 알려주는 것으로 보아, 두 사람은 상담 교사와 전학생의 관계이다.

6
정답 ⑤

W: Wow! I love what you've done with your backyard!
M: Thank you! We just put up the tire swing for our daughter yesterday.
W: It looks so fun. I'm sure she loves swinging in it!
M: Yes, she does. My wife and I watch her from the bench over there next to the fountain.
W: That's a beautiful fountain. I like the flowers all around it.
M: That was my wife's idea. We planted the same flowers around the tree, too.
W: I see. They smell so nice.
M: What do you think about the two birdhouses in the tree?
W: Oh, I didn't see them earlier. They're cute. Are there any birds in them?
M: Not yet, but we hope some birds will soon make their homes there.
W: I think they will help you enjoy your garden even more.

여: 와! 네가 뒷마당을 바꾼 게 정말 마음에 들어!
남: 고마워! 우리가 어제 딸을 위해 타이어 그네를 설치했어.
여: 정말 재미있어 보여. 그 애가 그 안에서 그네 타는 걸 정말 좋아할 것 같아!
남: 응, 그 애가 좋아해. 내 아내와 나는 저기 분수 옆에 있는 벤치에서 그 애를 보지.
여: 그거 아름다운 분수네. 그걸 빙 둘러싸고 있는 꽃들이 마음에 들어.
남: 그건 아내의 생각이었어. 우리는 같은 꽃들을 나무 주위에도 심었어.
여: 그렇구나. 향이 정말 좋다.
남: 나무에 있는 두 개의 새집에 대해서는 어떻게 생각해?
여: 아, 아까는 그것들을 못 봤어. 귀엽다. 안에 새가 있어?
남: 아직, 하지만 우리는 곧 몇몇 새들이 거기를 자신들의 집으로 만들었으면 해.
여: 그것들이 너희가 정원을 훨씬 더 잘 즐기도록 해줄 것 같아.

어휘 put up 세우다, 짓다　swing 그네; 그네를 타다　fountain 분수　plant 심다

문제 해설 새집에 새가 있지 않다고 했으므로, 대화의 내용과 일치하지 않는 것은 ⑤번이다.

7
정답 ①

W: Is something wrong, Nick?
M: Not really. I'm just having trouble thinking of a good birthday gift for my nephew.
W: Well, you look like you need some help.
M: Oh, I could definitely use some help.
W: Okay, how old is he?
M: He's 15. He starts high school next year.
W: How about buying him a nice new backpack then?
M: That's a good idea. I'll go to the mall and look for one. Would you come with me?
W: I would, but you could actually save a lot of time and money if you bought one online instead. You can use your smartphone right now.
M: That sounds great, but I've never used my phone to shop before. Could you help me?
W: Sure, I'd be glad to.
M: Great. I want to get him a good backpack.
W: That shouldn't be a problem. Let's start looking. Take out your smartphone.

여: Nick, 무슨 일 있니?
남: 그렇진 않아. 그냥 내 조카에게 줄 좋은 생일 선물을 생각하는 게 어렵네.
여: 있지, 너 도움이 좀 필요한 것 같아 보여.
남: 아, 분명히 도움이 필요해.
여: 알았어, 그가 몇 살이야?
남: 15살. 내년에 고등학교 생활을 시작해.
여: 그러면 그에게 좋은 새 책가방을 사주는 게 어때?
남: 그거 좋은 생각이야. 쇼핑몰에 가서 책가방을 찾아봐야겠어. 나랑 같이 갈래?
여: 갈 순 있지만 네가 대신 책가방을 인터넷에서 사면 실제로 많은 시간과 돈을 절약할 수 있을 거야. 네 스마트폰을 지금 사용하면 돼.
남: 좋은 생각 같지만 나는 전에 쇼핑을 하기 위해 전화기를 사용한 적이 없어. 날 도와줄래?
여: 물론, 기꺼이.
남: 잘됐다. 난 그에게 좋은 책가방을 사주고 싶어.
여: 그건 문제없어. 살펴보도록 하자. 네 스마트폰을 꺼내.

어휘 have trouble v-ing ~하는 데 어려움을 겪다　definitely

분명히 **backpack** 배낭, 책가방

8 ·········· 정답 ④

[Cell phone rings.]

W: Hello?

M: Hey, it's Drew.

W: Drew, are you on your way? Please don't say you're coming in late again.

M: I'm coming in late.

W: What? Did you oversleep again?

M: No! I'm on the way to the airport.

W: Airport? But we have this important meeting with a new client!

M: Yeah. That's why I'm going to the airport. His flight got delayed and he asked for someone to pick him up, so we postponed the meeting to this afternoon.

W: Oh, okay. Are you taking him to the office directly?

M: No, I'm taking him to his hotel first, and we'll have lunch before coming in to the office.

W: Did the boss ask you to do all that?

M: Actually, this client said he wanted to eat Korean food for lunch. So I'm taking him. I guess we'll be at the office around 2 p.m.

W: Okay. I'll have everything ready for the meeting by then.

M: Thank you. See you in the office later.

[휴대전화벨이 울린다.]

여: 여보세요?

남: 안녕, 나 Drew야.

여: Drew, 너 오고 있니? 제발 또 늦게 올 거라고 말하지 마.

남: 나 늦게 들어갈 거야.

여: 뭐라고? 너 또 늦잠 잤어?

남: 아니야! 나 공항에 가는 중이야.

여: 공항? 하지만 우리는 새로운 고객과의 중요한 회의가 있잖아!

남: 응. 그게 내가 공항에 가고 있는 이유야. 그의 비행기가 지

연되었고, 누군가 데리러 와달라고 그가 요청해서, 우리는 오늘 오후로 회의를 연기했어.

여: 아, 알겠어. 그를 곧장 사무실로 데려올 거야?

남: 아니, 그를 그의 호텔로 먼저 데려갈 거고, 우리는 사무실로 가기 전에 점심을 먹을 거야.

여: 상사가 너에게 그 모든 걸 하라고 요청했어?

남: 사실, 이 고객이 점심으로 한국 음식을 먹고 싶다고 말했어. 그래서 내가 그를 데려갈 거야. 우린 사무실에 오후 두 시쯤 도착할 것 같아.

여: 알겠어. 그때까지 회의 준비 다 해둘게.

남: 고마워. 이따 사무실에서 봐.

9 ·········· 정답 ⑤

W: I'm hungry. What are we eating?

M: We're going to have soup! Help me make it, will you?

W: Sure. What do I need to do first?

M: We should roast some vegetables first. Here's one chopped onion, some chopped celery, and carrots. Oh, when you roast them, add 2 teaspoons of butter.

W: Okay. *[Pause]* What's next?

M: Now, put 6 cups of water in the pot.

W: Only water?

M: Haha, no. 2 tablespoons of chicken stock, and 4 tablespoons of flour.

W: Shouldn't I add salt and pepper now?

M: Right. Just add a little bit of both salt and pepper. Then we need to put in 3 more tablespoons of flour to make it thick.

W: It's starting to smell really good.

M: Good. Now add some garlic and bacon to it. Then we'll let it cook for an hour.

W: Wow! I can't wait to taste it.

여: 나 배고파요. 우리 뭘 먹을 건가요?

남: 수프를 먹을 거예요! 그걸 만드는 걸 도와줘요, 그럴 거죠?

여: 물론이에요. 내가 먼저 무엇을 해야 하나요?

남: 먼저 채소를 좀 구워야 해요. 여기 다진 양파 한 개, 다진 셀러리 조금, 그리고 당근이 있어요. 아, 그것들을 구울 때 버터 2티스푼을 넣어요.

여: 알겠어요. *[잠시 후]* 다음에는요?

남: 이제, 냄비에 물 6컵을 넣어요.

여: 물만이요?

남: 하하, 아니요. 닭고기 육수 2테이블스푼, 그리고 밀가루 4테이블스푼이요.

여: 지금 소금과 후추를 넣어야 하지 않아요?

남: 맞아요. 소금과 후추 모두 조금만 넣어요. 그러고 나서 그걸 걸쭉하게 만들기 위해 밀가루 3테이블스푼을 더 넣어야 해요.

여: 정말 좋은 냄새가 나기 시작하네요.

남: 좋아요. 이제 그것에 마늘과 베이컨을 좀 넣어요. 다음으로 그것을 한 시간 동안 익게 할 거예요.

여: 와! 빨리 그걸 먹어보고 싶어요.

어휘 **roast** 굽다 **chopped** 잘게 썬, 다진 **pot** 냄비 **thick** 걸쭉한 **garlic** 마늘 **taste** 맛보다

문제 해설 두 사람은 처음에 밀가루를 4테이블스푼을 넣고, 나중에 3테이블스푼을 추가했다.

10
정답 ③

M: Janice, did you reorganize my DVD collection? I can't find one of my favorite movies.

W: I did. Most of the DVDs should be on that shelf.

M: I don't think it's over here. The cover is black and orange.

W: Hmm. I don't remember putting that one on the shelf. What is the title of it?

M: It's the first movie of *The Hunger Games* series.

W: Oh, now I remember. It's in the cabinet next to the TV.

M: Yes, I found it! Thank you, honey.

W: When did it come out? I've read the book and always wanted to watch the movie.

M: I think it came out in 2012. I didn't know you like sci-fi movies.

W: Yeah, I do love them.

M: Do you want to watch this one with me tonight?

W: I'd love to!

남: Janice, 내가 수집한 DVD를 다시 정리했어요? 내가 제일 좋아하는 영화들 중 하나를 찾을 수가 없어요.

여: 했어요. 대부분의 DVD가 저 선반에 있을 거예요.

남: 여기에 있는 것 같지 않아요. 케이스가 검은색과 주황색이에요.

여: 음. 그 선반에 그걸 놓은 게 기억나지 않네요. 그것의 제목이 뭐예요?

남: '헝거 게임' 시리즈 중 첫 번째 영화예요.

여: 아, 이제 기억나요. 그건 TV 옆의 캐비닛 안에 있어요.

남: 네, 그걸 찾았어요! 고마워요, 여보.

여: 그게 언제 나왔어요? 그 책을 읽어서 항상 그 영화를 보고 싶었어요.

남: 2012년에 나온 것 같아요. 당신이 공상과학 영화를 좋아하는지 몰랐어요.

여: 네, 그걸 정말 좋아해요.

남: 오늘 밤에 나와 함께 이걸 볼래요?

여: 그러고 싶어요!

어휘 **reorganize** 재정리하다 **come out** 생산[출간]되다

문제 해설 두 사람은 DVD 케이스의 색, 영화 시리즈 제목, 발간 연도, 영화 장르에 대해 언급했지만, 상영 시간에 대해서는 언급하지 않았다.

11
정답 ④

W: The durian is a large, heavy fruit that is covered with a lot of thick thorns. It looks tough on the outside, but the flesh inside is smooth and sweet. It contains high amounts of vitamins, minerals and fiber, and this makes the durian a very nutritious fruit. Some people even call it the "king of fruits." However, many people don't want to try it, because of its strong odor. In fact, in many Southeast Asian countries, it is not allowed in certain public places, like hospitals and airports. For example, eating durian is banned on Singapore's subway. In those countries, you can even see signs for No Durians. In spite of its unpleasant smell, it is loved by many people. If you've never had durian before, you should give this unique tropical fruit a try.

여: 두리안은 많은 굵은 가시로 덮여있는 크고, 무거운 과일입니다. 겉에서는 단단해 보이지만, 안의 과육은 부드럽고 달콤하죠. 그것은 많은 양의 비타민과 무기질, 섬유질을 함유하고 있고 이것이 두리안을 매우 영양가 있는 과일로 만들어줍니다. 어떤 사람들은 심지어 그것을 '과일의 왕'이라고 부릅니다. 하지만 많은 사람이 강한 냄새 때문에 그것을 먹어보길 원하지 않죠. 사실, 여러 동남아시아 국가에서 병원과 공항 같은 특정 공공장소내에서 그것은 허용되지 않습니다. 예를 들어, 싱가포르의 지하철에서 두리안을 먹는 것은 금지됩니다. 그 나라들에서는 심지어 '두리안 금지' 표지판을 볼 수 있습니다. 좋지 않은 냄새에도 불구하고, 그것은 많은 사람에게 사랑을 받습니다. 전에 두리안을 먹어본 적이 없다면, 여러분은 이 독특한 열대 과일을 한번 먹어봐야 합니다.

어휘 **thorn** 가시 **tough** 힘든; *단단한 **flesh** 살; *과육 **mineral**

무기질   fiber 섬유질   nutritious 영양가 있는   odor 냄새   ban 금지하다   in spite of ~에도 불구하고

문제 해설 두리안의 생김새가 아니라 냄새 때문에 많은 사람들이 먹기를 꺼린다고 했으므로, ④번이 담화의 내용과 일치하지 않는다.

12 ·· 정답 ②

W: Welcome to Star Real Estate. How can I help you?

M: Hi. I would like to rent an apartment for my family. Are there any apartments available?

W: Of course! We have lots of available apartments. How many bedrooms do you need?

M: I have two children, so I would like to have at least three bedrooms.

W: All right. Can I ask you about your monthly budget?

M: I don't want to spend more than $800 a month.

W: Okay. Do you have any preference for what floor you would like to live on?

M: Anything higher than the 6th floor would be fine.

W: I see. I have the perfect apartment for you. Come with me and I'll show it to you.

M: Okay.

여: Star Real Estate에 잘 오셨습니다. 무엇을 도와드릴까요?

남: 안녕하세요. 제 가족을 위해 아파트를 임대하고 싶어요. 나와 있는 아파트가 있나요?

여: 물론입니다! 나와 있는 아파트가 많답니다. 침실 몇 개 필요하세요?

남: 아이가 둘이라 적어도 침실이 세 개 있으면 좋겠어요.

여: 알겠습니다. 한 달 예산을 여쭤봐도 될까요?

남: 한 달에 800달러 넘게는 쓰고 싶지 않아요.

여: 네. 살고 싶은 층의 경우에 선호하시는 게 있나요?

남: 6층보다 높으면 어디나 좋습니다.

여: 알겠습니다. 고객님에게 딱 맞는 아파트가 있어요. 저와 함께 가시면 보여드리겠습니다.

남: 알겠습니다.

어휘 budget 예산   have a preference for ~을 더 좋아하다

문제 해설 남자는 침실이 적어도 세 개 있고, 6층보다 높은 층을 선호하며, 월세가 800달러 이하인 아파트를 원한다고 했으므로, 남자가 보러 갈 아파트는 ②번이다.

13 ·· 정답 ④

[Cell phone rings.]

W: Hello, Chris. What's up?

M: Hi, Diana. Do you want to meet at the station or the museum today?

W: I'm sorry. Are we supposed to meet today?

M: Yeah! We are going to see the Salvador Dali exhibition this afternoon.

W: Oh, no. It completely slipped my mind. I'm visiting my grandparents now.

M: Really? When are you coming back?

W: I'm going to stay with them until Sunday afternoon.

M: Okay. Well, I hope you have a nice weekend with them.

W: I'm really sorry, Chris. Can we go to the exhibition next Saturday?

M: Sure. Don't forget this time!

W: (I won't. I'm writing it down in my planner now.)

[휴대전화벨이 울린다.]

여: 안녕, Chris. 무슨 일이야?

남: 안녕, Diana. 오늘 역에서 만나고 싶니, 아니면 박물관에서 만나고 싶니?

여: 미안해. 우리가 오늘 만나기로 했어?

남: 응! 오늘 오후에 Salvador Dali 전시회를 볼 거잖아.

여: 아, 이런. 완전히 잊고 있었어. 나 지금 조부모님 댁에 있어.

남: 정말? 언제 돌아올 건데?

여: 일요일 오후까지 그들과 지낼 거야.

남: 알았어. 음, 조부모님과 즐거운 주말 보내길 바라.

여: Chris, 정말 미안해. 다음 토요일에 그 전시회에 갈까?

남: 그래. 이번에는 잊지 마!

여: <u>안 잊을 거야. 지금 내 수첩에 그걸 적고 있어.</u>

어휘 be supposed to-v ~하기로 되어 있다   exhibition 전시회 slip one's mind 깜박 잊다

문제 해설 여자가 다음 토요일에 전시회에 가자고 제의했고, 남자가 이에 응했으므로, 여자의 응답으로 ④번이 가장 적절하다.
① 너는 왜 매번 그걸 잊니?
② 응, 네 도움에 대해 잊지 않을게.
③ 알았어. Dali 전시회는 역에서 열릴 거야.
⑤ 우리 조부모님이 Dali 전시회를 즐기실 것 같지 않아.

14 ·· 정답 ③

M: Hey, what are you reading?

W: I'm reading some articles related to renewable energy resources.

M: Wow! You must be really passionate about protecting the environment.

W: Well, I am, but it's for my presentation tomorrow

for my science class.

M: Oh, really? Sounds like a good topic.

W: Do you think so? Thank you.

M: But you look worried. Do you need more time to prepare for it?

W: No, I don't. Actually, I'm afraid of speaking in front of the class.

M: Why? Do you feel anxious in front of many people?

W: Yes. I'm worried that I'll mess up my presentation.

M: As long as you understand your topic well, you won't mess it up at all.

W: Are you sure?

M: (Of course. Try not to be so nervous and go with the flow.)

남: 안녕, 뭘 읽고 있니?

여: 재생 가능한 에너지 자원과 관련된 기사를 좀 읽고 있어.

남: 와! 너는 환경을 보호하는 데 정말 열정적인가 보다.

여: 음, 그래, 하지만 이건 내일 과학 수업에 있을 내 발표를 위한 거야.

남: 아, 정말? 좋은 주제 같아.

여: 그렇게 생각해? 고마워.

남: 그런데 걱정돼 보여. 그걸 준비할 시간이 더 필요하니?

여: 아니, 필요하지 않아. 사실은, 급우들 앞에서 말하는 게 두려워.

남: 왜? 많은 사람 앞에서 불안하니?

여: 응. 내 발표를 망칠까 봐 걱정돼.

남: 네 주제를 잘 이해하고 있는 한, 전혀 망치지 않을 거야.

여: 확신해?

남: 물론이지. 너무 긴장하지 않도록 하고 흐름에 맡겨.

어휘 renewable energy 재생 가능 에너지   resource 자원
passionate 열정적인   presentation 발표   anxious 불안한
mess up 망치다   go with the flow 흐름에 맡기다
|문제| postpone 연기하다

문제 해설 주제만 잘 이해하고 있으면 발표를 잘할 거라고 남자가 말하자 여자가 그걸 확신하느냐고 물었으므로, 남자의 응답으로 ③번이 가장 적절하다.
① 응. 이번에는 망치고 싶지 않아.
② 미안하지만, 네가 발표 연습을 하는 걸 도와줄 수 없어.
④ 응. 단지 네 주제를 더 쉬운 걸로 바꿔야 해.
⑤ 물론이야. 준비할 날을 더 갖도록 네 발표를 연기해.

15 ───────────────────────── 정답 ⑤

M: Joseph's mother receives a call from her son's school one day. Joseph's homeroom teacher informs her that Joseph has not turned in homework for the past few weeks. This surprises Joseph's mother because he has been going to the library every day after school. She tells the homeroom teacher that she will talk to Joseph later that day. An hour later, Joseph comes back from the library. Joseph's mother tells him that his homeroom teacher called earlier. Joseph's mother asks to see his homework. Joseph shows her his backpack, which is empty. In this situation, what would Joseph's mother most likely say to Joseph?

Joseph's mother: (What have you been doing instead of going to the library?)

남: 어느 날, Joseph의 어머니는 아들의 학교에서 온 전화를 받는다. Joseph의 담임선생님은 그녀에게 Joseph가 지난 몇 주 동안 숙제를 제출하지 않았다고 알려준다. 그가 방과 후에 매일 도서관에 갔기 때문에 이것은 Joseph의 어머니를 놀라게 한다. 그녀는 담임선생님에게 그날 늦게 Joseph와 이야기해 보겠다고 말한다. 한 시간 후에 Joseph가 도서관에서 돌아온다. Joseph의 어머니는 아까 담임선생님이 전화하셨다고 그에게 말한다. Joseph의 어머니는 그의 숙제를 보여달라고 청한다. Joseph가 그녀에게 그의 책가방을 보여주는데, 그것은 비어있다. 이 상황에서, Joseph의 어머니는 Joseph에게 뭐라고 말하겠는가?

Joseph의 어머니: 도서관에 가는 대신 뭘 해왔던 거니?

어휘 inform 알리다   turn in 제출하다   surprise 놀라게 하다
|문제| misunderstand 오해하다

문제 해설 Joseph가 숙제를 제출하지 않았다는 담임선생님의 전화를 받고서 도서관에 다녀온 Joseph에게 책가방을 보여달라고 했는데 가방에 아무것도 없는 상황이므로, 어머니가 Joseph에게 할 말로 ⑤번이 가장 적절하다.
① 오늘 너희 담임선생님께 전화했니?
② 도서관은 다음 몇 주 동안 문을 닫을 거야.
③ 걱정하지 마. 네 책을 도서관에서 찾을 거야.
④ 너희 담임선생님이 너를 오해했다고 확신해.

16~17 ····················· 정답 16 ③ 17 ④

W: I'm sure you've all eaten bananas before, but do you know about all the benefits you can get from eating this wonderful fruit? It's high in potassium, which keeps your blood pressure normal, and fiber, which lowers your risk of heart disease and aids in digestion. What's more, the vitamin B6 in this fruit can help you lose weight! But it can be tiring to eat only bananas day in and day out. Try these tips to help increase your banana intake. For breakfast, add some sliced bananas and berries to your pancakes. For lunch, bananas can be used to balance the other flavors in a fruit salad. And for snack ideas, have you ever thought of adding bananas to your sandwiches? With a touch of honey, they are a great way to liven up your ordinary peanut butter sandwiches. As for dessert, banana pudding is healthy and simple to make. It will satisfy your sweetest sugar cravings! It's really easy to add bananas to your diet, so try these ideas today!

여: 여러분이 모두 전에 바나나를 먹어봤을 거라 확신하지만, 여러분은 이 훌륭한 과일을 먹어서 얻는 모든 혜택에 대해 아시나요? 그것은 혈압을 정상적으로 유지해 주는 칼륨과 심장병 위험을 낮추고 소화를 돕는 섬유질을 많이 함유하고 있습니다. 게다가, 이 과일에 든 비타민 B6는 여러분이 체중을 감량하는 데 도움을 줄 수 있습니다! 하지만 매일매일 바나나만 먹는 것은 지겨울 수 있죠. 여러분의 바나나 섭취량을 늘리는 데 도움이 될 이 방법들을 시도해보세요. 아침으로, 팬케이크에 얇게 자른 바나나와 딸기류를 넣으세요. 점심으로는, 과일 샐러드의 다른 맛들과의 균형을 맞추기 위해 바나나가 사용될 수 있습니다. 그리고 간식거리로, 샌드위치에 바나나를 넣는 걸 생각해 본 적이 있나요? 약간의 꿀과 함께면, 그것들은 여러분의 일상적인 땅콩버터 샌드위치에 활기를 불어넣을 훌륭한 방법입니다. 디저트의 경우에, 바나나 푸딩은 건강에 좋고 만들기도 간단하죠. 그것은 여러분이 달콤한 설탕을 열망하는 것을 만족시켜줄 겁니다! 여러분의 식단에 바나나를 넣는 건 정말 쉬우니, 오늘 이 아이디어들을 시도해보세요!

어휘 **potassium** 칼륨 **blood pressure** 혈압 **fiber** 섬유질 **lower** 낮추다 **risk** 위험 **aid** 돕다 **digestion** 소화 **day in and day out** 날이면 날마다 **intake** 섭취 **liven up** 활기를 불어넣다 **satisfy** 만족시키다 **craving** 열망, 갈망

문제 해설 **16.** 여자는 바나나 섭취를 늘릴 수 있도록 다양한 바나나 요리법에 대해 이야기하고 있다.
① 달콤한 길거리 디저트
② 비타민의 이점
③ 여러 가지 바나나 요리법
④ 여러 가지 아침 식사 아이디어
⑤ 소화를 돕는 음식
17. 팬케이크, 과일 샐러드, 샌드위치, 푸딩은 언급되었지만, 아이스크림에 대한 언급은 없었다.

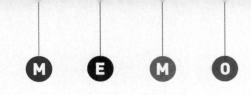

선율을 타듯...... 특별한 1등급 커리타기

특별한 1등급 커리타기 특급 듣기 잘 틀리는 유형

- 잘 틀리는 5가지 듣기 유형의 정답률을 높이는 핵심전략
- 최근 수능과 EBS에 대한 철저한 분석 및 변형문제 제공
- 수능듣기 만점을 위한 Mini Test 5회, 실전 모의고사 2회 수록
- 〈부록〉 수능 주제별 필수 어휘, 최신 수능 및 평가원 3점 문항 총정리